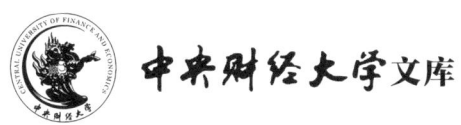

High-quality Development of
the Digital Economy

数字经济高质量发展

理论基础、实现路径与政策思路

李涛　徐翔◎著

中国社会科学出版社

图书在版编目（CIP）数据

数字经济高质量发展：理论基础、实现路径与政策思路 / 李涛，徐翔著. -- 北京：中国社会科学出版社，2025.7. -- ISBN 978-7-5227-4829-0

Ⅰ. F492

中国国家版本馆 CIP 数据核字第 2025VC9726 号

出 版 人	季为民	
责任编辑	黄　山	
责任校对	李　莉	
责任印制	李寡寡	
出　　版	中国社会科学出版社	
社　　址	北京鼓楼西大街甲 158 号	
邮　　编	100720	
网　　址	http://www.csspw.cn	
发 行 部	010-84083685	
门 市 部	010-84029450	
经　　销	新华书店及其他书店	
印　　刷	北京君升印刷有限公司	
装　　订	廊坊市广阳区广增装订厂	
版　　次	2025 年 7 月第 1 版	
印　　次	2025 年 7 月第 1 次印刷	
开　　本	650×960　1/16	
印　　张	22.75	
字　　数	316 千字	
定　　价	118.00 元	

凡购买中国社会科学出版社图书，如有质量问题请与本社营销中心联系调换
电话：010-84083683
版权所有　侵权必究

总序：时代之需，学人之责

一 继往开来，守正创新：建构中国经济学自主知识体系的宏伟蓝图

当今世界，百年未有之大变局加速演进，中华民族正昂首迈入强国建设、民族复兴的新征程。在这一波澜壮阔的伟大时代，加快构建中国特色哲学社会科学，已成为我们必须肩负的重大历史使命，更是关乎国家发展、民族未来的战略擘画。2022年4月25日，习近平总书记在中国人民大学考察时进一步强调，"加快构建中国特色哲学社会科学，归根结底是建构中国自主的知识体系"。建构中国经济学自主知识体系，不仅是推进中华文化繁荣兴盛、实现中华民族伟大复兴的必然要求，更是回应时代呼唤、破解发展难题、贡献中国智慧的迫切需要。需要认识到一点，既有的西方经济学理论在解释纷繁复杂的现代经济现象，特别是指导中国特色社会主义市场经济实践方面的局限性日益凸显。因此，立足中国大地，总结中国经验，发出中国声音，构建具有主体性、原创性的知识体系，已成为中国学人义不容辞的责任。

建构中国自主的知识体系，必须坚持以马克思主义为指导，这是当代中国哲学社会科学区别于其他哲学社会科学的鲜明底色与根本标志。我们要深入学习贯彻习近平新时代中国特色社会主义思想，将其作为推进理论创新、构建学科体系、锻造学术话语的旗帜与灵魂、根本遵循与行动指南。自主知识体系的核心要义在于"自主"。

要在理论建构、学术范式、话语表达上体现出中国的主体性与原创性，要在深刻洞察中国国情、总结中国经验、回应中国问题的基础上，提炼出标识性的学术概念，构建起原创性的理论框架，形成具有中国特质的学术流派。这既是对中国独特历史文化和发展道路的深刻自觉，也是在全球知识格局中提升中国学术话语权和影响力的战略抉择。

习近平经济思想深刻回答了中国经济发展的系列重大理论和实践问题，是马克思主义政治经济学中国化时代化的最新成果，为建构中国经济学自主知识体系提供了强大思想武器和科学理论指导。在此过程中，深刻领会并践行"两个结合"是建构中国经济学自主知识体系的根本路径。强调自主的同时也需要重视开放包容、融通中外。在借鉴吸收人类文明一切有益成果的同时，更要致力于从中国波澜壮阔的实践中挖掘新材料、发现新问题、提出新观点、构建新理论，将中国人民的伟大创造和成功经验，上升为系统化、学理化的知识形态。这一宏伟事业，不仅是学术界的内部追求，更是中国式现代化建设与中华民族伟大复兴战略全局的重要组成部分，它要求学术研究与国家命运紧密相连，以高质量的理论供给服务于国家发展大局。

二 薪火赓续，弦歌不辍：中央财经大学的学术根脉与使命担当

中央财经大学与共和国同呼吸、共命运，具有光荣历史传承和深厚财经底蕴。从最初的华北税务学校，历经中央财政学院、中央财经学院、中央财政金融学院等重要发展阶段，学校始终坚守"为国而生、与国同行"的初心使命，致力于培养高素质财经人才，服务国家经济建设主战场，被誉为"中国财经管理专家的摇篮"。七十余载风雨兼程，中财大不仅是国家经济社会发展的见证者、参与者，

更是财经高等教育改革创新的推动者、引领者。学校的发展历程，本身就是一部与国家财政金融制度建设、经济体制改革同频共振的生动史诗，在当前建构中国经济学自主知识体系的时代洪流中，具有得天独厚的历史积淀与责无旁贷的使命担当。

作为国家"双一流"建设高校，学校始终将服务国家重大战略需求作为自身发展的核心价值追求。学校的科学研究、人才培养、社会服务与文化传承创新，均紧密围绕国家经济社会发展的中心任务展开。无论是助力国家财税体制改革、金融体系完善，还是服务于区域协调发展、推动高水平对外开放，中财大学者都以深厚的理论功底和敏锐的实践洞察，积极建言献策，贡献智慧力量。当前，面对高质量发展、建设金融强国、发展数字经济等一系列国家重大战略部署，学校进一步凝练科研共识，强调提升学术原创能力的科研导向，加强科研团队培育，勇立潮头，聚焦关键领域，力求破解发展难题，为中国式现代化建设提供有力的学理支撑和智力支持。这种与国家战略的高度契合，确保了在构建自主知识体系的征程中，能够始终把握正确方向，聚焦核心问题，产出真正有价值的学术精品。

三 深耕厚植，铸就重器："中央财经大学文库"的时代价值与学术追求

为系统呈现中央财经大学在服务国家战略、推进理论创新、构建中国经济学自主知识体系方面取得的丰硕成果，学校倾力打造"中央财经大学文库"，这不仅是我校学术实力和研究水平的一次集中展示，更是响应时代号召、履行学术使命的一项战略举措。文库将系统梳理、总结和提炼我校学者在长期科研实践中形成的原创性理论观点、独特研究方法和重要政策建议，期望能够推出一批既植根中国实践、又具有国际视野，既深刻总结历史经验、又积极展望

未来趋势的精品力作，力求体现对中国经济发展规律的深刻揭示，对中国特色社会主义经济理论的丰富与发展，以及对全球性经济挑战的中国思考与中国方案，从而推动中国经济学理论创新与话语体系建设。

"中央财经大学文库"的出版，是中央财经大学积极投身于建构中国自主知识体系宏伟事业的具体行动和重要载体，尤其注重呈现学校通过"有组织科研"模式所取得的突破性成果。依托优势学科平台，整合跨学科研究力量，组建高水平科研团队进行协同攻关，是提升科研创新能力的重要途径。本系列文库所遴选的，正是在各个优势领域中，由各重大研究团队潜心钻研、集体攻关的智慧结晶。这些基于团队协作的系统性研究，将为中国自主知识体系构建贡献更为坚实的力量，努力弥合中国经济实践的巨大成功与经济理论影响力尚小之间的差距，为世界理解中国经济奇迹提供更为坚实的学理支撑。

展望未来，中财大将以"中央财经大学文库"为新的起点和契机，进一步激发全校师生的科研热情和创新活力，鼓励产出更多具有原创性、引领性、经得起实践和历史检验的重大科研成果。同时，我们坚信，"中央财经大学文库"必将伴随着学校坚定发展步伐，逐步汇聚成为反映中国经济学研究前沿水平、体现中财大学术风范的重要思想宝库，在国内国际学术界产生广泛而深远的影响，为提升中国学术的国际话语权和影响力贡献力量。

中央财经大学校长 马海涛

二〇二五年三月

前　言

　　数字经济的崛起与繁荣为经济社会发展赋予了新领域、新赛道、新动能和新优势，正成为全球经济增长和社会发展的重要推动力。本书系统分析了数字经济发展如何契合高质量发展的各项要求及其主要实现路径。在创新发展方面，数字经济不断激发各产业、各领域的创新发展潜能；在协调发展方面，各类数字技术能够打破时空限制，引导各类要素充分流动，为区域协调发展提供了契机；在绿色发展方面，数字经济的产品和生产过程均呈现"去物质化"特征，这有助于减少社会经济活动的物质消耗，进而减少能源消耗；在开放发展方面，数字经济发展对开放式创新和数据要素自由流动提出了更高要求，有助于构建更大范围、更宽领域、更深层次的开放格局；在共享发展方面，数字技术的发展能够降低市场参与者的进入门槛、提高市场供求双方匹配度、帮助新进入者或市场信用累计较少的进入者塑造信用，进而促进共享发展。

　　实现数字经济的高质量发展，既是增强经济发展动能、畅通经济循环的关键，也是在国际竞争格局中抓住先机、抢占未来发展制高点的关键。当前，数字技术引领的新一轮科技革命和产业变革加速推进，世界主要经济体正在率先布局数字技术和数字经济，关键核心技术领域的竞争日趋激烈，全球竞争格局也在深刻演变。我们不仅要看到中国在制度、数字消费、产业链基础、人力等方面的本土优势，也要意识到一些领域存在不足与短板。既要发挥市场广阔、数据海量、应用场景丰富的优势，也要积极参与数字经济国际合作，借鉴国际先进经验，充分利用全球要素资源。

本书一共包括三篇九个章节，分别探讨数字经济高质量发展的理论基础、实现路径和政策思路。

第一篇为理论基础篇。第一章介绍数字经济的发展历程和中国经验，分析数字经济高质量发展的必要性。第二章给出分析数字经济高质量发展的基础性框架"技术—经济"框架。在前两章内容的基础上，第三章尝试构建数字经济高质量发展的基础理论，探讨数据作为关键要素进入生产函数的几种形式，构建专门的数字经济生产函数，分析人工智能技术进步与经济增长的关系。

第二篇为实现路径篇。本篇归纳出数字经济高质量发展的三条关键路径：技术创新、要素应用和数实融合。第四章探讨技术创新如何驱动数字经济高质量发展，构建数字经济的创新机制，分析数字经济时代的技术创新路径选择。第五章从数据要素积累和数字产业集群的角度探讨要素应用如何赋能数字经济高质量发展。第六章关注数实融合如何通过推动消费升级、提高供给质量和促进供需平衡驱动数字经济高质量发展。

第三篇为政策思路篇。第七章分析数字经济治理如何为数字经济高质量发展保驾护航。第八章结合各国与国际组织实践，探讨如何以国际合作激发数字经济高质量发展动能。第九章则尝试设计能够助推数字经济高质量发展的各类公共政策。通过将数字经济治理、数字领域的国际合作与促进社会公平的公共政策相结合，形成促进数字经济高质量发展的完整政策体系。

本书是国家社会科学基金重大项目"数字经济高质量发展的创新与治理协同互促机制研究"（22&ZD070）、国家自然科学基金面上项目"数据要素与技术创新：理论基础与实证分析"（72473167）的研究成果。感谢上述项目组织者与研究机构的大力支持。

目　录

第一篇　理论基础篇

第一章　数字经济的发展进程与中国经验 …………… 3

　　第一节　数字经济的历史演进与发展趋势 …………… 3

　　第二节　数字经济赋能经济高质量发展 ………………13

　　第三节　做强做优做大我国数字经济 …………………21

第二章　数字经济高质量发展的分析框架 ……………34

　　第一节　技术革命驱动经济发展的理论范式 …………34

　　第二节　数据成为数字经济的关键要素 ………………45

　　第三节　数字技术的类型与作用 ………………………51

　　第四节　数字经济的"技术—经济"分析框架 ………57

第三章　数字经济高质量发展的理论基础 ……………61

　　第一节　数据进入生产函数的三种形式 ………………61

　　第二节　数字经济生产函数构建 ………………………67

第三节 人工智能与经济增长 ………………………………… 75

第四节 数字经济高质量发展的研究展望 …………………… 80

第二篇 实现路径篇

第四章 技术创新驱动数字经济高质量发展 …………………… 89

第一节 数字技术使用的测度与影响 ………………………… 89

第二节 数字经济的创新机制构建 …………………………… 111

第三节 数字经济时代的技术创新路径选择 ………………… 124

第五章 要素应用赋能数字经济高质量发展 …………………… 142

第一节 数据要素的省际规模与增长贡献 …………………… 142

第二节 数据要素赋能新质生产力形成 ……………………… 162

第三节 数字产业集群促进绿色发展 ………………………… 177

第六章 数实融合推动数字经济高质量发展 …………………… 206

第一节 数实融合推动消费升级 ……………………………… 206

第二节 数实融合提高供给质量 ……………………………… 220

第三节 数实融合促进供需平衡 ……………………………… 227

第三篇 政策思路篇

第七章 数字经济治理保障数字经济高质量发展 …… 247

第一节 数字经济治理的必要性 …… 247

第二节 数字经济治理的方法措施 …… 257

第三节 数字经济安全风险防控 …… 270

第八章 国际合作助力数字经济高质量发展 …… 283

第一节 数据跨境流动合作 …… 283

第二节 数字技术创新合作 …… 288

第三节 数字产业发展合作 …… 294

第四节 数字经济治理合作 …… 301

第九章 公共政策支撑数字经济高质量发展 …… 310

第一节 公共政策如何应对技术革命冲击 …… 310

第二节 数字鸿沟与数字不平等的表现和危害 …… 317

第三节 数字经济高质量发展的公共政策设计 …… 326

参考文献 …… 333

第一篇 理论基础篇

　　数字经济高质量发展的宏伟画卷，离不开坚实的理论基石。本篇旨在溯源数字经济的演进规律，构建一个清晰的"技术—经济"分析框架。本篇将深入探讨数据作为关键生产要素融入经济体系的核心机制，解析人工智能等前沿技术与经济增长的内在联系。

第一章　数字经济的发展进程与中国经验

随着物联网、云计算、人工智能等新一代信息技术的快速发展，数字经济日益成为重组全球要素资源、重塑全球经济结构、改变全球竞争格局的关键力量。数字经济的快速发展能够推动各类资源要素快捷流动、各类市场主体加速融合，打破时空限制，实现跨界融合，延伸产业链条，畅通国内外经济循环。

在我国经济由高速增长阶段转向高质量发展阶段的过程中，数字经济在国民经济中的占比不断增加、辐射范围趋广、融合程度渐深，也开始从此前高速发展的"外延式"增长阶段，转向更注重与实体经济深度融合的高质量发展新阶段。

第一节　数字经济的历史演进与发展趋势

数字经济作为建设现代化产业体系的重要组成部分，其发展速度快、辐射范围广、影响程度深，是重组全球要素资源、重塑全球经济结构、改变全球竞争格局的关键力量。在推动我国经济高质量发展、加快构建新发展格局的历史进程中，把握数字经济的历史演进与发展趋势至关重要。

数字经济的发展始于数字技术的发明创新，技术进步推动了数据要素的普及应用，数据要素的全面深入普及应用带来了要素市场的逐步成熟，随着市场体系的不断完善，与数字经济相关的一系列制度体系不断建立健全，促进并最终实现了数字经济与数字社会的高度融合（李涛和欧阳日辉，2023）。

一　数字技术是数字经济发展的坚实基础

数字经济源于数字技术的发展和应用。在早期的技术化阶段，数字经济发展高度依赖数字技术。随着计算机的发明和普及，信息化经历了两个高速发展的阶段：20世纪80年代以后，随着个人计算机的大规模普及应用，人类迎来以单机应用为主要特征的第一次大规模数字化；20世纪90年代中期以后，随着互联网的大规模商用，以联网应用为主要特征的网络化带来第二次数字化浪潮。

数字经济的发展主要得益于计算机和互联网这两项关键技术。计算机和互联网促使信息这一重要的虚拟资源得到充分开发与应用，很快成为重要性不亚于石油与电气的经济资源。计算机和互联网这两项技术的发展和应用对经济社会产生了三个方面的影响：其一，第三次科技革命以来，以计算机为代表的信息处理技术的出现以及算力的发展和应用，使得数据的收集、存储、加工和处理更为容易；其二，20世纪90年代以来互联网技术的兴起深刻影响了人类的生产生活，促进了数据的海量生产、交换和流动，且移动互联网的快速普及推动了全球数据爆发增长、海量集聚；其三，近年来计算机和互联网的复合应用，产生了大数据、云计算、人工智能、物联网、区块链等新技术。数字技术逐渐成为通用技术，为数据要素化转化和应用提供了高效可靠的技术支撑。比如，基于大数据采集、存储、处理和呈现等技术，实现了海量数据的实时与近实时处理。

数据成为生产要素进入经济系统也得益于数字技术的广泛应用。数字技术是在计算机技术出现后，将各种信息转化为计算机可以识别的数字化语言，进行加工、储存、分析以及传递的各类技术。信息通信技术推动了电子商务、社交媒体、即时通信等新经济模式的发展。数字技术被实体产业广泛应用，并且正从助力社会经济发展的辅助工具向引领社会经济发展的重要生产要素转变。作为一种独立的生产要素，数据逐步融入实体经济，促进产出增加和效率提升，进而催生出一种新的经济形态——数字经济。依托数字技术,长期积累和储备的数据资源得以成功转化和应用,从而为数字经济的发展奠定坚实基础。

二 数据要素是数字经济发展的核心引擎

随着数字技术的进步,数据的采集、存储、加工、流通、分析与应用也快速发展。例如,区块链技术推动数据要素实现跨部门安全共享,隐私保护计算技术在充分保护数据和隐私安全的前提下可以实现"数据可用不可见、使用可控可计量",大数据技术极大地扩展了数据分析处理的应用空间。数字技术让越来越多的消费者和企业能够接触和使用大数据。当数字技术融入生产、流通和消费环节成为基本的管理工具时,越来越多的企业开始从管理者主导的经验型决策转向高度依赖数据分析结果的科学决策模式,即"数据驱动型决策"。

在数据要素化阶段,数字技术和数据要素共同驱动数字经济发展,数据要素成为关键生产要素。随着数字平台的发展,数据可以自动化、模式化、持续不断地实时在线获取,实现数据流动自动化,而且数据复制和传递的边际成本几乎为零。数据规模越大、种类越丰富,其产生的信息和知识就越多,呈现出规模报酬递增的特点。数据要素不仅推动传统生产要素革命性聚变与裂变进而产生倍增效应,而且提高了传统要素的配置效率,驱动经济加快创新发展。在数字技术的支撑下,数据要素具备了关键生产要素的典型特征,并最终成为数字经济繁荣的核心引擎。

随着我国数字技术与实体经济深度融合以及大数据产业的不断发展壮大,数据作为关键生产要素的属性不断凸显。数据要素作为核心引擎推动数字经济深化发展,是做强做优做大我国数字经济的必然选择。

三　实现数据要素市场化配置是数字经济发展的关键机制

数据成为数字经济发展的关键生产要素，必须依赖市场机制。在市场机制的作用下，市场主体能够探索更灵活的数据交易模式，提升数据交易流通的效率。不断完善相关市场机制，有助于发挥数据要素的叠加倍增效应、激发数据要素的价值潜力（李涛和欧阳日辉，2024）。

我国数据要素市场发展主要经过了两个阶段。

2014—2020年，我国大数据交易处于起步阶段。在此期间，数据交易主要以单纯的原始数据"粗加工"交易为主，数据成交率和成交额不高，难以满足社会的有效需求。数据交易过程中缺乏全国统一的规范体系，无法有效破解数据定价、数据确权等难题。

2020年4月，中央明确将数据列为生产要素，部署推动"数据要素市场化配置"，标志着我国数据要素市场发展进入全面突破阶段。此后，一方面国家和各地方政府陆续出台数据要素市场培育相关的政策文件，致力于理顺政府和市场的关系、厘清数据要素市场主体之间的关系、平衡数据有序流动与数据安全之间的关系；另一方面在政府牵头下，上海、深圳、北京、湖南等多地加快布局数据交易所，聚焦解决"确权难、定价难、互信难、入场难、监管难"等共性问题。

实现数据要素市场化配置，必须建立多层次数据要素市场，既要充分发挥市场配置资源的决定性作用，也要更好发挥政府作用。首先，政府出台相关政策，鼓励和支持多层次数据要素市场建设；其次，重组原有的数据交易所，吸收大型互联网公司、大型IT厂商、垂直数据服务商、金融机构等主体参与，建设区域性数据市场；最后，形成全国性市场与区域性市场、一级市场与二级市场、综合市场与专业市场共同发展的多层次数据要素市场体系。

四 数字经济治理体系为数字经济发展提供制度保障

随着数字技术的发展及其应用潜能的迸发，数字经济对经济社会发展的引领带动作用日益凸显，这对数字经济治理体系和治理能力提出了新要求。数字经济具有庞大的数据体量、活跃的创新创业氛围、线上线下融合的商业模式、多样的市场参与者以及复杂的市场结构，因而传统的经济治理方式逐渐难以适应数字经济治理的现实需要。作为对传统经济治理的变革、升级与重构，数字经济治理运用数字化手段建立大数据动态分析系统，通过精准掌握数字经济发展成效与存在的问题，分析数字经济发展的形势和趋势，在打造数字化政府的基础上系统提升数字经济治理效能。

数据要素制度体系是数字经济治理体系的重要组成部分。数据要素制度体系是统筹数据要素收集、流通、交易与应用的一系列相互关联、相互协调的制度安排，主要包括三类：一是基础类制度，包括数据采集制度、数据产权制度、收益分配制度等；二是发展类制度，包括技术标准、政府数据开放共享制度、流通交易规则、数据跨境流动规则、数据综合利用规则等；三是治理类制度，包括数据伦理、数据隐私保护、个人信息保护、数据安全等。

制度创新是激发市场活力、拓展创新空间的关键保障。《中共中央、国务院关于加快建设全国统一大市场的意见》提出，加快培育数据要素市场，建立健全数据安全、权利保护、跨境传输管理、交易流通、开放共享、安全认证等基础制度和标准规范，深入开展数据资源调查，推动数据资源开发利用。这标志着我国全面启动数据要素制度化工作。保护数据安全和隐私、平衡保护与利用的关系成为推动数据要素应用的核心问题和要素制度化的重点。我国高度重视数据安全和个人信息保护，积极开展《网络安全法》《数据安全法》《个人信息保护法》等相关立法和标准制定，构筑起数字经济时代数据安全、个人信息权益保护的安全防护网。

全球数字治理体系是数字空间构建中融合数字技术与多元主体参与的开放多元的新型治理模式、机制和规则。当前，全球数字治理体系的构建面临诸多挑战。联合国贸易和发展会议发布的《2021年数字经济报告》称，数据驱动的数字经济表现出极大不平衡，呼吁采取新的全球数字治理框架，以应对全球数字治理的挑战。全球数字治理体系尚处于探索期，由于各国数字治理关注的重点不同、发展程度有别，未来全球数字治理体系将呈现差异化、多元化、层次化、多机制共存的格局。

五　中国数字经济发展的重要经验

中国数字经济发展取得了令人瞩目的成就，也探索形成了独特的发展模式，回顾中国数字经济发展历程，总结经验，并对发展趋势作出预判，有助于我们发挥优势、抓住重点，继续创造中国数字经济发展的更好成绩。

（一）中国数字经济发展历程

1994年4月20日，中国实现了与互联网的全功能连接。1994年5月15日，中国推出第一套网页，开始融入全球数字经济发展浪潮。2000—2002年，美国互联网泡沫破灭，给欧美互联网行业造成严重打击。与此同时，中国数字平台企业刚刚兴起，经过不到二十年的努力，中国在数字经济领域成功赶超部分先发国家，成为规模位居全球第二的数字经济领先国家。

中国的数字经济发展先后经历了技术孕育阶段与爆发增长阶段，当前正处于深化应用、规范发展、普惠共享的融合协同阶段。这三个阶段与全球数字经济发展逻辑大致相似，但由于自身技术储备、商业模式、具体国情等一系列原因，中国的数字经济发展与数字技术发达国家在时序上存在一定滞后。在技术孕育和爆发增长阶段，时间上的滞后影响了中国数字经济发展的深度与广度。到了融合协同阶段，中国真正进入全球数字经济前沿领域。

1. 第一阶段即技术孕育阶段（1994—2004 年）

这一时期，中国诞生了一系列数字平台企业，如信息门户领域的搜狐、网易，电子商务领域的阿里巴巴，即时通信领域的腾讯，搜索引擎领域的百度。这些企业不断发展壮大，形成了中国数字经济的基本格局："门户+社区+电商+社交+游戏+文娱+搜索。"这一时期我国数字经济有两个显著进展：一是政府高度重视互联网基础设施建设，形成了数字经济发展的前提条件；二是数字平台企业在模仿国外商业模式的同时，结合我国超大规模市场、流通体制不发达、人力资本充裕等国情，创新形成了 2C（B2C[①] 和 C2C[②]）发展模式。

2. 第二阶段即爆发增长阶段（2005—2015 年）

2005 年 12 月，我国上网用户总数刚刚突破 1 亿，到 2008 年 6 月，我国网民数量达到 2.53 亿人，超过美国正式跃居世界第一位[③]。数字基础设施快速发展推动互联网应用向深度和广度迈进，网民的多元化应用又引发了对基础设施建设的强大需求，二者相辅相成推动中国数字经济全面发展。以网络零售为代表的电子商务、门户网站、网上银行、网络游戏等业态加速发力，带动数字经济进入爆发增长阶段。这个阶段我国数字经济出现三大变化：一是移动互联网兴起和智能手机普及，促使数字经济的商业主战场向移动端转移；二是人工智能、大数据、云计算等技术为互联网平台撮合机制的实施提供了支撑，同时受益于中国经济高速增长与庞大的人口红利，平台经济出现爆发式增长，实现了从追赶到创新的跨越式发展；三是平台企业加大商业模式创新，产生了第三方支付、移动支付、网络游戏等具有中国特色的商业模式或营利模式，中国数字经济发

---

① B2C（Business to Customer）指的是企业针对个人开展的电子商务活动，也是我国最早产生的电子商务模式。

② C2C（Customer to Customer）指的是个人与个人之间的电子商务活动，即一个消费者通过网络把产品出售给另一个消费者的交易模式。

③ 数据来源于国家统计局。

展优势开始显现，一些大型数字平台企业开辟出新的经营领域，产生了微信、团购、短视频、直播等创新应用，在商业模式创新上从模仿式创新走向了自发式创新。

3. 第三阶段即融合协同阶段（2016年至今）

这一时期中国数字经济发展的特征表现为对内融合发展，对外积极引领和参与全球数字经济治理。首先，深化数字经济的理论认识。2016年，在中国主导下，二十国集团首次通过《G20数字经济发展与合作倡议》明确了数字经济的内涵，提出合作中的一些共识、原则和关键领域，指明数字经济具有高创新性、强渗透性、广覆盖性，是继农业经济、工业经济之后的主要经济形态。中国提出数据要素是数字经济深化发展的核心引擎，强调构建数据基础制度以更好发挥数据要素作用。其次，推动实体经济和数字经济融合发展、数字技术和实体经济深度融合，出现了产业融合、两化融合、两业融合、线上线下融合、农文旅融合、城乡融合等多种多样的融合发展模式。大数据、云计算、虚拟现实、人工智能等数字技术在各产业加速渗透，出现了在线教育、互联网医疗、线上办公、智能工厂等新产业新业态新模式，推动传统产业数字化转型。最后，对数字经济的重视程度和要求逐步提高，不断做强做优做大数字经济。党的十九大报告肯定了党的十八大以来数字经济等新兴产业蓬勃发展的积极意义，要求推动互联网、大数据、人工智能和实体经济深度融合。党的二十大提出加快发展数字经济，促进数字经济和实体经济深度融合，打造具有国际竞争力的数字产业集群。政府积极探索数字经济治理体系建设，密集出台相关法律法规，对数字经济发展做出专项规划，《"十四五"数字经济发展规划》从顶层设计上明确了我国数字经济发展的总体思路、发展目标、重点任务和重大举措。

（二）中国数字经济快速发展的主要经验

经过近三十年的发展，中国数字经济总量稳居全球第二，为全球数字经济发展作出了重要的中国贡献、提供了具有普适性的中国经验。

一是不断优化政策体系,超前布局建设数字基础设施。我国政府高度重视信息资源开发利用对促进经济社会发展的重要作用,不断优化相关政策体系,促进数字经济发展。尤其是党的十八大以来,不断完善从顶层设计、战略部署到具体措施的政策支持体系,先后颁布了《关于积极推进"互联网+"行动的指导意见》《网络强国战略实施纲要》《数字经济发展战略纲要》《"十四五"数字经济发展规划》等一系列政策文件,将数字经济上升为国家战略。中国数字经济赶超发达国家,还得益于多年来政府在数字基础设施领域的适度超前布局。党和政府尊重互联网发展规律,发挥我国社会主义制度优势、新型举国体制优势、超大规模市场优势,适度超前推进基础设施建设,已建成全球规模最大、技术领先的网络基础设施。根据工信部数据,截至 2023 年底,中国累计建设开通 5G 基站 337.7 万个,千兆光网具备覆盖超过 5 亿户家庭的能力。

二是协同推动技术创新和商业模式创新。创新是数字经济发展的第一动力,推动技术创新和商业模式创新是数字经济发展的两大核心支撑。中国始终把创新摆在首要位置,强化核心技术攻关、鼓励商业模式创新,为数字经济高质量发展提供重要战略性支撑。一方面,瞄准大数据、人工智能、区块链、量子科技等新一代信息技术发展方向,加强数字经济领域核心技术的攻关,掌握数字经济发展主动权,在 5G、量子信息、高端芯片、高性能计算机、操作系统、工业互联网及智能制造等领域取得一批重大科技成果。另一方面,鼓励和支持电子商务、直播电商、即时零售、智能制造、工业互联网、社交媒体、金融科技等新产业、新业态、新模式健康发展,网络零售交易额、移动支付交易规模稳居全球第一。

三是优化营商环境,支持平台企业发挥积极作用。我国坚持有为政府与有效市场相结合,为数字经济发展营造了鼓励创新、公平公正、包容审慎的市场环境,成为数字经济快速发展的有力保障。

政府在适度超前建设数字基础设施、保障网络安全、完善治理体系等方面持续发力，维护良好数字营商环境。大型互联网平台企业立足实体经济，构建了覆盖产业上下游、全链条的数字生态系统，新型实体企业成为数字经济和实体经济深度融合的重要载体和关键力量，带动供应链上下游企业实现数字化转型。大中小企业融通发展，数字经济发展的市场活力不断增强。

四是稳步拓展数字经济国际合作。数字经济将成为国际合作的新领域、新赛道，中国发展数字经济始终注重利用国内国际两个市场、两种资源，共谋合作发展。近年来，中国积极搭建世界互联网大会、世界数字经济论坛、全球数字经济大会等开放平台，主动参与国际组织数字经济议题谈判，推动达成《金砖国家数字经济伙伴关系框架》《"中国+中亚五国"数据安全合作倡议》等，申请加入《数字经济伙伴关系协定》。中国积极推进构建网络空间命运共同体，与"一带一路"合作伙伴开展数字基础设施、跨境电子商务和数字服务贸易等方面合作，并在数字技术等细分领域与数字经济领先国家展开合作，已与28个国家签署电子商务合作备忘录并建立双边电子商务合作机制。

数字经济保持健康、有序、高质量发展，既能够增强我国经济发展动能、畅通经济循环，也有助于我国在国际竞争格局中抓住先机、抢占未来发展制高点。当前，数字技术引领的新一轮科技革命和产业变革加速推进。世界主要经济体正在率先布局数字技术和数字经济。关键核心技术领域的竞争日趋激烈，全球竞争格局也在深刻演变。在发挥市场广阔、数据海量、应用场景丰富优势的同时，我们也应积极参与国际合作，充分利用全球要素资源与先进的国际经验，不断发展数字经济。

第二节　数字经济赋能经济高质量发展

发展是实现中华民族伟大复兴的基础。在中华民族伟大复兴历程中逐步解决发展问题,是我国经济社会发展进程中的一个新的里程碑,也是中华民族实现"富起来、强起来"伟大征程中的又一次大跨越。在实现这一历史性跨越的过程中,要深刻理解高质量发展这个首要任务。

推动经济发展质量变革、效率变革、动力变革,是实现高质量发展的必由之路。当前,我国正处于经济增长速度放缓、经济结构优化升级的关键时期,数字经济发展逆势而上,在改造提升传统动能、培育发展新动能方面成效明显,已成为我国经济的重要引擎。通过大力发展数字经济,将有效推动三大变革,促使我国经济加快实现高质量发展。除了通过发展数字经济促进三大变革之外,还应充分意识到人工智能作为关键数字技术的重要基础性作用,以人工智能高水平应用培育经济高质量发展新动能。

一　数字经济促进经济发展质量变革

综观世界经济发展史,对经济发展演变规律和质量效益的认识,伴随着社会生产力的发展而不断深化。从早期更多使用"效益"或"效率"来表示对经济发展质量的追求,到西方经济学中的经济增长理论提出技术进步是实现经济持续发展的决定性因素。随着理论研究的深化与发展,对经济发展质量的研究逐步扩大到制度体系、社会公平和环境保护等方面。

质量变革,包括通常所说的提高产品和服务质量,更重要的是全面提高国民经济各领域、各层面的素质,从理念、目标、制度到微观、中观和宏观具体领域工作细节的全方位质量提升。数字化转型将改变传统制造业的研发与生产流程,逐步打造数字化供应链。

以生产制造业环节为例，通过对生产过程中产生的大量数据进行分析，可以进一步优化生产流程参数，并对可能出现的问题进行预判，提高产品和服务质量。发展先进制造，增加有效和中高端供给，优化供给体系质量，推进"中国制造"向"中国创造"转变，"中国速度"向"中国质量"转变，制造大国向制造强国转变。

我国已初步形成了消费互联网和产业互联网双轮驱动的新格局。质量变革是高质量发展的物质基础，包括提高产品质量、服务质量和整个国民经济运行质量。学术界对数字技术与全要素生产率之间的作用机制尚未达成一致。数字经济（ICT技术）提高全要素生产率背后的作用机制，需要从数字经济的"技术—经济"特性来进行分析。一方面，数字技术推动产业体系逐步向先进制造、柔性生产、精准服务、协同创新的方向转型升级，不断提升全要素生产率和行业附加值水平；另一方面，数字经济对传统产业进行深度改造，生产者与消费者信息高度互联，实体经济呈现出优质、高效、多样化的供给特征。

数字生产力通过提升全要素生产率推动质量变革。数字生产力的核心是"数据+算力+算法"。其中，数据是数字生产力的核心要素，数字经济中各类活动的关键性投入与产出均是数据。但是，数据如果要提升生产要素的质量，还需要通过算力和算法将其转化为可以直接应用于生产过程中的信息与知识，这一转换的途径需要应用两个关键的数字基础设施：以"算力"为代表的数字技术硬件基础和以"算法"为代表的数字技术软件基础。"数据"通过"算力"与"算法"这两个"硬软互补"的基础设施的转化，最终实现生产要素的质量变革。在生产效率维度，数字生产力赋能土地、劳动力和资本等传统生产要素。在组合效率维度，数字生产力能够为人才、资本、创新等要素在实体经济中的融合提供基础环境，并且在一定程度上解决企业生产经营中的信息不充分或不对称问题，促进生产效率和经营效益提升。在配置效率维度，数字经济的高渗透性、高协同性特征使得要素匹配更有效率、更加精准，优化了资源配置，推动产业发展质量和效益进一步提升。

二　数字经济促进经济发展效率变革

提高产出效率是经济学的永恒主题。效率变革，就是要找出并填平在以往高速增长阶段被掩盖或忽视的各种低效率洼地，为高质量发展打下一个效率和竞争力的稳固基础。大力推进效率变革，必须不断提升技术效率和要素配置效率。技术效率，对应的是生产可能性边界，提升技术效率就是将生产可能性边界向外推进，意味着同样规模的投入所能引致的最大产出增加。要素配置效率，影响的是实际产出与生产可能性边界的距离。如果只提升技术效率，而要素配置效率低下，则实际产出就会距离生产可能性边界较远，技术进步推动经济发展的潜力就不能全部释放。数字技术的发展和应用，使得交易成本大幅下降成为可能，并更好地促进市场出清，实现供需双方的资源有效对接。随着数字技术全面渗透到制造业的营销、服务、生产、研发等环节，重点行业的数字化转型进一步加快，推动了轻工、纺织、机械、建材等传统行业全要素生产率的整体提升。

供给体系的质量、效率和稳定性提高是经济高质量发展的核心要义，经济高质量发展就是以高效率高效益的生产方式为全社会持续而公平地提供高质量产品和服务的经济发展。每一次科技革命，本质上都是效率革命。效率变革，就是要发挥企业主体活力，实现生产、业务、管理和决策等过程的优化，提高生产效率、组织效率、运行效率。以"数据+算力+算法"为代表的数字技术建立了互联层、数据层、集成层、融合层，引领企业数字化转型，带来了工具革命和决策革命，也带来了范式的革命。互联网平台是数字经济最重要的经济组织形式，贯通生产、分配、流通、消费各环节，打破了传统组织的边界，使得要素的共享化、生产的柔性化、产供销的一体化逐步成为现实。消费互联网和产业互联网的发展都离不开互联网平台的发展。

数字经济推动经济发展效率变革，重点在于如何破除体制机制障碍，发挥市场主体活力，最终实现生产、业务、管理和决策等过程的优化，提高生产效率、组织效率、运行效率，为高质量发展打下一个效率和竞争力的稳固基础。数字经济中的平台型企业与数据要素是实现效率变革的重要因素。一方面，平台型企业是数字经济中最重要的组织形式，其作为交易场所的提供者，可以更好地匹配供需，进而贯通生产、分配、流通、消费各环节，形成需求牵引供给，供给创造需求的更高水平的动态平衡；另一方面，数字经济的特点是始终围绕数据这个核心生产要素的感知、采集、传输、存储、计算、分析和应用进行技术经济活动和资源配置，因此建立类似神经网络的广泛连接和迅捷触达能力的数据体系，对于打通堵点、消除梗阻、建设统一大市场和畅通双循环具有极为重要的意义。

三 数字经济促进经济发展动力变革

在现代化经济体系建设过程中，面对着发展的新旧动能转换，如何能激发各类市场主体活力是一个重要问题。从深层次来看，经济发展动力主要有两种，一种是在既定技术水平下扩大现有资源和要素投入与产出驱动，是在原有路径上的外延扩张；另一种则是通过技术与制度创新扩大资源范围、提高资源要素使用效率和创造新的产出来驱动，是经济的结构性变化。动力变革，就是由主要依靠前一种动力转向主要依靠后一种动力，以适应高质量、高效率现代化经济体系建设的需要，高质量发展才会有不竭动力。数字经济发展速度之快、辐射范围之广、影响程度之深前所未有，正在成为重组全球要素资源、重塑全球经济结构、改变全球竞争格局的关键力量。数字技术本身就是科技革命产生的创新成果，并以数字化方式实现不同方式的创新，基于数据驱动的新动能正日趋成为经济发展的主力。比如，数字技术与实体经济深度融合催生了一批极具活力的新模式、新业态、新产业，企业数字化转型有效推动了管理创新、商业模式创新、营销创新和品牌创新。

数字经济时代，经济发展的动力由需求侧的牵引力、供给侧的推动力以及创新汇聚而成。在需求侧方面，数字经济与实体经济融合发展有助于实现超大规模市场与完整现代工业体系的精准对接与实时协同，一方面促进新型消费扩容提质和现代服务业发展，另一方面打通堵点，补齐短板，形成需求牵引供给、供给创造需求的更高水平动态平衡。在供给侧方面，数字经济降低了企业的搜索成本、复制成本、运输成本、溯源成本以及认证成本，极大地提升了生产的柔性化、供应链协同以及对生产风险的管控。在创新驱动方面，创新驱动是高质量发展的一个定义性特征，高质量发展就是创新作为第一动力的发展，只有创新驱动才能推动我国经济从外延式扩张上升为内涵式发展。此外，提升全要素生产率、劳动生产率、科技贡献率、人力资本积累等，都与创新驱动直接相关。数字经济能够在供给侧、需求侧、企业创新等方面为 GDP 增长提供新的动力，可以从根本上优化我国经济结构，进而促进我国经济持续增长。以数字技术赋能，加快经济系统内各要素的相互作用，推动产业系统内的调整与变动，优化各方面要素配置与组合方式，促进供需匹配。以需求侧改革驱动产业结构调整，以产业结构升级促进供给驱动力，以创新驱动为经济增长赋能，实现经济发展的动力最大化。这也是新发展格局下提高经济发展动力、实现动力变革的最优路径。

未来的经济形态一定是数字技术和实体经济深度融合、不分彼此的数实共生模式，这也是新发展格局下数字经济创造价值的最优路径。数字经济与实体经济加速融合，催生了一批以消费升级、服务升级、产业升级为特征的产业数字化新业态、新模式。数字经济在与实体经济融合的过程中，通过直接影响人力资本、科技创新等资源要素的使用与配置促进产业结构升级。

四　抢抓人工智能技术发展重大机遇

2023年中央经济工作会议明确提出，"发展数字经济""加快推动人工智能发展"。人工智能已经成为经济社会发展的驱动力量，加快发展新一代人工智能是我们赢得全球科技竞争主动权的重要战略抓手。必须抓住新一轮科技革命和产业变革的战略机遇，充分发挥我国超大规模市场应用场景丰富的独特优势，加快人工智能领域的科学技术创新，以人工智能高质量发展和高水平应用培育经济发展新动能。

（一）人工智能对经济运行产生变革性作用

人工智能是新一轮科技革命的关键技术。经过半个多世纪的演进，在高速网络、大数据、超级计算等支撑性技术与经济社会发展强烈需求的共同驱动下，人工智能加速发展，呈现出渗透性、替代性、协同性等"技术—经济"特征，成为全球科技创新的"超级风口"，正在重塑整个经济社会的底层架构和操作系统。人工智能具有溢出带动性很强的"头雁效应"，能在一定程度上替代人类的脑力，从而大幅提高人类社会的思考能力、进一步激发创新活力，对全球经济增长的贡献可与蒸汽机等关键变革性技术相媲美。

人工智能是新一轮产业变革的重要引擎。人工智能能够广泛应用于经济社会各行业各领域，不断替代传统要素并提高经济社会各环节、各要素间的协同性，不断重构生产、分配、交换、消费等经济活动各环节。成熟的人工智能技术正广泛应用于医疗、金融、交通、农业等诸多行业，催生出从宏观到微观各领域的智能化新需求。如今，新一代人工智能已具备复杂分析、预测算法、人机交互、内容生成等多种能力，正以海量数据与成熟应用驱动数字经济引擎，推动数字经济步入智能经济阶段。

新一代人工智能是赢得全球科技竞争主动权的重要战略抓手。人工智能作为引领未来的战略性技术，已经成为世界主要发达国家提升国家竞争力、维护国家安全的重要利器。目前，世界各国纷纷将发展人工智能作为提升国家竞争力、维护国家安全的重大战略，特别是具有更强自主性和内容生成能力的新一代人工智能在如今更是尤为重要。当前，我国国家安全和国际竞争形势复杂，必须放眼全球，抢抓人工智能发展新一轮的跃升期，激发这一技术的潜在创新能力，从而占据人工智能乃至整个科技领域中的前沿优势。

（二）人工智能科技创新与产业应用相互促进

夯实人工智能研发的算力底座。智能算力基础设施是数据资源的底座，人工智能技术的研发与人工智能产业的发展，无不需要超大规模的算力基础设施作为支撑。从算力资源看，截至2023年，我国提供算力服务的在用机架数达到810万标准机架，算力规模位列全球第二。然而，目前各类算力提供主体在技术体系、基础架构、调用接口、资源描述等方面存在差异，尚未形成全国范围内可感知和调度的标准化算力服务。应当从国家层面统筹资源，进一步优化算力基础设施布局，加快形成全国一体化算力体系，深化人工智能研发应用（李涛和徐翔，2024）。

加强人工智能相关的基础研究。人工智能具有多学科综合、高度复杂的特征，需要构建开放协同的人工智能创新体系。总体上，应牢牢把握世界人工智能前沿发展趋势，突出研发部署前瞻性，坚持源头核心技术系统性创新。首先，加强机器学习算法、智算芯片、核心软件等关键核心技术攻关，加快脑科学与类脑智能、量子计算等领域和人工智能领域交叉学科协同突破。其次，加强人工智能基础研发人才培养与引进，形成人工智能人才高地。最后，从场景、应用着手反哺底层技术发展，培育具有国际竞争力的开源开放人工智能研发生态，促进产学研用各创新主体共创共享，以人工智能技术突破带动国家创新能力全面提升。

重点开发大语言模型、生成式人工智能等新一代人工智能。战略层面，发挥举国体制优势，进行高规格的顶层设计，加快建立新一代人工智能关键共性技术体系。组织层面，提升高质量数据要素供给能力，建立国家级数据开放共享平台，整合政府、公共机构以及企业的数据资源，组织提供高质量中文语料库。应用层面，完善人工智能数据标注库，探索打造数据训练基地，将新一代人工智能与垂直领域应用深度融合，促进研发超大规模人工智能模型，积极探索通用人工智能发展新路径。

加快推动人工智能产业蓬勃发展。紧紧围绕经济社会发展需求，充分发挥我国海量数据和巨大市场应用的规模优势，加快关键系统部件研发突破，持续做大高端智能终端规模。强化企业在人工智能创新活动、技术路线选择和行业产品标准制定中的主体作用，加快人工智能技术成果商业化落地，坚持需求导向、市场倒逼的科技发展路径。培育一批具有重大引领带动作用的人工智能企业，建立若干人工智能开放创新平台。大力推动产学研联合育人，重视人工智能产业发展和人工智能素养教育协同推进。

（三）加速人工智能与经济社会各领域深度融合

为了牢牢把握人工智能发展的重大历史机遇，要积极推动"人工智能+"行动，支撑各行业应用创新，赋能千行百业智能化转型升级，提高生产效率，激发创新活力，重塑产业生态，逐渐形成更广泛的以人工智能为创新要素的经济社会发展新形态。

加强人工智能和产业发展深度融合。加快信息基础设施建设，加快工业互联网规模化应用，降低人工智能赋能制造业的门槛。以人工智能发展大力推进新型工业化，推动传统产业智能化升级，提升研发设计、中试检验、生产制造、经营管理、市场服务等环节全方位全链条智能化水平。打造推动人工智能发展和产业生态融合的试验田、孵化器，构建数据驱动、人机协同、跨界融合、共创分享的智能经济形态。支持建设新一代人工智能示范应用场景，促进技术创新、应用创新和业态创新的良性循环。

以人工智能发展促进社会和谐稳定。准确把握人工智能技术属性和社会属性高度融合的特征，利用人工智能技术切实保障和改善民生。推动人工智能在日常生活中的深度运用，提高生活便利性、有效消除"数字鸿沟"，全面提升人民生活品质。加强人工智能在社会服务中的深度应用，提高公共服务精准化、个性化、智能化水平。促进人工智能同社会治理的有机结合，围绕安全便捷智能社会建设打造人工智能应用新场景。持续推动人工智能安全治理，从算法源头入手解决人工智能安全风险与社会伦理问题。

广泛开展人工智能研发与应用领域的国际合作。人工智能作为一项不断演化的颠覆性技术，对经济发展、社会进步、国际政治经济格局等方面产生重大而深远的影响，需要国际社会通力协作共同治理。持续推进全球人工智能治理倡议，同各国家、国际组织加强交流和对话，共同促进全球人工智能健康有序安全发展。充分发挥世界人工智能大会、全球数字经济大会等专业化、国际化会议的平台作用，推动开放互信的国际治理对话与合作。深入推进全球范围内人工智能的技术交流、知识分享与资源整合，为人工智能治理提供中国方案，共创人工智能美好未来。

第三节 做强做优做大我国数字经济

做强做优做大我国数字经济，是经济高质量发展的现实要求。为了做强做优做大我国数字经济，需要在数字经济发展过程中积极贯彻五大新发展理念，明确数字经济作为稳增长促转型的重要引擎作用，牢牢牵住数字关键核心技术自主创新这个"牛鼻子"，促进数字经济与实体经济深度融合，推动数字经济治理体系的不断完善。

一 在数字经济发展中贯彻新发展理念

做强做优做大数字经济是新发展理念在经济建设工作中的集中体现。进入新时代，我国数字经济取得了举世瞩目的成就，数字经济规模已经超过国民经济总量的1/3，总规模居世界第二，增长率为世界第一。发展数字经济是把握新一轮科技革命和产业变革新机遇的战略选择。数字经济健康发展，有利于推动构建新发展格局，有利于推动建设现代化经济体系，有利于推动构筑国家竞争新优势。需要在做强做优做大数字经济中充分贯彻新发展理念，通过发展数字经济这一天然具有创新、协调、绿色、开放、共享的新主流经济形态，发挥新发展理念引领高质量发展的关键作用。

（一）创新发展理念

创新是引领发展的第一动力，是建设现代化经济体系的战略支撑，是新常态下保持经济中高速增长和高质量发展的主要驱动力量。数字经济首先是技术创新的结果，是累积创新引致的集中突破。现阶段，我国许多产业仍处于全球价值链的中低端，一些关键核心技术受制于人，发达国家在科学前沿和高技术领域仍然占据明显领先优势。为此，今后需要围绕"数字中国"的战略目标，采取差异化策略和非对称路径，抓住"底层技术"不放松，着力发展能够引领产业变革的颠覆性技术创新，积极布局新兴产业前沿技术研发，以技术的群体性突破支撑和引领数字经济产业集群的发展，实现后来居上。

（二）协调发展理念

在数字经济体系中，社会化分工更加细化，社会化协作更加紧密，跨界成为新常态，平台企业之间的竞争演化为生态圈对生态圈的竞争，竞合成为数字经济下企业竞争的最高境界。数字经济发展过程中必然涉及多方面的协调关系，比如，数字经济与传统经济的协调问题：数字经济对传统产业既具有替代效应也具有促进效应，如工业机器人的广泛应用，一方面有助于提高扩大传统产业的产出效率，另一方面不可避免地产生对人工和管理人员的挤出效应，这就存在发展节奏和应用场景的协调问题。再如，数字经济自身内部的横向体系及纵向生态的协调问题：数字经济在柔性生产、精准营销、用户参与、供应链及物流组织方面,对企业内部的跨部门大规模协调协作要求很高,对平台企业是个极大的考验和锻炼。又如,数字经济的产业政策和监管体系的协调问题:共享单车、共享汽车等共享平台涉及线上线下、软件硬件、基础设施、所有者利益、消费者权益、公共秩序、公共安全等一系列问题,涉及多方面主体之间的利益关系,需要坚持共治共享的协调理念,发挥市场对资源配置的决定性作用,同时更好地发挥政府的统筹规划和有效监管作用。

(三) 绿色发展理念

数字经济的"去物质化"有助于减少社会经济活动对物质的消耗,进而减少能源消耗,同时数字经济与其他产业的融合有助于带来更大的节能效果。因此,发展数字经济总体符合绿色发展理念。新能源汽车替代传统能源汽车的历程,就是汽车产业绿色化的过程;共享单车、共享汽车等模式的发展,在提高社会资源利用效率的同时,也从节能减排角度促进了经济发展的绿色化。电子商务、移动支付、新媒体等业态的发展,不仅降低了市场交易费用,而且也促进了资源的节约使用。当然,数字经济在促进社会经济绿色发展的同时,也带来不少新问题,如共享单车乱停放问题、外卖附带的餐盒餐具以及餐余垃圾问题、手机等各种内置器件和外置配件的"电子垃圾"问题。这就要求在数字经济发展过程中,对各种负外部性问题进行有效的治理和监管,采取有效激励机制促进绿色化生产和绿色化消费。

(四) 开放发展理念

对拥有知识产权的数字经济企业来说,始终需要在开放与控制两种策略中进行权衡取舍:究竟是以开放方式允许其他厂商使用其界面和规格,还是独占系统来维持控制?一般来说,开放可以通过做大安装基础为用户创造更大价值,有助于促进整个行业市场的扩大,而控制有助于促进既定行业市场中企业所占份额的增加。理性的选择显然在于促进知识产权价值最大化,而不是控制最大化。随着Linux成为大型机主流系统以及移动设备在全球的普及，越来越多的数字企业摒弃闭源系统转而采用开源系统，如谷歌的安卓系统始终是开放的。即便被认为是"全球行事最隐秘的公司"的苹果公司，无论是对顾客还是对供应商，实际上也远比人们想象的开放得多，面对开源操作系统的优势，苹果公司的闭源操作系统也将会日益从控制趋于开放。

在数字经济系统中，标准问题非常重要，统一的标准可增进兼容性和互用性，但标准从来不是天然存在的，而是不同标准企业之间竞争演化的结果。与其漫长地等待统一标准的最终胜出，不如出于开放理念努力做大行业"蛋糕"，在这种场合下，由相关行业国际组织、企业间联盟通过谈判协商，在初始阶段强制统一标准有助于少走弯路，必要时也可由政府直接推出强制性标准。现阶段，中国正在加快构建开放型经济新体制，更大范围、更宽领域和更深层次的开放格局，将有助于各类数字企业进入中国，为中国经济发展注入新动能。

（五）共享发展理念

数字经济特别是共享经济本身就契合共享发展的理念，比如企业间共享知识产权在扩大自身生存机会的同时也推动着行业进步。总体上看，数字经济对经济增长和社会进步有着不可替代的历史性贡献，但如何缩小"数字鸿沟"也是摆在各国面前的一大现实问题。从就业角度看，数字经济产生了高价值创造和高工作收入的机会，但其与传统经济之间几乎没有就业转换的通道，工业机器人和服务机器人应用领域的不断扩大，势必对传统产业工人甚至中层管理者产生一定程度的替代，这就容易引发社会分层。面对这些新矛盾，政府需要在数字经济发展节奏、产业转型转移升级援助、新技能培训、税收调节等方面深谋远虑，提早规划和布局，动用各种经济杠杆发挥二次分配的调节作用，使国民经济和社会发展不断步入包容性增长的轨道。数字经济企业特别是各类平台型企业，在妥善处理好平台中各种利益相关者关系的同时，应出于共治共享的理念，为构建和谐友善的社会积极承担社会成本。

二 数字经济是稳增长促转型的重要引擎

当今时代，数字技术、数字经济是世界科技革命和产业变革的先机，是新一轮国际竞争的重点领域。党的十八大以来，我国数字经济取得长足发展，数字技术创新不断取得突破，数字经济规模快速增长，数字经济治理水平不断提高。国家数据局发布的《数字中国发展报告（2023年）》显示，从2012—2023年，我国数字经济规模从11万亿元增长到56.1万亿元，多年稳居世界第二，数字经济占国内生产总值比重由21.6%提升至44%。数字经济对经济社会发展的引领支撑作用日益凸显，成为稳增长促转型的重要引擎。

数字产业化，代表数字经济核心产业的发展与拓展，是数字经济发展的坚实基础。在2018年召开的全国网络安全和信息化工作会议上，习近平总书记强调，"加快推动数字产业化，依靠信息技术创新驱动，不断催生新产业新业态新模式，用新动能推动新发展"[1]。近年来，我国数字经济蓬勃发展，数字产业规模稳步增长，数字技术和实体经济融合日益深化，新业态新模式不断涌现，数字企业加快推进技术、产品与服务创新能力提升，不断培育发展新动能。国家数据局发布的《数字中国发展报告（2023年）》显示，2023年中国数字经济保持稳健增长，数字经济核心产业增加值占GDP比重达到10%。数字中国赋能效应日益凸显，中国累计建成62座"灯塔工厂"[2]，占全球的40%。中国商务部重点监测平台交易额全年增幅达到30%；农业科技进步贡献率达63%。根据工信部数据，截至

---

[1] 习近平：《敏锐抓住信息化发展历史机遇 自主创新推进网络强国建设》，《人民日报》2018年4月22日第1版。
[2] "灯塔工厂"是由世界经济论坛组织遴选，在一定程度上代表了当今全球制造业领域智能制造和数字化最高水平。

2023年底，我国累计建成开通5G基站337.7万个，5G移动电话用户达8.05亿户，全国数据中心机架总规模超过650万标准机架，在用数据中心算力总规模位居世界第二。我国移动通信实现了2G跟随、3G突破、4G同步、5G引领的跨越发展，建成了全球规模最大、技术领先的移动通信网络。

产业数字化，是在新一代数字科技支撑和引领下，以数据为关键要素，以价值释放为核心，以数据赋能为主线，对产业链上下游的全要素数字化升级、转型和再造的过程。要推动产业数字化，利用互联网新技术新应用对传统产业进行全方位、全角度、全链条的改造，提高全要素生产率，释放数字对经济发展的放大、叠加、倍增作用。推进产业数字化有利于数字技术广泛使用、数据全面循环和流通，不仅能使传统产业之间的技术关联更加紧密，还能推动产业之间的供需关联，从上下游分别延伸产业链。发展工业互联网是推动产业数字化的重要抓手和数字化转型的关键路径。工业和信息化部数据显示，2023年我国工业企业关键工序数控化率达到62.2%，数字化研发设计工具普及率达到79.6%；工业互联网已覆盖49个国民经济大类，工业互联网核心产业规模超1.35万亿元；农业数字化加快向全产业链延伸，农业生产信息化率超过26.5%。

近年来，《网络强国战略实施纲要》《数字经济发展战略纲要》《"十四五"数字经济发展规划》《"十四五"国家信息化规划》《"十四五"大数据产业发展规划》等出台，形成了推动我国数字经济发展的强大合力，激发和释放了我国数字经济发展的巨大潜能。展望未来，随着产业数字化与数字产业化的大交叉、大融合与大协同，技术、科学、产业、区域经济以及社会各界间的联系也将更加紧密，必定会涌现出更多的新模式、新业态与新的价值创造方式，我国数字经济发展将面临新的机遇与挑战。

第一章　数字经济的发展进程与中国经验

三　牵住数字关键核心技术自主创新这个"牛鼻子"

党的十八大以来，以习近平同志为核心的党中央把创新作为引领发展的第一动力，把科技创新摆在党和国家发展全局的核心位置，立足中国特色，着眼全球发展大势，把握阶段性特征，对新时代科技创新谋篇布局。2014年6月，习近平总书记在中国科学院第十七次院士大会、中国工程院第十二次院士大会上指出，"主要依靠资源等要素投入推动经济增长和规模扩张的粗放型发展方式是不可持续的"[1]。党的十八大以来，我国深入实施创新驱动发展战略，坚定不移地走中国特色自主创新道路，成功进入创新型国家行列。我国科技投入大幅提高，全社会研发经费支出从2012年的1万亿元增加到2023年的3.3万亿元以上，全社会研发经费投入强度提高到2.64%，研发人员总量多年保持世界首位，全球创新指数排名大幅上升[2]。数字技术创新是技术创新的关键内容，也是数字中国建设的重要动力。加快数字中国建设、大力发展数字经济，关键在于数字技术领域持续创新。

第一，提高数字技术基础研发能力。当今时代，数字技术作为世界科技革命和产业变革的先导力量，日益融入经济社会发展各领域全过程，深刻改变着生产方式、生活方式和社会治理方式。进入数字经济时代，数字技术得到广泛使用，并由此带来了整个经济环境和经济活动的巨大变化。近年来，伴随着新一轮科技革命和产业变革的迅速发展，催生出大数据、云计算、人工智能、物联网、区块链等新技术，这些数字技术成为支撑数字经济发展的关键。技术创新对数字经济发展具有先导性和引领性作用，数字经济发展的一

---

[1]　习近平：《在中国科学院第十七次院士大会、中国工程院第十二次院士大会上的讲话》，《人民日报》2014年6月10日第2版。

[2]　数据来源于国家统计局。

些关键核心问题，例如，实现物理世界和数字世界的连接、打破数据孤岛促进数据融合、实现传统数据处理中心云化、在海量数据库中挖掘价值数据等，都需要运用新一代数字技术予以解决，数字技术的创新重点正在向底层技术聚焦。为了提高数字技术基础研发能力，必须加大科研和教育投入，重视基础理论研究，加大原始创新投入力度，补齐基础理论创新能力不足和系统创新能力不强等短板。

第二，打好关键核心技术攻坚战。关键核心技术是国之重器，对推动我国经济高质量发展、保障国家安全具有十分重要的意义。2020年8月，习近平总书记在主持召开经济社会领域专家座谈会时强调，"实现高质量发展，必须实现依靠创新驱动的内涵型增长"①。大力提升自主创新能力，尽快突破关键核心技术，是关系我国发展全局的重大问题。重大技术的突破能够辐射带动相关领域的技术进步和产业发展，为我国经济社会发展持续注入新动能。要充分发挥新型举国体制优势、超大规模市场优势，以深化供给侧结构性改革为主线，深化科技体制改革，激发自主创新动力和活力，实施多领域、多部门、多形式联合攻关，打好关键核心技术攻坚战，为数字经济发展创造有利条件。

第三，以数字技术创新成果赋能经济社会发展。以数字技术创新成果赋能经济社会发展，应重点从以下三方面发力。一是要加大数字技术研发投入，提升科技投入效能。我国已经实现了5G在技术、产业、应用的全面领先，6G也正在加快研发布局，这都离不开国家持续的科研投入。只有在解决国家经济社会长远发展、重要国计民生和行业产业发展中的关键科学问题上持续加大科研投入，加快推进产学研用深度融合，才能为以数字技术创新驱动发展提供源源不断的动力。二是要支持具备技术优势、高成长性的独角兽企业、

---

① 习近平：《在经济社会领域专家座谈会上的讲话》，《人民日报》2020年8月25日第2版。

瞪羚企业和专精特新"小巨人"企业发展。这些企业是数字技术创新的重要力量，能够以应用需求为牵引，推动跨学科、跨领域交叉融合技术研究，提升国家科技自立自强水平，让科技创新真正成为经济社会发展、人民生活水平提高的重要支撑。三是要推动数字技术创新和产业发展充分融合。数字技术创新可以催生出新产品、新产业、新模式、新业态。基于互联网和数字技术构建的数字平台，通过数据整合、算法优化和用户交互，能够连接用户与资源方，充分利用网络效应、规模效应与溢出效应，形成一个规模庞大、协作紧密、精准匹配的生态圈，最终实现经济价值的持续创造和合理分配。

四 促进数字经济与实体经济深度融合

加快发展数字经济，促进数字经济和实体经济深度融合，提升实体经济发展水平，是我国把握新一轮科技革命和产业变革新机遇、实现经济高质量发展与打造竞争新优势的战略选择。

一是加强数字基础设施建设。数字基础设施，是以数据创新为驱动、通信网络为基础、数据算力设施为核心的基础设施体系，是数字经济与实体经济深度融合的基础。一方面，尽快打造完备的硬件基础设施体系。对于存储和算力等数字基础设施，要根据不同区域的实际需求与技术禀赋统筹布局。通过"东数西算"等重点工程构建数据中心、云计算、大数据一体化的新型算力网络体系，妥善配置算力供给，优化数据中心建设布局，促进全国大数据协同联动。加快完善数据存储、构建算力产业链，推动算力网络成为公共基础设施，实现我国算力资源有效配置。另一方面，加快构建支持数字基础设施建设良性发展、有效使用的制度基础体系。推动有为政府和有效市场更好结合，按需、及时地为用户提供计算和存储能力。从全局层面对数据要素进行统筹规划和管理配置，为数字中国建设和数字经济发展提供体制机制支撑。

二是发挥好新型实体企业的助推器作用。2023年3月，习近平总书记在参加十四届全国人大一次会议江苏代表团审议时强调，"要坚持把发展经济的着力点放在实体经济上，深入推进新型工业化，强化产业基础再造和重大技术装备攻关，推动制造业高端化、智能化、绿色化发展，加快建设制造强省，大力发展战略性新兴产业，加快发展数字经济"[①]。兼具实体性、科技性、生态普惠性和网络外部性的新型实体企业是数字经济与实体经济深度融合发展的新型企业形态，是实体经济转型升级的助推器。要加大力度培育工业互联网试点示范企业、专精特新企业、数字乡村试点、电子商务示范企业等，发挥好对数字经济的示范带动作用，支持新型实体企业在引领发展、创造就业、国际竞争中大显身手。要建立健全支持新型实体企业健康发展的政策体系，树立一批新型实体企业典型，并在财税、金融、科技、产业、人才等各方面加大政策支持力度，从而带动全产业链更好更快发展。

三是打造具有国际竞争力的数字产业集群。产业集群是产业分工深化在地理空间上的表现形态，已经成为经济高质量发展的重要支撑与产业国际竞争力的重要影响因素。在颠覆性创新不断涌现、技术迭代和市场变化频繁、外部环境复杂多变的背景下，培育具有国际竞争力的数字产业集群，充分发挥其集聚效应、技术溢出效应和网络协同效应，对于大力发展数字经济具有重要意义。为打造一批具有全球资源配置力、世界影响力的数字产业集群，一方面要加强顶层设计与规划引领，对数字产业集群发展进行科学规划，优化关键资源配置；另一方面要增强关键共性技术创新能力，建设高效协同创新体系，开展高水平的国际合作。

四是激发数字经济引领消费升级动能。数字经济条件下的消费者

---

① 习近平：《牢牢把握高质量发展这个首要任务》，《人民日报》2023年3月6日第1版。

需求表现出个性化、多元化等特征。以数实融合推动消费升级、释放潜在消费需求，对于更好保障民生、培育完整内需体系和构建新发展格局具有重要意义。为此，需要综合施策，充分发挥数字经济推动消费升级的潜在动能。一方面，进一步推进产业数字化转型。引导和鼓励企业利用数字技术发展柔性生产、智能制造，全面提升企业对市场需求的快速响应能力和产能灵活转换能力，推动形成供给与需求、生产与消费互促互动的良性循环。另一方面，持续优化数字消费环境。为顺应数字经济发展规律，及时制定、完善相关法律法规与政策措施，优化数字消费环境，促进平台经济在规范中创新发展。

五　推动完善数字经济治理体系

面对数据体量庞大、创新创业活跃、线上线下融合、市场结构复杂的数字经济，传统的经济治理方式越来越难以适应数字经济治理的现实需要。因而，完善数字经济治理体系，提高我国数字经济治理体系和治理能力现代化水平，是推动构建新发展格局、建设现代化经济体系、构筑国家竞争新优势的必然要求，是推进国家治理体系和治理能力现代化的题中应有之义，是大力发展数字经济的必然选择。

第一，提高网络综合治理能力。和平、安全、开放、合作、有序的网络空间是现实社会的数字化延伸，是数字经济活动发生的主要场景，是数字经济发展的必要条件。近年来，在整治网络生态乱象、加强互联网服务管理等方面，我国始终积极探索治理路径，强化个人信息保护、打击网络不正当竞争。下一步，应推动社会治理向网络空间延伸，通过净化网络空间内容、营造清朗网络空间环境，构建网络空间治理法治化新格局。同时，加快构建政府、企业、社会多方协同的治理模式，严格落实网络安全法和个人信息保护法的相关规定，把安全贯穿网络空间治理全过程，构筑国家网络安全的坚固屏障。

第二，实现高质量数据治理。在数字经济时代，数据成为重要的生产要素，直接对经济增长作出贡献，同时可通过优化生产要素配置、促进供给与需求更好匹配、推动政府职能转变等提高经济运行效率。应在数据资源管理、数据安全保护、数据开放利用等方面制定完善相关法律法规和标准规范，为各领域数字化转型提供有力的制度保障和政策支持。2022年底，中共中央、国务院印发《关于构建数据基础制度更好发挥数据要素作用的意见》，系统地提出我国数据基础制度框架，明确提出强化数据安全保障体系建设，把安全贯穿数据供给、流通、使用全过程（李涛，2023）。

目前，我国已出台《数据安全法》《个人信息保护法》等法律法规，并探索推进数据要素市场化。这将有效保护数据主体合法权益，维护国家数据安全，实现维护数据安全与促进数字经济发展的动态平衡。一方面，数据市场有效运行是数字经济健康发展的重要条件。要通过合理有效的市场规则，规范数据市场发展。要统筹数据开发利用、隐私保护和公共安全，加快建立基础制度和标准规范，建立健全数据产权交易和行业自律机制，培育规范数据交易平台和经营主体，完善数据分类分级授权制度，加强数据安全评估，推动数据跨境安全有序流动。另一方面，公共数据治理是数据治理的重要内容。要加快构建统一的数字政府平台，按照全国统一大市场建设要求，打破数据孤岛，减少信息不对称，提升数据要素配置效率，降低数据要素市场交易成本，不断提高数据质量，丰富数据产品和服务，促进相关的新产业、新业态、新模式不断涌现。

第三，推动平台经济规范健康持续发展。数字平台具有更为精确的信息匹配能力、更为高效的运作效率和更为快速的信息反馈能力，在数字化改造中发挥着重要作用。平台经济是我国数字经济的重要组成部分，是提高全社会资源配置效率、贯通国民经济循环各环节的重要推动力量。但是，当前仍存在平台垄断、大数据杀熟等问题，损害了市场公平竞争和消费者合法权益，不利于数字经济的健康发展。近年来，我国在平台经济领域立法步伐加快，政策制度体系不断完善，为推动我国平台经济健康有序发展提供了支撑和保障。在支持互联网平台技术创新、增强平台企业国际竞争能力的同时，应加快制定和完善平台企业运行及监管规则，积极推进包容审慎监管，不断优化法治化营商环境，通过加强规范治理更好地促进平台企业规范健康持续发展。

第四，积极参与全球数字经济治理和国际规则制定。2023年9月，习近平主席向2023中国国际智能产业博览会致贺信指出，"中国愿同世界各国一道，把握数字时代新趋势，深化数字领域国际交流合作，推动智能产业创新发展，加快构建网络空间命运共同体，携手创造更加幸福美好的未来"。[①] 我国积极搭建世界互联网大会、世界5G大会、世界人工智能大会等开放平台，与各国加强数字领域合作，积极开展双边、多边数字治理合作，参与数字领域国际规则和标准制定。从推动制定《二十国集团数字经济发展与合作倡议》，共同发起《"一带一路"数字经济国际合作倡议》，提出《全球数据安全倡议》，发布《携手构建网络空间命运共同体行动倡议》，到申请加入《数字经济伙伴关系协定》，我国始终致力于推动构建和平、安全、开放、合作、有序的网络空间，构建开放、公平、非歧视的数字营商环境，在同世界开放相融中共享发展机遇、汇聚发展力量，为全球数字治理贡献中国方案和中国智慧。

---

① 《习近平向2023中国国际智能产业博览会致贺信》，《人民日报》2023年9月5日第1版。

第二章　数字经济高质量发展的分析框架

第一章归纳了数字经济的历史进程与中国经验。在经验事实的基础上，本章参考演化经济学领域的经典范式：技术—经济范式，在明确了数据要素与数字技术的结合方式后，提出"技术—经济"分析框架，为分析数字经济中的新现象、新业态和新问题提供了一个条理清晰、结构合理、思路明确的基础性分析框架。

在建立"技术—经济"分析框架的过程中，形成了关于数字经济高质量发展的三条核心判断。第一，数字技术是数字经济高质量发展的技术基础、实现渠道与应用手段；第二，数据要素的虚拟性、非竞争性和规模报酬递增等新经济特征是数字经济高质量发展的动力来源；第三，描述数字经济发展的新生产函数应综合考虑数字经济相对于传统经济在要素条件、组合方式与配置效率上的巨大变革。这三条判断为第三章数字经济生产函数的构建以及本书第二篇中数字经济高质量发展实现路径的提出提供了重要的分析视角。

第一节　技术革命驱动经济发展的理论范式

数字经济具有非常明显的技术驱动特征，因此，佩蕾丝提出的"技术—经济"范式可以作为分析数字技术快速发展的理论归属（荆文君等，2023）。该范式指出，技术革命将催生一批新产业，同时向传统产业渗透，促进其在新技术应用、组织规模等方面实现转型升级。本节对这一范式进行系统性介绍，进而归纳数字经济发展的技术—经济特征。

第二章　数字经济高质量发展的分析框架

一　理论内涵

综观人类历史，生产率的爆炸性增长和金融狂热导致经济过热，并以崩溃和萧条告终的轮回反复上演。20世纪末，信息革命与金融市场两股力量崛起，前者提高了生产率，后者解放了财富驱动力。这两股力量蕴含着巨大潜力，似乎具有实现永不停止的高速经济增长的可能性，这一模式也被描述为"永续增长"。然而，2000年爆发的互联网泡沫标志着这一美梦的破灭——大量数字平台企业相继破产或重组，美国ICT产业遭受重大打击。

有感于21世纪初的美国"互联网泡沫"，西班牙演化经济学家卡萝塔·佩蕾丝结合自己的先前关于技术革命与金融危机的一系列研究，于2003年完成《技术革命与金融资本：泡沫与黄金时代的动力学》一书，提出"技术—经济"范式，产生了较大的学术与现实影响力。

佩蕾丝认为，每种发展模式都将根据特定的技术风格进行塑造，这种风格被理解为一种最有效的生产组织范式，即生产力增长在公司、行业和国家内部之间发生的主要形式和方向。这种范式由某些关键技术发展演变而来，将导致行业面临的相对成本结构发生重大变化，同时为新技术扩散开辟了广泛的新机会。

想要理解技术—经济范式，首先需要理解技术革命。技术革命是指一批有强大影响的、崭新且动态的技术、产品、部门，为整个经济带来巨变，并能推动长期的发展高潮。技术革命是一组紧密交织在一起的技术创新集群，它们共同促成了经济潜在生产率的跃迁，使得整个生产体系得以现代化和更新，最终将效率水平提高到一个新的高度。每一次技术变革都伴随着一组"最佳惯行方式"的原则，以技术—经济范式的形式出现，打破了技术、经济、管理和社会制度中现存的组织习惯。一旦得到普遍采纳，这些原则就成为组织一切活动和构建一切制度的常识基础。

在佩蕾丝提出的技术—经济范式中，技术革命不但能催生一批新产业，还能同时向传统产业渗透，促进其在新技术应用、组织规模等方面实现转型升级。按照佩蕾丝的观点，在资本主义经济200多年的历史中，共出现了五次技术革命与相应的经济形态变化。当前，我们正处于第五次技术革命——信息革命时代。

对于每次技术革命，佩蕾丝也进行了周期性的细致划分，指出在一次约半个世纪的技术革命周期中，存在爆发阶段（Irruption Phase）、狂热阶段（Frenzy Phase）、协同阶段（Synergy Phase）和成熟阶段（Maturity Phase）共四个阶段。前两个阶段对应着技术导入期，后两个阶段对应着技术的展开期。在导入期和展开期之间还存在一个转折点（Turning Point），即狂热之后的衰退期，如图2-1所示。

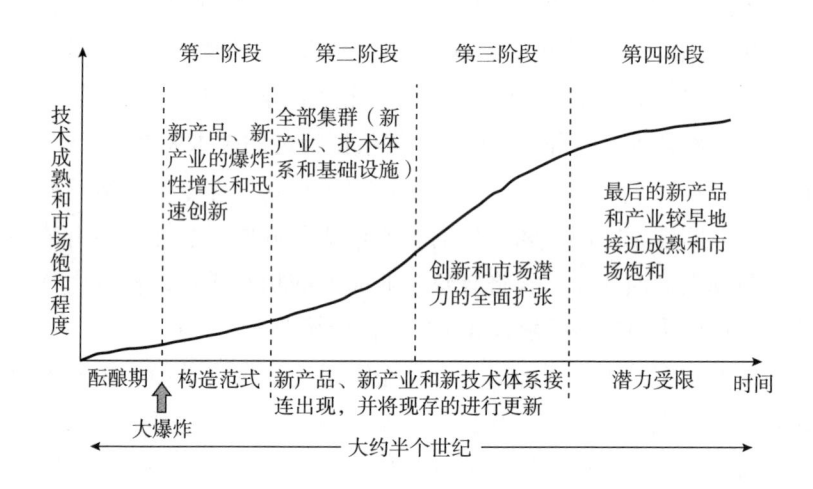

图2-1 技术革命的生命周期

资料来源：根据[西]卡萝塔·佩蕾丝：《技术革命与金融资本：泡沫与黄金时代的动力学》，田方萌等译，中国人民大学出版社2007年版，第55页资料整理而得。

佩蕾丝认为，每次技术革命都会经历两个性质非常不同的时期，每段会持续大约30年。第一段为导入期，新技术进入成熟的经济中，打乱了已经建立的结构，并连接起新的工业网络，建立了新的基础设施。在这一阶段早期,技术革命规模较小;而到了晚期,新的技术—经济范式克服了旧范式的抵抗,成为举足轻重的力量。第二段是展开期,此时,新范式和现代化力量重塑了整个经济结构,并充分发挥了它的财富生产潜力。两个阶段的转折点,通常表现为一次严重的衰退,牵扯到整个系统的重组。而这一重组将使增长重新启动,并实现技术革命的全部成就。

根据佩蕾丝在《技术革命与金融资本:泡沫与黄金时代的动力学》一书中提出的观点,转折点或者说衰退期是一种必要的根本性变革。转折点的产生可以归因于结构性问题产生的泡沫破灭——革命性产业产生的真实财富增长速度不及投资者集体信念创造资本收益的速度。因此,每当经济进入转折点这一阶段时,就需要采取政策手段,以纠正市场失灵,如图 2-2 所示。

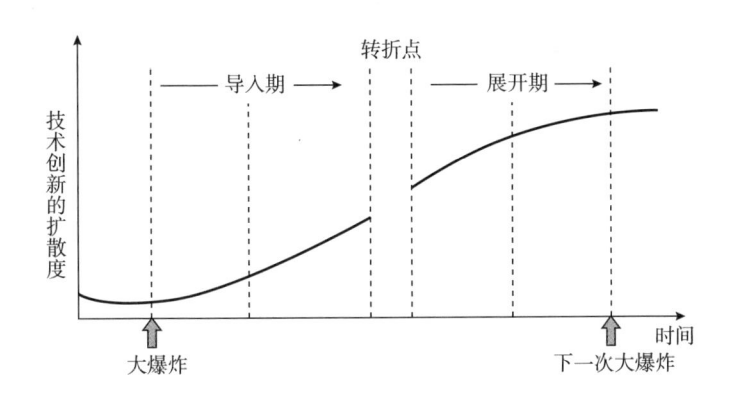

图 2-2 技术革命的两个不同时期

资料来源:根据[西]卡萝塔·佩蕾丝:《技术革命与金融资本:泡沫与黄金时代的动力学》,田方萌等译,中国人民大学出版社 2007 年版,第 55 页资料整理而得。

二 现实进路

通过上面的分析可以看出,技术—经济范式的理论起点是技术革命的出现。在技术革命后将出现"一套相互关联的、同类型的技术和组织原则",进而改变经济社会活动的基本组织形式。由于技术的成熟、扩散、普及是一个渐进的过程,因此使用技术—经济范式分析经济增长问题一般是从时序角度进行的,类似于在宏观经济学中对于一个完整经济周期的阐述。

当前我们正经历的这轮技术革命起源于20世纪40年代后ICT技术和ICT产业的发展壮大,经历了半个多世纪的发展后,其内涵已经变得愈发丰富,在进入21世纪后更是迎来了新一波名为数字经济的发展浪潮。原因可能在于,主导数字经济发展的核心技术再次发生改变——从早期的信息通信技术,到互联网和物联网技术,再到大数据、人工智能、云计算和区块链等新兴数字技术。关联技术的出现,形成了诸多新兴的商业模式与运营手段,如共享经济、直播电商、社群经济等,不断赋予数字经济发展动力。

数字时代的经济增长有着显著的技术驱动特征。与传统技术革命带来的经济变革不同,数字技术本身具有很强的衍生性,技术之间的关联也更易建立,从最初的信息技术,到后期的智能技术,数字技术的快速演进及相互关联,使其成功跨越了技术—经济范式中的"转折点"和衰退期,持续对经济高质量发展发挥积极作用。简言之,在上一代技术红利消失前,下一代技术就已经重新进入导入期。关联技术的诞生,又会进一步作用于经济发展,补偿技术红利消失带来的衰退。在数字经济视域下,转折点并非不存在,而是在转折点附近存在着技术创新与应用,使经济发展能够很快过渡到下一周期,缩短了衰退过程。

通过多种数字技术相互关联与协同演化,数字经济似乎超越了传统意义上的技术—经济范式,技术革命与技术革命之间的转折点看似被淡化了。然而,虽然数字经济发展在总体上并未遭遇衰退,但技术进步带来的经济福利并未能平等地在各类人群中分配,新技术的冲击带来的持续的创造性破坏也造成了诸多经济社会问题。例如，人工智能的发展和广泛使用使许多劳动力面临失业风险，市场上新产品的不断出现、新企业不断替代旧企业也造成了潜在的社会资源浪费。从这个角度来说，政府以治理监管形式进行介入就显得极为必要，这也凸显了将数字经济治理作为一个新的维度纳入技术—经济范式的必要性。

三 主要特点

佩蕾丝提出，资本主义的整个经济社会体系运作存在三个主要特点：技术革命推动、两类资本互动和制度变迁缓慢。这三个特点通过持续的相互作用实现技术进步、经济发展与社会变迁，但同时也催生了一些难以自发解决的问题。对于如何解决这些问题，佩蕾丝等学者并没有提出更多建议。

（一）技术革命推动

技术变迁以创新蜂聚形式发生。蜂拥而至的创新形成相继出现而又互不相同的历次技术革命，正是技术革命推动着整个生产结构的现代化。资本主义经济的发展历史表明，技术革命是推动其演变和增长的关键动力之一。

第一，技术革命通过引入新的生产方式和工作方法，极大地提高了生产效率和生产力。例如，18世纪末的工业革命引入了机械化生产，结束了手工作坊时代，使得大规模生产成为可能。随后，电力的广泛应用、内燃机的发明以及化学和钢铁工业的发展，进一步加速了工业化进程。20世纪中叶，信息技术革命的兴起，特别是计算机和互联网的普及，推动了经济的数字化和全球化，创造了新的产业和市场，同时也为消费者提供了更多样化的产品和服务。

第二，技术革命还促进了资本主义经济结构的转型和升级。新的技术不仅取代了旧技术，也导致了新的企业形式和商业模式的出现。例如，互联网技术的发展催生了电子商务、云计算服务和社交媒体等新型企业，这些企业通过创新的商业模式，重新定义了市场的运作方式和消费者的行为习惯。此外，技术革命还推动了劳动力结构的变化，对劳动者的技能和素质提出了新的要求，促进了教育和培训行业的发展。

（二）两类资本互动

金融资本和生产资本在资本主义经济周期中的互动是资本主义经济运行的核心机制之一。金融资本和生产资本既相互联系又职能各异，虽然都在追逐利润，但两者采纳的标准和行为却各不相同，通过投资实现盈利的方式也存在差异。此外，金融资本和生产资本也存在相互转换的可能性，在前沿技术的投资上也存在相互合作的可能性。

第一，金融资本为生产资本提供必要的资金支持，这种资金的供给与需求关系直接影响着经济周期的波动。在经济扩张期，企业和个人对资金的需求增加，金融机构则通过增加贷款、发行股票和债券等方式，为生产活动提供资金，推动经济增长。这一时期，金融资本的流动性增强，利率下降，金融市场活跃，有助于生产资本的积累和扩张。然而，当经济进入繁荣顶峰，可能会出现过度投资和资产价格泡沫，金融资本的过度积累可能导致风险的集聚。

第二，随着经济周期进入衰退阶段，生产资本的盈利能力下降，对资金的需求减少，金融机构出于风险考虑，可能会收紧信贷，减少资金供给。这会导致利率上升，金融市场动荡，进一步抑制投资和消费，加剧经济的下滑。在经济的低谷期，金融资本的谨慎态度和生产资本的萎缩相互影响，共同导致经济活动的减缓。但是，随着经济的逐步调整和金融市场的稳定，金融资本将再次为生产资本的复苏提供资金支持，推动经济进入下一个扩张周期。

（三）制度变迁缓慢

面对技术革命带来的巨大变革，社会—制度框架比技术—经济范式有着大得多的惰性与阻力。社会制度的变化需要当权者在政治思想方面取得一致，佐以制定与实施政策的行动力。然而，在资本主义体系中,实现制度变革的难度很高,既得利益群体(往往是两类资本的所有者)会通过各种手段阻挠社会制度做出适应性调整。

上述三类特征相互影响,造成了技术领域、经济领域与社会领域的持续发展与协同演化。正是这些处于变革中的领域相互作用、相互影响的方式,产生了在每次浪潮中一再重现的序列。然而正如上文中对于第三个特征的描述,制度变革往往难以跟上技术进步与经济发展的速度,由此导致经济社会问题不断产生并逐渐恶化,这也是技术—经济范式中的转折点和衰退期总会出现的主要原因。

四 数字经济的技术—经济特征

数字经济在基础设施、生产要素、生产和服务方式等方面表现出与以往经济发展明显不同的特征和规律,既涉及技术创新,表现出独特的技术新特征,又涉及经济发展范式创新,突出表现为新经济的一系列特征。把握数字经济的内涵,必须从技术特征入手,分析数字技术的创新和使用带来的生产方式创新和经济发展方式的改变(孙宝文等,2021)。

(一)数据成为数字经济新的关键生产要素

不同的经济形态,生产要素所包含的内容有很大不同,关键的生产要素也不同。数据是数字经济的关键生产要素,在数字经济的研发、生产、流通、分配、消费各经济环节中的重要价值日益凸显。

首先,数字经济始终围绕数据这个核心生产要素的感知、采集、传输、存储、计算、分析和应用,来重构企业和经济发展的强大驱动力。消费互联网和产业互联网对传统流通、消费、生产体系的淘汰、升级、融合、重组、优化等作用,其背后的经济逻辑都必须基于对数据的判断、预测和精准匹配。

其次,数据作为生产要素具有即时性、共享性、边际生产率递增等特征,数字技术与传统生产要素相融合,可以通过算法优化传统生产要素的配置效率,提高包括物质资本、人力资本、公共资本、土地、技术等其他生产要素的边际生产率,进而有利于实现递增的规模经济报酬。比如,共享单车、民宿出租等共享经济模式的本质,就是挖掘数据的价值,基于数据构建新型的合作和信任体系,实现智能化匹配供需的目的,提高资源配置效率。

最后,在数据、算法和算力的驱动下,数字经济可以实现线上线下全网、全域、全渠道,端到端的全链条、全流程、全场景的连接,打造丰富的人与机器无缝衔接的应用场景,使人工和机器的分工合作达到高效的协同水平。比如,商业银行构建客户互动层、人工智能决策层(智能中台)、核心系统与数据中台层,可以通过大数据分析对客户进行精准画像,实现精准定价,并在此基础上开展无抵押的数字信贷。

(二)智能互联是数字经济新基础设施的主要特征

数字经济底层架构的核心是连接,所以,发展数字经济必须高度重视信息、融合、创新和数据等新型基础设施建设。新型基础设施把设备、生产线、工厂、供应商、产品和客户紧密联系在一起,打通了经济社会发展的信息"大动脉"。

智能和互联是数字经济基础设施最显著的特征。智能的发展方向主要体现在产品/服务智能、装备智能和过程智能三个方面;互联的发展方向是人、企业、政府机构、物品智能互联的自适应、生态化网络。

万物互联加速了生产要素在人与人、物与物、人与物、用户与产业、需求与供给之间的流动,通过连接数的增加、市场规模的扩大和应用场景的拓展,市场主体运用技术和数据形成了新的经济形态,如平台经济、共享经济、算法经济、零工经济、数字服务等。比如,电子商务平台是面向农业、工业及服务业的交换和消费过程,电子商务的安全认证、在线交易、物流配送、支付结算等都必须基于开放共享、智能互联的网络平台。

在智能互联的驱动下,产业结构将呈现为以电子商务为核心的消费互联网和以无界制造为核心的产业互联网。消费互联网和产业互联网都是数字经济的重要载体，消费互联网注重与消费者的连接，产业互联网强调数字技术与产业的深度融合，本质上是连接企业。

（三）融合是新生产或新服务方式产生的前提

数字化环境下，无处不在的传感器、嵌入式终端系统、智能控制系统、通信设施通过物理信息系统形成一个智能网络。通过这个智能网络，人与人、人与机器、机器与机器、服务与服务之间，能够形成一个互联关系，从而实现横向、纵向和端到端的高度集成。

在数字经济范式下，通过对经济社会运行机制进行横向到边、纵向到底的系统性重塑，可以实现人机协同、产业跨界协同、物理世界和数字世界的融合。比如，无界制造就是基于开放共享、智能互联装备，将农业种植养殖、工业制造过程进行跨界融合的智能互联制造系统，是云制造、智能制造、网络制造、数字制造的集成化和系统化。

在数字经济范式下，智能技术群是数字经济创新发展的基本驱动力，在数字产业化过程中不断实现数字技术的融合创新，以多种技术的集成形成乘数效应。比如，数字孪生通过整合实体、数据、技术三大核心要素，可以构建物理实体、虚拟实体、孪生数据、连接和服务五个维度的数字孪生体系架构，但其实现的前提便是需要集成互联网、云计算、人工智能、区块链、物联网、工业互联网、虚拟现实、增强现实等数字技术。

在数字经济范式下，通过集成改变了用户发现、商品及服务购买、生产制造等的方式。例如，微信集成了生活服务信息，可以实现打车、购物、预约挂号、租房、防疫、支付、转账、信贷等功能；再如，航空、石化、钢铁、家电、服装、机械等行业出现的工业互联网平台，汇聚共享并有效整合了产品设计、生产制造、设备管理、运营服务、物流和售后服务等方面的数据资源，在融合发展中呈现跨界运营、价值共创和产用融合等横向分层的特征。

(四) 数字化转型成为推动经济高质量发展的新动能

数字经济在消费领域跨越了时空限制,在生产领域延伸了产业链,成为重组全球要素资源、重塑全球经济结构、改变全球竞争格局的关键力量。中国信通院发布的《中国数字经济发展研究报告(2023年)》显示,2023年,我国数字经济规模达到56.1万亿元,同比名义增长11.75%,已连续12年显著高于同期GDP名义增速。产业数字化对数字经济增长的主引擎作用更加凸显。工业、农业、服务业数字化水平不断提升,极大地推动了国内国际双循环相互促进新发展格局的形成。

数字化转型为培育经济增长新动能提供了重要引擎,有助于实现内生性的经济增长。制造业的数字化转型,意味着整个制造业生产形态的转变,即从大规模生产转向个性化定制,整个生产过程更加柔性化、个性化、定制化。农业的数字化转型,既要通过数字技术提升农业生产能力、管理水平、生产效益和资源利用效率,又要通过农业电商体系实现"产—供—销"精准对接,改造传统农业管理模式、改变农业生产方式、提高农产品销售效率,从而助力农业经济健康绿色可持续发展。

当前,我国政府积极推进"上云用数赋智"[①] 行动、开展数字化转型促进中心建设、支持创建数字化转型开源社区,就是要通过数字技术与金融、物流、交易市场、社交网络等生产性服务业的跨界融合,促进企业研发设计、生产加工、经营管理、销售服务等业务的数字化转型,促进产业链上下游企业全渠道、全链路供需调配和精准对接。

---

① "上云"是指探索推行普惠型的云服务支持政策;"用数"是在更深层次推进大数据的融合运用;"赋智"是要加大对企业智能化改造的支持力度,特别是要推进人工智能和实体经济的深度融合。

第二章　数字经济高质量发展的分析框架

第二节　数据成为数字经济的关键要素

一　数据成为生产要素

生产要素是经济活动中的基本要素,是创造社会财富的坚实基础,是促进经济增长的主要源泉。在农业经济时代,古典政治经济学家威廉·配第提出,"土地为财富之母,而劳动则为财富之父和能动的要素"。工业革命将机器引入经济生产活动中,资本成为工业经济时代的关键生产要素。

1890年,在威廉·配第和亚当·斯密等古典经济学家的要素与财富思想的基础上,英国经济学家阿尔弗雷德·马歇尔在其著作《经济学原理》中首次提出了"生产要素"(factors of production)的概念,具体定义为:"维系国民经济运行及市场主体生产经营过程中所必备的基础性社会资源,其最主要的特征在于为经济发展提供生产的基础条件与动力来源"。马歇尔认为,经济活动的三种基础性要素是劳动力、土地和资本,提供这三类要素的生产者分别获得以工资、地租和利息为形式的要素回报。在之后的研究中,马歇尔定义第四类生产要素:"组织",提出经营利润在本质上就是组织要素的回报。随着企业所有权与经营权的分离,组织要素之后也被重新理解为管理要素。20世纪50年代之后发展起来的新古典增长理论(Solow,1957)与新增长理论(Romer,1986)分别强调了技术与知识对于经济增长的推动作用,这两类虚拟资源也被相关经济增长研究视为新的生产要素。

20世纪90年代后,以互联网为代表的新技术加快应用,拉开了数字经济时代的序幕。互联网、新一代通信等数字技术带来的连接和共享,推动数据规模呈指数级增长;物联网、大数据、云计算、人工智能等技术降低了数据采集、存储、处理和分析的成本。随着数字化、网络化、智能化进程不断加快，数据逐渐成为经济活动中不可或缺的生产要素，也成为推动经济增长的重要动力。数据可以被视为一种生产要素，主要原因有以下三个方面。

第一，数据已经成为社会生产活动中不可或缺的生产性投入。绝大多数社会生产活动，都需要数据分析的支持，或是可以通过增加或补充数据分析的生产环节提升产出规模与质量。

第二，数据是一种直接进入生产过程的投入，而不是作为其他投入的组成部分。这是数据与人力资本等间接投入的主要区别。人力资本是指劳动力所具有的知识技能、文化技术水平与健康状况等，与劳动力紧密联系在一起，一般不随产品的出卖而转移，也不能被单独出售或者交易。与人力资本不同，数据既可以独立发挥作用也可以被交易，各国均在尝试培育、建立独立的数据要素市场交易制度，以最大化数据的流通价值。

第三，生产要素的基础形式与进入生产过程的方式是稳定、可复制的。正如劳动力使用资本进行生产的基本过程稳定而可复制一样，绝大多数的数据都是以"二进制"信息单元的基础形式被记录、储存、传输和使用的。与之相对，一些其他的生产性投入如"创意"和"文化"却不具有这样的稳定性，因此尚未完全成为现实的生产要素。

综上所述，数据要素可以被定义为以现代信息网络和各类型数据库为重要载体，通过进入知识生产过程与算法训练过程参与经济社会活动的，生产要素化的数据和信息。

二 数据要素与其他要素的异同

与传统生产要素相比，数据有着明显不同的特性。比如，与土地和劳动要素相比，数据权属更为复杂；与资本要素相比，数据具有现实意义上的可积累性，但是其价值密度不均匀。随着数据的存储与使用，企业积累的数据的价值会不断下降，如同传统物质资本的不断折旧。物质资本的折旧，一般是指企业在生产经营过程中使用固定资产所导致的损耗。数据的折旧则不完全相同，无论企业是否使用数据，折旧都会发生——反映为其他企业也购买了同样的数据库，数据中蕴含的知识被其他微观个体发掘或者不再有效（如消费者群体发生的趋势性演变导致旧的消费者数据不能反映消费者特征），或者企业支付额外成本收集的数据成为公开数据等形式。虽然同样存在等额折旧，但是数据的折旧并非类似于固定资产的等额折旧，而是采取了一种更加复杂、尚未形成共识的形式。

数据在很大程度上与在其之前成为生产要素的组织、管理、技术和知识一样，是一种虚拟生产要素，有时也称"虚产要素"。虚拟生产要素大多不具有实体形式，却能在很大程度上影响实体生产要素（劳动力、土地和资产）的生产效率与生产能力。同时，虚拟生产要素也可以作为实体生产要素的补充，例如技术水平的提升可以有效减少实体资本与劳动力的投入。此外，大多数虚拟生产要素都具有推动创新的能力，无论是技术创新还是组织创新。

除了明确数据与其他生产要素的差异外，正确理解数据与信息的关系也有助于数据要素的特征提炼与理论建模。信息是关于世界、人和事的抽象的客观描述。从经济学的角度，"信息"可以被理解为根据条件概率原则有效地改变概率的任何观察结果，或者是传递中的"知识差"（Knowledge Gap）。根据这一定义，在获取了信息之后，人们的决策质量会有所提升，最终带动经济产出提升。而与之相对，数据是一种人造物，可能被篡改和伪造，没有信息的数据并没有太多意义。因此，过滤掉没用的噪声、删除有害数据，是提升数据价值的必要步骤。从数据中提取信息，是实现数据价值的重要步骤。

已有文献对数据与信息的关系主要有三种认识。

第一种认识将数据视为信息的一个子类，其中的代表是Jones & Tonetti（2020），其核心观点是数据能够通过提高产品质量提升企业的生产效率。Farboodi & Veldkamp（2021）持类似观点，认为数据即是"用于预测"的、特殊的数字化信息。

第二种认识将数据视为一种信息载体（information carrier）。进入数字经济时代后，数据成为最主要的信息载体，几乎所有信息都通过数据进行传播。数据中蕴含的信息可以是符号、文字、数字、语音、图像、视频等。而信息是数据的内涵，是加载于数据之上、对数据作具有含义的解释。

第三种认识将数据视为一种替代信息的新型虚拟资本，通过数据与劳动力或资本等传统要素的互补提升这些要素的生产效率。Eeckhout & Veldkamp（2022）就强调了数字经济时代数据积累与企业投资的互补性——更多的数据鼓励企业进行更多的投资和生产，进而间接地扩大了企业规模；更多的投资扩大了企业规模，允许企业在更低的边际成本上生产并获取更多数据。

从更长期的视角来看，在21世纪之前，数据在经济活动中更多地作为信息和知识的载体，这也是20世纪中后期信息经济和知识经济发展壮大而数据经济鲜被提及的主要原因。进入21世纪后，大数据和云计算等技术的发展将人们对于数据的理解和使用提升到了一个全新的层次，数据要素对于经济发展的影响全面深化，产生了许多新的作用机制。这也进一步验证了将数据视为一种生产要素的必要性。

三　数据要素的特征提炼

现有文献在数据要素的特征提炼上已经做了一些具有建设性意义的工作。Jones & Tonetti（2020）的重要理论工作指出，非竞争性（non-rivalry）是数据区别于其他要素的关键特征，表现为一家企业对于数据要素的使用并不会减少其他企业对于数据要素的使用，企业对于数据的使用可同时进行、并不互斥。数据的非竞争性表现为数据可以被任意数量的企业和个人同时使用而不会减少，这一新要素也因而具有巨大的潜在社会收益。基于数据要素的非竞争性，Jones & Tonetti（2020）通过理论建模探讨了数据要素的社会最优配置和市场化配置之间的差异，提出将数据产权赋予消费者可以带来接近最优的福利分配。在他们的模型中，数据要素还具有部分排他性、副产品性和规模报酬递增等特征。

同时期的一系列其他研究也尝试总结了数据要素可能具有的其他特征。Cong et al.（2022）强调了数据要素可能具有的内生性，即数据要素可能由消费者内生选择，进而影响经济的长期稳态增长速度；此外，数据要素还表现出类似技术和知识要素的溢出性（spillover）特征，这一特征使得数据能够成为经济增长的重要驱动力之一。Eeckhout & Veldkamp（2022）强调数据是一种与投资互补的虚拟资产，徐翔和赵墨非（2020）也表达了类似观点。Farboodi & Veldkamp（2021）认为，数据的可复制性（freely replicable）是数据要素能够显著促进经济增长的关键性质。蔡跃洲和马文君（2021）强调了数据作为本轮技术革命的新关键要素所具备的大规模可得与即时性特征。熊巧琴和汤珂（2021）的综述性研究归纳了数据资产边际成本接近为0的重要特性。此外，以上研究的大部分都提出数据要素的产权分配存在一定的模糊性，以及可能由此引发的收入分配不均问题（徐翔等，2021）。

表2-1归纳了上述文献中对于数据要素的特征描述，从中可以总结出三条推论。第一，虚拟性、非竞争性和规模报酬递增是大多数文献都在建模时重点考虑的数据要素特征。其中，虚拟性是数据要素的形式特征，非竞争性是数据要素的资源特征，递增是数据要素的生产特征。已有文献涉及的其他特征大多是对于这三种特征的解释与延伸，例如网络外部性和低边际成本均与非竞争性密切相关。第二，数据伴生于生产过程的特性（表现为衍生性、内生性和低边际成本等）导致了包含数据要素的理论模型难以被现实证据所验证，这一研究难点是研究其他生产要素时所未曾遇到的新困难。然而，

这些性质本身也是数据要素的关键特征，需要在理论建模中有所反映。第三，对于数据要素到底应被视为一种新技术还是一种经济资源仍然存在不同看法。非竞争性、溢出性和内生性在新增长理论中均是技术进步表现出的特征，在围绕数据要素进行的理论建模中也经常能看到类似于内生经济增长模型的分析过程；与之相对的，另一些文献更加强调数据的"资产性"或"资本性"，数据要素的积累与折旧成为关键机制，其研究视角也更加聚焦于数据要素的产生、使用与分配等问题，如表2-1所示。

表 2-1　　　　　　　　　数据要素的核心特征

	Jones & Tonetti (2020)	Cong et al. (2022)	Eeckhout & Veldkamp (2022)	Farboodi & Veldkamp (2021)	蔡跃洲和马文君 (2021)	熊巧琴和汤珂 (2021)	徐翔和赵墨非 (2020)
虚拟性	P	P	P	P	P	P	P
非竞争性	P	P	P	P	P	P	
排他性/部分排他性	P			P			
规模报酬递增	P		P	P		P	
衍生性	P	P				P	
内生性		P					
溢出性		P					
投资互补性			P				P
网络外部性					P	P	P
可复制性				P	P	P	P
大规模可得性					P		
即时性					P		
低边际成本					P	P	
产权不确定性	P	P				P	

资料来源：根据相关文献资料整理而得。

第二章　数字经济高质量发展的分析框架

第三节　数字技术的类型与作用

数字技术的迅速发展是数据要素得以充分使用的前提条件。正确理解数字技术与数据要素之间的关系，有助于我们更好地理解数字经济的技术基础与价值创造过程。在本节中，我们将数字技术区分为基础性的信息通信技术（Information and Communication Technology，英文简称 ICT）、与数据要素直接相关的大数据技术以及与建立在大数据分析之上的应用型数字技术，比较这三类技术对于数字经济发展的差异性影响，并围绕数据要素建立数字技术与数据要素融合的理论框架。

一　数字技术的定义

Goldfarb & Tucker（2019）的研究综述将数字技术（Digital Technology）简洁地定义为以比特（bit）为单位代表信息和数据的一种技术。一个更加综合的理解是，数字技术是在计算机技术出现后，借助一定的设备将各种信息转化为电子计算机能够识别的二进制数字"0"和"1"后进行运算、加工、存储、传送、传播和还原的技术。可以看出，这一定义强调对于信息与知识的数字化过程，这也是一些研究中将数字技术称为"数字化技术"、将数字经济称为"数字化经济"的原因。

基于上述定义，与计算机相关的技术大多可以被视为数字技术。不同的时代背景下也拥有着各自的代表性数字技术。进入21世纪的第三个十年，首字母分别为A、B、C、D的四项数字技术被广泛视为当下数字技术的主要代表，分别是A——人工智能（Artificial Intelligence），B——区块链（Blockchain），C——云计算（Cloud Computing）以及D——大数据（Big Data）。这些数字技术共同构成了数字经济的技术框架。数字技术通过提高信息处理的速度和准确性、降低交易成本、促进创新和新业务模式的出现，极大地推动了经济活动的效率和生产力。随着数字技术的不断进步，数字经济将继续扩展其影响力，成为推动全球经济增长的关键动力。

二 基础性数字技术：ICT 技术

从 20 世纪末到 21 世纪初，数字技术中的基础性技术——ICT 技术对于经济增长的贡献得到了宏观经济领域的重点关注。这一阶段许多研究认为，企业在 ICT 软硬件上的大规模投入主导了 20 世纪后期至 21 世纪初的全球经济复苏。Jorgenson（2001）认为，ICT 技术资本是美国 20 世纪 90 年代中后期的经济增长的主要推动力。进一步的实证研究表明，ICT 技术主导了全球经济体 1989—2003 年的经济增长，发达经济体和亚洲新兴国家的 ICT 投资增长更加突出（Jorgenson & Vu，2005）。Oliner et al.（2008）研究发现，进入 21 世纪后，ICT 投资仍是美国经济增长的主要动力。之后基于包括中国在内的各主要经济体的实证研究也基本得出了类似结论，肯定了 ICT 技术对于经济增长的持续贡献（Vu，2013；蔡跃洲和张钧南，2015；Niebel，2018）。

对于 ICT 技术具体如何促进经济增长，已有文献主要给出两种解释。一种解释认为，ICT 技术生产部门，即生产电子元件、计算机和"云+网+端"软硬件的制造业部门，本身代表了经济中的高效生产力，这一部门的迅速扩张以及对于传统制造业的替代显著提高了社会生产率与经济增长速度（Stiroh，1998；Jorgenson，2001）。另一种解释则认为，其他生产部门对于 ICT 软硬件的深度使用——这一过程被定义为"ICT 资本深化"（ICT capital deepening）——经济持续增长的主要动力。具体解释是，ICT 投资形成的 ICT 资本是一种相对传统投资品更高效的要素投入（Kretschmer，2012；渠慎宁，2017）。与此同时，在 2008 年国际金融危机爆发之后，也有一些实证研究提出，ICT 生产与使用部门的生产率均在下滑（Fernald，

2014），ICT 技术作为经济增长核心驱动力的时代可能已经接近尾声（Gordon，2012）。

三 数据处理的革命性变革：大数据技术

数据要素得以兴起的核心驱动力是 21 世纪后逐渐兴起、具备"5V"① 特征的大数据技术。从技术变革的角度，大数据技术彻底改变了数据处理（data processing）这一人类经济社会活动中的重要环节，提升了数据处理在整个社会生产活动中的重要性。综观数据处理技术的发展历史，在电子计算机产生之后，以数据存储介质、处理方法和数据模型的变化为标志，数据处理技术的发展先后经历四个不同世代。在前三个世代中，主流数据存储介质从磁带升级到硬盘再到大容量磁盘，数据处理的主流方法从手工方法升级为文件系统再到数据库系统，数据模型从层次模型升级为网状模型再到关系模型。进入 21 世纪后，在云存储、互联网和信息通信软硬件技术取得长足进步、由"云+网+端"组成的技术架构逐渐成熟并成为数字经济时代的新型基础设施后，人类经济社会活动乃至自然活动产生的海量数据被全面而完整地存储下来。面对如此大规模、多种类、高维度的数据，传统的数据分析工具难以有效处理，从而催生了以云计算、分布式处理技术和数据挖掘算法等为代表的一系列新的数据处理技术。这些技术被冠以大数据技术的统称，它们的发展壮大也标志着数据处理进入第四个信息化时代。

大数据技术的发展推动了数据要素成为新经济的关键要素，促使数字经济成为当前时代最重要的经济发展模式，继而推动传统经济与数字经济的深度融合。Brynjolfsson & McElheran（2016）的分析表明，在"大数据热"正式开始之前的 2005—2010 年，美国制造业

---

① 5V，即大体量（Volume）、多样性（Variety）、高速性（Velocity）、准确性（Veracity）与大价值（Value）。

中使用大数据技术辅助决策的企业占比已从11%上升到30%，这一改变可以解释这段时间内美国5%左右的生产率增长。Müller et al.（2018）的实证研究表明，2008—2014年，进行大数据分析的美国企业的平均生产率上升4.1%。在行业层面进行加总的结果显示，大数据分析使得信息技术密集型行业的生产率提高6.7%，使存在较强竞争行业的生产率提高5.7%。这一生产率提升效果不仅适用于制造业。金融行业结合客户信息与大数据分析构建的用户图像能够帮助其发掘潜在借款人，而无须客户经理主动联系客户，彻底改变了信贷业务的运营模式，极大地提升了金融企业的信贷发放效率（Begenau et al.，2018）。正是由大数据技术所催生的全局性的数字化变革，促使数字经济真正成为继农业经济和工业经济之后的第三种主要经济形态。

从经济发展的角度，如何理解大数据技术带来的革命性影响？Bresnahan & Trajtenberg（1995）创造了"通用目的技术"（general purpose technology，英文简称GPT）一词来描述在技术革命中位于核心地位的主导技术，将其他解决特定应用问题的技术定义为"专用目的技术"（special purpose technology）。他们还强调，包括蒸汽机、内燃机、电动机和ICT等在内的GPT对于人类经济社会产生巨大、深远而广泛的影响，进而成为"经济增长的引擎"。能够成为GPT的技术需具备三个核心特征：普遍适用性、动态演进性以及创新互补性。Bekar et al.（2018）在这三条特征之外，添加了使能性、普遍的生产力收益性以及没有相近替代技术这三条作为GPT的补充性特征，成为GPT的核心判断标准。

已有研究表明，大数据技术可被广泛应用于绝大多数行业，其使用成本随着技术进步与数据获取方式的多样化不断下降，显著提高了大数据应用部门的生产率，因此符合GPT的三条原始特征。此外，大数据能够为其他技术、产品和服务赋能，能够广泛提高绝大多数经济活动的生产效率，目前来看没有能够替代其作用的新型技术，因此也符合上述定义的三条新特征。综合以上分析，大数据技术无疑已经成为数字经济时代的 GPT。

四　提升效率的应用型数字技术

Acemoglu（2021）认为，成为 GPT 的技术可以被视为其他技术发展与应用的"技术性平台"（technological platform）：其他技术在技术性平台的基础之上得到进一步发展，进而形成社会整体的技术进步，促进经济发展与效率提升。在数字经济中，大数据技术作为关键性的技术平台，起到了将数据要素转化为生产可用知识与信息的作用。将这些知识与信息的经济价值释放出来、实现产量扩张、效率提升与组织改进的技术便是应用型数字技术，常见的包括人工智能、云服务、移动互联、数字孪生以及刚刚兴起的元宇宙等技术。

对于应用性数字技术是否能够推动经济增长与生产率提升，已有文献的总体态度是肯定的。Graetz & Michaels（2018）实证研究了17个国家的工业机器人使用情况，发现机器人使用显著提高了企业生产率。Nagle（2019）实证研究发现，具有互补性软件生态系统的企业对于免费开源软件（free OSS）的使用显著提高了其生产率，这一效果对于规模较小的企业更为显著。除了实证研究外，一系列基于工作任务自动化与数字化的理论建模也支持数字技术将推动经济快速增长的积极观点（Aghion et al.，2017；Acemoglu & Restrepo，2018）。陈彦斌等（2019）认为，人工智能这一重要应用性数字技术能够通过减少生产活动所需的劳动力、提高资本回报率与全要素生产率促进经济增长。对于应用性数字技术的已有批评主要集中在其对于劳动力的可能替代造成的福利损失上（Acemoglu，2021），即使是此类文献也大多肯定数字技术对于生产效率提升的显著促进作用。

五 数字技术与数据要素的结合

考虑到数据要素在数字经济中的核心地位，本章将大数据技术驱动的、将数据要素转化为生产用知识的数据处理过程视为数字经济的核心经济活动。围绕这一核心经济活动，数字技术可能以三种方式进入：生成进入数据处理过程的数据要素，参与数据要素的处理过程，以及基于数据要素生成的知识和信息开展生产活动。

基于这一划分逻辑，可以将数字技术区分为数据要素的前端技术、中端技术和后端技术。其中，前端技术以"云+网+端"技术架构为核心，对应已有研究重点关注的ICT技术；中端技术以大数据技术为核心，还包括区块链、隐私计算和人工智能等同样基于数据要素资源的数据处理工具，其主要作用是将数据要素转化为可用知识；后端技术则以数字孪生、元宇宙等应用型数字技术为代表，是产业数字化的技术基础。

基于上述划分，本节给出了数字技术与数据要素的结合方式，如图2-3所示。这一路径可以被视为数字经济的技术路线图，也可以帮助我们理解不同类型的数字技术（尤其是刚刚产生或者发展起来的新技术）如何与数据要素发生互动，进而对整体经济产生影响。进一步地，在与实际经济活动进行对应匹配后，将能够构建完整的"技术—经济"分析框架。

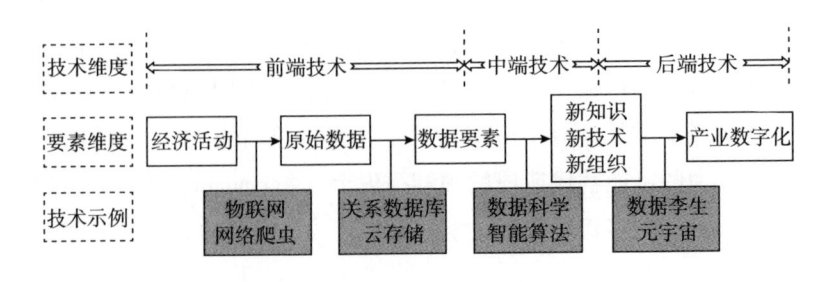

技术维度	前端技术	中端技术	后端技术
要素维度	经济活动 → 原始数据 → 数据要素	→ 新知识 新技术 新组织	→ 产业数字化
技术示例	物联网 网络爬虫	关系数据库 云存储	数据科学 智能算法	数字孪生 元宇宙

图2-3 数字技术与数据要素的结合

第二章　数字经济高质量发展的分析框架

第四节　数字经济的"技术—经济"分析框架

一　"技术—经济"分析框架的提出

结合上文对于数据要素、数字技术与数字经济发展的系统分析，本节提出数字经济的"技术—经济"分析框架，如图2-4所示。这一框架包含技术和经济两大维度，通过凝练数字经济的两方面特征实现了数字产业化与数字产业化的联系和贯通。

在横向视图中，"技术—经济"分析框架剖析了"技术维度→路径机制→经济维度"的影响关系：新兴数字技术通过"互联→数据→集成→融合→创新→转型"路径，形成数字经济的"新基建→新要素→新生产/新服务→新模式/新业态→新经济"核心维度，进而实现经济转型升级与高质量发展。

其中，互联层描述了"云+网+端"技术发展所支撑的新型基础设施建设，数据层代表数据要素与大数据分析等数据处理技术的有机结合，集成层描述数据要素转化为新知识、新技术和新组织形式的生产过程，融合层与创新层分别强调数据等新要素与传统生产过程的融合以及由融合所驱动的多维创新，转型层则强调整体经济层面下新的生产方式、经营模式乃至经济业态的形成与推广。综上所述，"技术—经济"分析框架较为系统地描述了数字经济从"使能"到"赋能"再到"产能"的价值创造过程，是一个可以被广泛使用的基础性分析框架。

在纵向视图中，"技术—经济"分析框架区分了数字产业化与产业数字化两大模块。互联层、数据层和集成层及对应的新基建、新要素与新生产/新服务属于数字产业化的范畴，对应了企业以数据要素为核心的经济过程，其关键是通过数据分析处理获得新的知识。融合层、创新层和转型层及对应的新生产/新服务、新模式/新业态

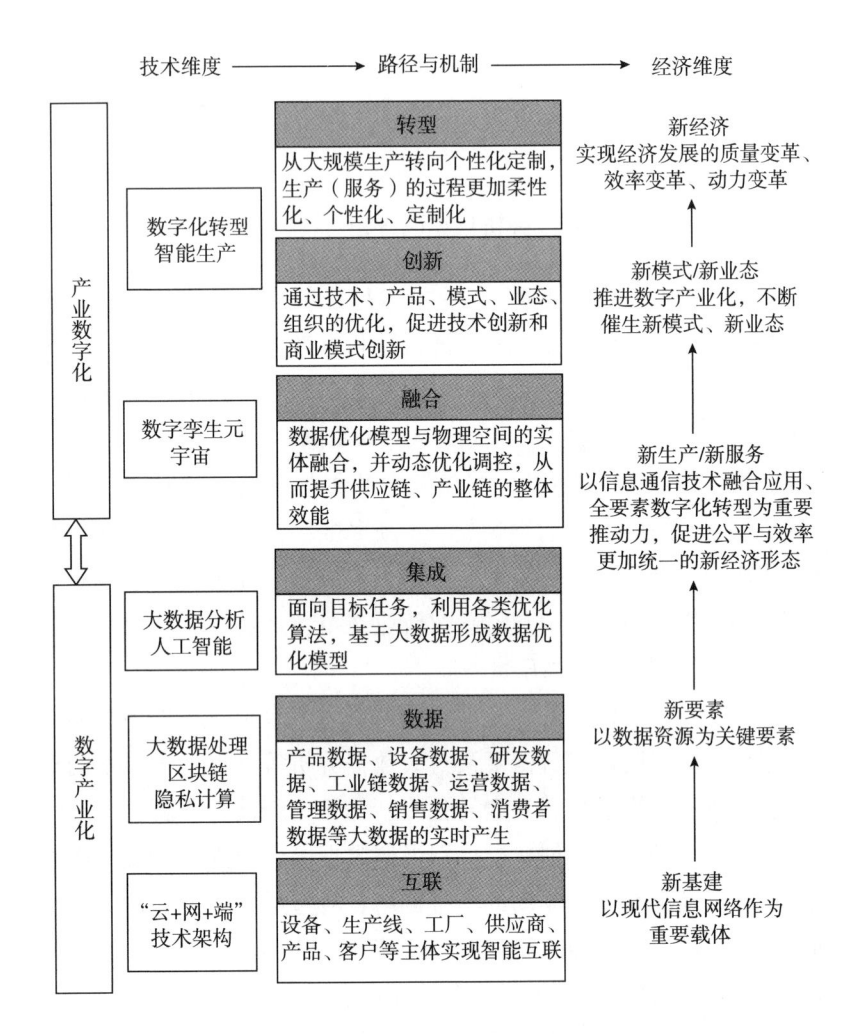

图 2-4 "技术—经济"分析框架

技术维度	路径与机制	经济维度
数字化转型 智能生产	**转型**：从大规模生产转向个性化定制，生产（服务）的过程更加柔性化、个性化、定制化	**新经济**：实现经济发展的质量变革、效率变革、动力变革
（产业数字化）	**创新**：通过技术、产品、模式、业态、组织的优化，促进技术创新和商业模式创新	**新模式/新业态**：推进数字产业化，不断催生新模式、新业态
数字孪生元宇宙	**融合**：数据优化模型与物理空间的实体融合，并动态优化调控，从而提升供应链、产业链的整体效能	**新生产/新服务**：以信息通信技术融合应用、全要素数字化转型为重要推动力，促进公平与效率更加统一的新经济形态
大数据分析 人工智能	**集成**：面向目标任务，利用各类优化算法，基于大数据形成数据优化模型	
大数据处理 区块链 隐私计算	**数据**：产品数据、设备数据、研发数据、工业链数据、运营数据、管理数据、销售数据、消费者数据等大数据的实时产生	**新要素**：以数据资源为关键要素
"云+网+端"技术架构 （数字产业化）	**互联**：设备、生产线、工厂、供应商、产品、客户等主体实现智能互联	**新基建**：以现代信息网络作为重要载体

和新经济属于产业数字化的范畴，强调将数据要素与基于数据要素产生的新知识、新技术和新组织形式同传统经济深度融合，从而实现产出增加与效率提升的经济过程。数字产业化与产业数字化两者之间相互支撑、相互影响，共同构成完整的数字经济生产模式，最终实现经济形态转换与高质量发展。

二 "技术—经济"分析框架的应用

数字经济门类复杂、内容丰富,涉及多项先进技术与多种新兴要素,贯穿国民经济的各个领域。本章提出的"技术—经济"分析框架将数字经济的技术维度与经济维度统一起来,通过路径与机制分析明确数字经济发展的六个层次,覆盖了数字经济相关的绝大多数研究话题,为相关研究提供了一个条理清晰、结构合理、思路明确的基础性分析框架。

"技术—经济"分析框架的适用性可以通过分析定制化生产这一数字经济的典型案例予以验证。定制化生产以满足消费者对于产品的个性化需求为核心目标,需要在进行生产前明确消费者的实际要求。在现实中,消费者在定制化平台(如索菲亚家具定制平台或大杨服装定制平台)输入或者上传自己的需求信息,这些信息被转化为一组或多组数据,通过互联网传输给生产者。在获得消费者数据后,制造业企业需要通过智能算法与数字孪生等技术将其转化为机器可读的生产计划(一般为3D建模或一组生产代码),进而优化企业原先拥有的标准化生产模型,经由智能制造生成满足企业需求的个性化产品。在上述过程中,企业积累了消费者个人信息、偏好与新生产活动的大量数据,这些数据可以被企业用于:(1)通过消费者信息与偏好的关联匹配,建立消费者的用户画像,优化之后的定制模型和推荐顺序;(2)比较新旧生产过程的流程、效率与成本差异,诱发技术创新与组织创新;(3)获得关于消费者群体整体偏好的趋势性判断,从而调整企业的标准生产模式与定制化方案。以上几个方面的变化都会全方位地提高企业生产效率与创新能力,推动企业进行持续的数字化转型。

事实上,"技术—经济"分析框架可以很好地衔接当前学界对于数字经济的主流理解。央企数字化研究院首席科学家姚期智院士认为,"数据+算力+算法"共同构成了数字经济的技术基础,其中数据对应"技术—经济"分析框架中的数据层，算力对应作为基础设施的互联层，算法对应数据转化为知识的集成层。石勇（2022）也提出，大数据、智能算法和算力平台是数字经济的三大基础要素。其中，大数据是数字化时代的新型战略资源和驱动创新的重要因素；智能算法是开展大数据分析的数学工具，通过智能算法实现从数据到知识的价值释放；算力平台是进行大数据储存分析的计算资源，也应该包括数据收集和整理的"云+网+端"架构。结合"技术—经济"分析框架，大数据对应六个层次中的数据层，智能算法对应六个层次中的集成层，强调数据的集成与整合，而算力平台则对应六个层次中最为基础的互联层，三大基础要素的组合构成了完整的数字产业化过程，为企业数字化转型、产业数字化与高质量发展赋能。

梅宏（2019）认为，数字经济呈现出三个重要特征：信息化引领、开放化融合以及泛在化普惠。其中，信息化引领对应"技术—经济"分析框架中从互联层到集成层的数字化赋能过程，开放化融合对应融合层与创新层的价值链优化与重组，而泛在化普惠对应转型层的价值实现。其他对于数据要素、数字技术以及数字经济的理解方式也可以对应到"技术—经济"分析框架中，反映出这一框架的基础性和可扩展性。

第三章　数字经济高质量发展的理论基础

基于第二章提出的"技术—经济"分析框架，本章首先介绍现有文献将数据要素引入生产函数的基本做法，再从经济发展的要素条件、组合方式、配置效率入手，区分数字经济中的数据要素化过程、数据价值化过程与产业数字化过程，重新构建综合考虑数据要素和数字技术作用的数字经济生产函数。在此之后，本章介绍了包含人工智能的经济增长模型，提供了另一种分析数字技术进步的建模方式。最后，探讨数字经济高质量发展的相关理论研究当前面临的重点和难点。

第一节　数据进入生产函数的三种形式

沿着"技术—经济"分析框架的逻辑脉络，从技术角度分析数据要素和数字技术对经济活动的影响，将有效引导数字经济的基础理论模型构建。事实上，一些近期研究已经开始尝试构建将数据纳入生产函数的分析框架，进而分析数据要素和数字技术对于经济增长、产业升级和收入分配等问题的可能影响。

基于已有文献，数据要素进入生产函数的形式基本分为三种：第一种将数据要素视为某类生产活动的直接投入品，最常见的是将数据引入知识生产过程，对应"技术—经济"分析框架的数据层与集成层；第二种将数据要素与其他要素相结合后引入生产函数，对应"技术—经济"分析框架的融合层；第三种则强调数据要素的信息属性，认为数据要素能够直接通过改变技术选择影响产品质量，对应"技术—经济"分析框架的创新层与转型层。

一 生成知识的数据要素

在以 Romer（1986）为代表的新增长理论中，知识和技术是经济增长的核心动力。新知识的产生来源于已有知识的积累以及知识生产的其他投入，一般认为包括劳动力、物质资本和人力资本等传统要素。在数据要素进入研究视野后，相关文献开始重视数据在知识生产过程中的作用，进而将数据作为生产知识的关键投入放入生产函数。此类研究中，已经产生较强学术影响力的是 Jones & Tonetti（2020）围绕数据要素的经济特征尤其是非竞争性特征建立的理论框架。在他们构建的理论模型中，数据要素被用于生成新的点子（idea）、知识（knowledge）或新技术，这些想法和知识进入生产过程的方式类似于 Romer（1986）的内生增长设定。具体地，在 Jones & Tonetti（2020）中，消费者的消费行为产生了数据，这些数据被为消费者提供产品和服务的企业所获取，企业 i 最终在生产中使用的数据要素符合：

$$D_i = \alpha x Y_i + (1-\alpha) B = \alpha x Y_i + (1-\alpha) \tilde{x} N Y_i \tag{3-1}$$

其中，Y_i 是企业 i 自身产生的数据数量，这一数量与企业生产的产品产量完全相等，这是该研究的一个强假设。x 是这些数据中企业 i 能够使用的比例，B 是由其他企业产生的数据集，α 表示企业 i 自身数据相对其他企业提供的数据集的重要性。NY_i 是除企业 i 以外所有其他企业所产生的数据量，$\tilde{x}$ 是企业 i 能够使用的其他企业的数据的比例。因此，D_i 即为企业在生产中实际使用到的数据要素，被企业用于生成新的知识（A_i）。知识生产与最终产品（Y_i）的生产符合以下关系：

$$A_i = D_i^{\eta} \tag{3-2}$$

$$Y_i = A_i L_i \tag{3-3}$$

可以看出，上述模型对从知识生产到产品生产的描绘是比较直白的：数据要素生成新知识，进而被用于与劳动力结合生产产品。他们进一步假设，经济中共有 N 种产品（也可以理解为 N 家不同企业），每种产品的消费以固定替代弹性（CES）的方式相结合，产生总效用或总产出 Y，在对称性的假设下满足：

$$Y = \left(\int_0^N Y_i^{\frac{\sigma-1}{\sigma}} di\right)^{\frac{\sigma}{\sigma-1}} = N^{\frac{\sigma}{\sigma-1}} Y_i \tag{3-4}$$

Cong et al.（2022）对于数据要素的基本设定与 Jones & Tonetti（2020）不谋而合：他们的研究更加注重长期视角，同时也将数据要素的作用上升到影响经济增长的高度。他们认为，消费者产生的数据能够用于中间产品部门研发和知识积累，有效提高创新能力，进而促进长期经济增长。在他们的模型中，每位消费者向潜在中间品生产研发提供的数据量用 $\varphi(t)$ 来表示，数据要素影响产出的过程可以表示为：

$$Y(t) = L_E(t)^\beta \int_0^{N(t)} x(v,t)^{1-\beta} dv \tag{3-5}$$

$$\dot{N}(t) = \eta N(t)^\zeta [\varphi(t)L(t)]^\xi L_R(t)^{1-\xi} = \eta N(t)^\zeta \varphi(t)^\xi l_R(t)^{1-\xi} L(t) \tag{3-6}$$

公式（3-5）和（3-6）中的 $N(t)$ 为 t 时期的知识存量或中间产品种类的数量，$x(v,t)$ 是 t 时期第 v 种中间品的总数量。η 为创新的效率（$\eta > 0$），$\zeta \in (0,1)$ 表示创新过程中数据和劳动的相对贡献，$\zeta \in (0,1)$ 表示知识的溢出效应，$\varphi(t)L(t)$ 表示当期所有消费者提供的数据量，$L_R(t)$ 表示研发部门的劳动力数量，$l_R(t) = \dfrac{L_R(t)}{L(t)}$ 表示研发部门的劳动力占比。通过这两个公式，Cong et al.（2022）将研发部门对于数据要素的使用、知识的生成与投入生产结合到一起，建立了从数据要素到经济增长的完整理论脉络。

Abis & Veldkamp（2024）在知识生产中引入了从非结构化数据

到结构化数据的数据清洗和加工过程，同时将数据生成的知识分成传统技术和以人工智能为代表的新技术这两类，以体现数据要素使用带来的知识结构变化。具体地，对于传统技术和人工智能分别采用以下知识生产函数：

$$K_{it}^{OT} = A_t^{OT} a_i^{OT} D_{it}^{\gamma} l_{it}^{1-\gamma} \tag{3-7}$$

$$K_{it}^{AI} = A_t^{AI} a_i^{AI} D_{it}^{\alpha} L_{it}^{1-\alpha} \tag{3-8}$$

上式中，D_{it} 是处理过的、结构化的数据。l_{it} 是在使用传统分析技术的数据分析师的劳动力投入，K_{it}^{OT} 是使用传统技术生产出来的知识；L_{it} 是在具备机器学习技能的数据分析师（data analyst）的劳动力投入，K_{it}^{AI} 是使用新技术生产出来的知识。A_t^{OT} 和 A_t^{AI} 分别是随时间变动的生产力参数，a_i^{OT} 和 a_i^{AI} 则分别是传统企业和人工智能企业的生产率参数。可以看出，上述方法对于两类知识的区分是具有独创性的，同时也存在一定的争议：企业在"生成人工智能知识"的过程（可以理解为采用预训练集训练人工智能）中对于数据的使用与传统数据分析的异同有待进一步考察，这一特定的知识生成过程影响经济增长的重要性也需要得到更多经验证据的有效支持。

二 与其他要素结合的数据要素

作为一种虚拟数字资源，数据要素想要作用于生产过程必须与其他生产要素相结合，正如数字经济需要与传统经济深度融合才能发挥促进产业升级与经济增长的作用。一些已有研究基于数据要素的融合属性，构建了相应的理论模型。然而，在数据要素以何种方式与其他要素融合上存在不同观点。徐翔和赵墨非（2020）强调数据要素需要以包括数据库、电脑软硬件在内的 ICT 资本为载体，将数据要素与 ICT 资本这二者结合起来形成一种数据化资本 G，再与传统物质资本 K 和劳动力投入 L 相结合进行生产，生产得到实际产出 Y 和伴生性数据 D：

$$X_t \equiv Y_t + D_t = F\left(Z_t G\left(K_t^{IT}, B_t\right), K_t^{NT}, L_t\right) \tag{3-9}$$

在上式中，X_t 为生产活动的总产出，包括实际产出和数据产出两个部分。对于数据的生产伴生性的强调是该模型的一个突出特点。除此之外，徐翔和赵墨非（2020）还假设数据要素具有类似于传统物质资本的积累与折旧过程，具体表现为：

$$B_{t+1} = B_t + q_t D_t \tag{3-10}$$

在上式中，q_t 为以大数据为代表的数据处理技术。通过引入这一变量，该模型区分了传统意义的生产技术与专门的数据处理技术，并进一步讨论了数据要素积累推动数据处理技术进步的内生过程。

李治国和王杰（2021）研究了数据要素和 ICT 技术的发展与融合如何影响企业生产率。他们将垄断竞争市场结构下代表性制造业企业 i 的生产函数设定为柯布-道格拉斯生产函数形式，考虑到信息技术与传统经济融合后数据要素引领的生产效率变革，将数据要素以如下形式引入生产函数：

$$Y_i = A_i DT_i^\alpha KL_i^\beta \tag{3-11}$$

上式（3-11）中的 DT 和 KL 分别为数据要素投入和传统要素投入，α 和 β 对应为二者的产出贡献率，根据规模报酬不变假定，$\alpha + \beta = 1$；Y_i 表示制造业企业产出；A_i 表示投产转化效率，即全要素生产率，反映其他要素对制造业产出的贡献。综上所述，对于数据要素的推广应用推动着其他生产要素的优化升级，最终体现为全要素生产率的改进和产出规模的增加。参考既有研究中采用自然生产率（TFP）对企业或行业全要素生产率予以表征，A_i 可以被重新定义为：

$$TFP_i = A_i = \frac{Y_i}{\left[DT_i^\alpha KL_i^\beta\right]} \tag{3-12}$$

总体来看，将数据要素与其他要素相结合的理论建模更多地考虑了技术进步对于数据要素使用的积极促进作用。在此类研究中，知识生产的重要性被相对弱化了。

三 "数据即信息"的研究视角

在 Farboodi & Veldkamp（2021）中，数据要素被视为能够帮助企业提升预测精度的信息。具体来说，他们认为企业面临多种生产技术的选择，数据分析的作用在于帮助企业缩短其选择的生产技术与最优技术之间的差距，从而提升生产效率。具体地，假设企业 i 在时期 t 观测到的数据点的数量为 $n_{i,t}$，这一指标取决于企业积累的资本（表示为 $k_{i,t-1}$）与企业对于数据中蕴含信息的理解和吸收能力（表示为参数 z_i）：

$$n_{i,t}=z_i k_{i,t-1}^{\alpha} \tag{3-13}$$

企业在获得若干个数据点后，通过分析这些数据获得生产性信息 $\Omega_{i,t}$，基于这一信息提高产品质量 $A_{i,t}$：

$$\Omega_{i,t}=\rho^2\ \Omega_{i,t-1}+n_{i,t}\sigma_\epsilon^{-2} \tag{3-14}$$

$$A(\Omega)=\bar{A}-\Omega^{-1}-\sigma_a^2 \tag{3-15}$$

在上式中，ρ 为最优技术中可用数据要素预测的部分的自相关系数，σ_ϵ^2 是数据点传递出的信号的噪声的方差，σ_a^2 则是决定最优技术的不可预测的随机冲击项的方差。可以看出，这一模型与"商业周期中的信息摩擦"理论一脉相承，数据要素影响生产技术选择的研究视角也比较新颖。然而，该文将数据直接视为一种信息的做法仍有待商榷。

本节介绍的理论文献围绕数据要素如何进入经济活动、影响生产过程提供了一些有益的建模尝试。在将这些已有理论与"技术—经济"分析框架进行匹配后可以发现，对于数据要素的建模方式选择取决于对一个核心问题的判断：数据要素的经济价值体现在其相关生产过程的哪一个阶段。本节介绍的第一类研究认为数据是知识生产过程新的核心投入，第二类研究强调数据改进已有生产活动的效率，第三类研究则尝试建立数据要素与产品质量的直接联系。事实上，将数字经济与传统经济之间进行比较可以发现，数据要素通过与数字技术结合生成新的知识和技术——这一新经济形态与以往不同的关键生产过程，也应是相关理论分析的起点。所以，在后续构建新型生产函数的过程中，本章首先关注以数据为核心、对应"技术—经济"分析框架中数字产业化的生产过程，再尝试将产业数字化中的融合、创新与转型引入理论模型当中。

第二节　数字经济生产函数构建

一个完整的数字经济生产函数，应能包含数据要素、数字技术以及传统经济的数字化转型等在内的各类新经济现象，覆盖"技术—经济"分析框架中从互联层到转型层的生产全过程。上节介绍的几项研究大多深入探究数字经济中的某类具体活动，缺少对于整个数字经济生产过程的综合性建模。

国务院原副总理刘鹤于2021年11月24日在《人民日报》撰文指出，"现阶段我国生产函数正在发生变化，经济发展的要素条件、组合方式、配置效率发生改变"。[①] 对于数字经济环境中生产过程的研究也应从这三个方面入手，结合"技术—经济"框架进行理论分析，最终形成新的数字经济生产函数。

一　数字经济的要素条件

数据的充分要素化是数字经济发展的前提条件。在现实中，根据企业尤其是科技企业的生产实践，单纯的数据是相对易得的，亟须信息基础设施的完善建设与"云+网+端"技术架构的充分使用。然而，从获得数据到投入生产，需要企业主动地、内生地投入，进行挖掘、清洗、处理、整合和转换等操作，将数据充分生产要素化。

---

① 刘鹤：《必须实现高质量发展》，《人民日报》2021年11月24日第6版。

大数据处理、区块链、隐私计算等技术的发展与进步，为数据生产要素化提供了有效途径，在保证数据可信、安全的前提下，实现数据的深度挖掘与合规流通。

在进行理论建模的过程中，需要采用模型语言解决数据要素相关的两个核心问题。首先，企业在生产之前是如何获得数据的？现代信息网络与"云+网+端"技术架构是数据的直接来源，以个人、企业与政府为主体的经济社会活动是数据的真实来源。其次，数据是如何转化为数据要素的？在碎片化、区块化的零散数据被收集之后，经由大数据技术的清洗、整合和处理，形成能被机器直接学习或直接用于辅助决策的数据要素。

二 数字经济的组合方式

单独依靠某种生产要素很难实现对经济增长的推动作用。数据要素创造价值而不是数据本身，数据只有跟基于商业实践的算法、模型聚合在一起的时候才能创造价值。通过采取数字技术实现数据要素与其他要素（资本、劳动力和知识等）的结合，数据要素将被集成为生产可用的新知识、新技术和新组织形式，继而提升其他要素的投入回报与生产效率。数据要素可以融入劳动、资本、技术等每个单一要素中，推动这些要素的价值提升。数据也可以激活其他要素，提高产品、商业模式的创新能力，以及个体及组织的创新活力。数据要素可以用更少的物质资源创造更多的物质财富和服务，减少资源消耗，替代传统要素的投入和功能，进而以相对更少的要素投入实现更高质量的经济产出。

在理论建模中，数字经济的有效组合主要涉及数据的分析处理阶段。这一阶段是数字产业化的核心，描述数据要素被转化为知识的生产过程，也是许多已有研究重点分析的生长阶段。

第三章　数字经济高质量发展的理论基础

三　数字经济的配置效率

除了提升单一要素的经济价值之外，数据要素更重要的作用是提高了劳动、资本、技术、土地这些传统要素之间的资源配置效率。数据不能生产商品，但是数据可以帮助企业低成本、高效率、高质量地生产商品，可以促进新的知识和技术的产生与已有生产技术的进步与改良，可以促进企业以更高效的方式组织生产活动，最终实现经济发展的质量变革、效率变革与动力变革。

在具体构建生产函数的过程中，数字经济中的资源配置效率提升可以通过三个渠道实现。首先是融合渠道。在新知识生成之后，与传统要素的有效融合将促进生产效率的提升与产出规模的扩大。这一阶段是从数字产业化上升为产业数字化的关键阶段，也是企业数字化转型成功与否的关键。其次是创新渠道，具体包括产品与服务创新、生产技术创新以及商业模式创新等形式。而上述创新的实现基础，是数据要素与数字技术的有机融合所催生的新知识、新技术和新的组织形式。最后是转型渠道。当创新积累到一定程度之后，生产组织的基本形式、经济增长的核心动力乃至经济发展的主流形态都将发生根本性变化，具体表现为从企业到产业再到整体经济的数字化转型。

结合前文给出的"技术—经济"分析框架，可以做出如下判断：数字经济的发展能够在互联层和要素层解决经济发展的要素条件问题，在集成层解决经济发展的组合方式问题，在融合层、创新层和转型层解决经济发展的配置效率问题。基于有效解决上述问题的基本逻辑，将数据相关的生产活动分成三个部分：数据要素化过程、数据价值化过程与产业数字化过程，进而构建新生产函数。其中数据要素化过程与数据价值化过程的结合对应一般意义上的数字产业化进程。

四 新生产函数的构建

基于本章分析，数字经济中的生产过程满足以下条件。

第一，数据是数字经济中的新生产要素。数据产生于经济社会活动（衍生性），企业的数据收集与处理能力决定了企业使用的数据要素数量（内生性和低边际成本）。此外，数据要素的积累表现出类似于资本积累的基本模式。

第二，由于引入了数据这一新生产要素，整个生产函数表现出规模报酬递增这一数字经济的关键特征。

第三，在数字经济中，传统物质资本与ICT资本发挥的作用具有差异性。传统物质资本在生产过程中直接使用，ICT资本则发挥了将数据与传统要素、将数字经济与传统经济相结合的作用。

第四，企业拥有的数字技术通过影响数据要素化过程与数据价值化过程进入生产函数。

（一）数据要素化过程

数据的产生伴生于人类的经济社会活动。无论是企业在经济活动中形成的交易数据，还是自然生成、被"云+网+端"记录存储的数据（如气象设施记录的天气变化过程），其产生过程本身并不需要额外的大规模经济成本。较多已有研究在建模时将企业使用的数据限定在消费者的消费行为所产生的数据上，这么做的优点在于，既建立了数据与某一类容易测度的现实经济活动（居民消费）的直接联系，也提供了将数据生成的激励内生化的直接渠道，企业对于此类数据的使用过程也很容易解释。然而，现实中的数据要素远不止于消费者数据，从产品数据、设备数据、研发数据、供应链数据、运营数据、管理数据到销售数据都是企业积累的重要资源，企业的数据收集活动本身并不面临明确的权衡取舍过程，而是取决于企业的数据收集与处理能力——反映为物质资本中ICT资本的比例。将数据的产生与ICT资本存量联系起来的做法相较于已有研究更加强调"技术—经济"框架中互联层的基础性作用。在获得原始数据后，企业采用大数据处理、区块链和隐私计算等技术对原始数据进行清洗和整理，从而获得可供直接使用的数据要素，这一阶段的生产效率也自然取决于企业在数据层的技术能力。

企业对于数据要素的收集和积累需要时间，企业收集到的数据也并非只在当期使用。在数据要素化的过程中，自然需要考虑这一要素积累与潜在的折旧过程。具体地，我们假设企业在第 t 期的 ICT 资本水平为 $k_{i,t}^{IT}$，定义企业在数据采集、清洗和整理等前端数字技术上具有的异质性能力为数字化水平 z_i，企业每一期的新增数据要素 $i_{i,t}^D$ 满足：

$$i_{i,t}^D = z_i k_{i,t}^{IT,\alpha} \tag{3-16}$$

进一步，企业的数据要素存量水平 $D_{i,t}$ 取决于上期数据要素积累、当期新增与折旧情况：

$$D_{i,t} = (1-\delta_{i,t}) D_{i,t-1} + i_{i,t}^D \tag{3-17}$$

对于折旧率 $\delta_{i,t}$，根据每项研究对于数据要素积累及数据要素核心特征的理解可以做出不同假设：零折旧、固定折旧或动态折旧假设。这一参数选择对于函数整体的影响并不特别重要，故在本章中不再展开讨论。

（二）数据价值化过程

数据的价值化过程是大数据分析技术作用于数据要素，产生用于生产的新知识、新技术和新组织的过程。已有文献大多遵循 Romer（1986）和 Romer（1990）的处理方式将这一过程描述为"知识生产过程"。需要明确的一点是，经由这一生产过程得到的产出究竟是什么。一些已有研究直接将新知识定义为新的生产技术，进而采取内生增长框架进行分析；另一些研究则认为通过分析数据产生用于降低不确定性的预测性信息，后续的模型构建也自然衔接信息经济学的理论体系。

无论是生产技术还是预测性信息，知识生成活动都取得了一个效果：改进了生产者的生产效率、决策效率和管理效率，在未增加劳动力投入的情况下提高了劳动生产率，实现"劳动力增强"（labor-augmenting）的效果。也就是说，数据价值化的实质是提高了"人"的效率：让管理者做出更好的决策（数据驱动型决策），让生产者更高效地使用物质资本与无形资本（大数据制造），让研发人员的创新活动更有针对性（用户画像）。基于这一判断本章提出，在建模时应将企业的数据要素存量与劳动力相结合，其结合产物可以被定义为"数字劳动力"（或数字生产力）。在生产函数中，企业 i 在第 t 期的数字劳动力可以用 $X_{i,t}$ 表示。

$$X_{i,t} = \eta_i D_{i,t}^{\beta} L_{i,t} \tag{3-18}$$

上式（3-18）中的 η_i 代表企业 i 的劳动力具有的数字素养（digital literacy）——能将数据要素转化为有效的生产用知识的内在能力。与一般意义上的个体数字素养不同，企业的数字素养既取决于其劳动力具有的数字获取、制作、使用、评价、交互、分享、创新、安全保障、伦理道德等一系列素质与能力，也取决于企业自身的大数据技术水平（即数据处理过程的中端技术），二者之间亦具有较高的相关性。根据建模需要可以设为外生或专门展开讨论。

（三）产业数字化过程

在现实中，产业数字化过程对应数字经济与传统经济相互融合的过程。在明确了数据产生的新知识的内容后，对于产业数字化的理论建模方式就十分清晰了。在生产函数构建的过程中，需要考虑由引入数据要素带来的规模报酬递增性，生产函数的具体形式也因此略不同于传统意义上的柯布道格拉斯（C-D）生产函数或固定替代弹性（CES）生产函数。可能的表现形式包括：

$$Y_{i,t} = A_i k_{i,t}^{PY,\gamma} X_{i,t}^{1-\gamma} \tag{3-19}$$

或者：

$$Y_{i,t} = A_i \left[\theta (k_{i,t}^{PY})^{\frac{\sigma-1}{\sigma}} + (1-\theta)(X_{i,t})^{\frac{\sigma-1}{\sigma}} \right]^{\frac{\sigma}{\sigma-1}} \tag{3-20}$$

在上式（3-19）和（3-20）中，A_i 均代表全要素生产率，$k_{i,t}^{PY}$ 为企业刨除 ICT 资本外的物质资本。由于存在数据要素这一独立于劳动力和资本的新要素，无论是公式（3-19）还是公式（3-20）中的生产函数都表现出规模报酬递增的性质。

综观整个函数构建过程可以看出，模型中的关键参数包括企业的数字化水平 z_i，数据要素的折旧率 $i_{i,t}^D$，劳动力的数字素养 η_i，以及剥离数据要素后的新全要素生产率 A_i。对这些参数的讨论将影响模型的均衡结果，进而提升我们对于数字经济整体发展的理解。

（四）数字经济生产函数的主要特点

构建数字经济中的新生产函数的前提在于能否准确把握传统生产函数在数字经济形态下发生的新变化。数字经济发展将数据作为核心生产要素，以数字基础设施为基石、数字政府治理为保障，创新运用数字技术，促进数据安全有序高效流转，推动数字产业化和产业数字化共同发展，最终实现全要素生产率提升和经济高质量发展。从理论研究的角度，数字经济创造了一种不同于传统的生产函数，其将全新的生产要素组合引入生产体系，使生产函数中的要素条件、组合方式、配置效率均发生改变。

与描述数字经济发展的已有生产函数相比，本章提出的数字经济生产函数更加完整描述了从数字产业化到产业数字化、最终实现经济高质量发展的完整过程，充分体现了数字经济以数据要素为核心要素、以数字技术为关键技术、以数字经济与传统经济融合为核心驱动力的主要特征，是"技术—经济"分析框架的模型化表示。除了在完整性上的优势外，新生产函数综合考虑了数字经济发展的几项关键假设：数据的生产要素性、规模报酬递增、传统物质资本与 ICT 资本对于增长的贡献差异性等。对于基本假设的放松和调整能够用于分析不同理解下的数字经济所遵循的基本规律，用于验证相关理论判断的合理性或进行政策模拟。

五　新命题的提出

前文提出，在给定假设下，数字经济生产函数能够被用于研究从数据要素积累到企业数字化转型再到产业数字化升级的一系列研究问题。本节就通过引入目前常见的一系列假设展开模型分析，作为之后更加深入的理论研究的一个示例。具体假设如下：

1. 企业的ICT投资与传统物质资本投资在稳态时增长速度相同；
2. 企业的资本积累过程采取新古典增长模式；
3. 企业ICT资本增长带来的数据要素增长满足规模报酬不变（$\alpha=1$）；
4. 数据要素仅在生成后的一期具有经济价值（$\delta_{i,t}=1$）；
5. 企业的产品生产满足柯布道格拉斯生产函数形式；
6. 各种类型的技术进步均为外生；
7. 人口增长率外生为 n。

基于上述假设，我们可以把上节构建的数字经济生产函数重新表述为：

$$Y_{i,t}=B_i k_{i,t}^{PY,\gamma} L_{i,t}^{1-\gamma} k_{i,t}^{IT,\beta(1-\gamma)} \tag{3-21}$$

其中，$B_i=A_i z_i^{\beta(1-\gamma)}\eta_i^{1-\gamma}$，代表企业在生产技术、数字化水平和员工数字素养上的综合水平。由公式（3-21）表示的数字经济生产函数表现出显著的规模报酬递增特征，企业对于ICT资本的使用具有显著的溢出效应，生产技术、数字化水平与员工数字素养的提升均能显著提高产出水平——上述特性均是数字经济所具有的基本特征，因此可以被用于分析具体的数字经济问题。

假设对于符合生产函数（3-22）的某一经济体，存在经济增长的稳态且企业具有不变的综合技术水平 B，结合假设1、2和7，可以估计出稳态时该经济体的人均产出增长速度 g：

$$g=\frac{n\beta}{1-\beta} \tag{3-22}$$

根据公式（3-21）、（3-22）和上面的分析，我们可以得出关于数字经济发展的几个关键命题。

命题1：在数字经济中，生产率增长内生于人口与劳动力增长速度。维持一定速度的人口增速对于经济持续增长至关重要。

命题2：在数字经济时代，一个企业、产业或经济体将积累的数据要素转化为新知识和新技术的能力决定了其生产率长期增速。

命题3：生产技术、数字化水平与员工数字素养上的进步和变革均能提高生产率增长。然而，上述技术进步对于总产出的影响并不同质。数字化水平与员工数字素养提升主要通过优化数据价值化过程促进经济增长，生产技术进步则直接影响最终产出规模。

本节给出的分析过程与三个命题仅是相关理论研究的一个示例。通过逐步放松上面的假设，这一模型框架可以被用于分析数字经济的各个层次与维度的理论与实践问题，并结合实际数据开展深入的实证研究。

第三节 人工智能与经济增长

如果人工智能能够将一项先前由人类劳动力进行的、需要持续不断地完成的工作变为自动完成的话，会带来哪些重要变化？这项数字技术可能会被配置在传统的商品和服务生产过程当中，并且很有可能影响经济增长以及各要素收入份额的分配。并且，伴随着新一代人工智能技术的迅速发展，此项数字技术还可能改变我们产生新的想法和技术的过程，帮助我们解决更多复杂和抽象问题，以及使得创造的效率加倍。更极端的，一些研究者们甚至认为人工智能技术会变得能够非常迅速地自我提升，能够在有限的时间里实现无限的机器智能水平以及无限的经济增长速度，并将这一未来称为"奇点"（Singularity）。

在本节中，我们将简要介绍 Aghion et al.（2017）中构建的包含人工智能的经济增长模型，这一增长模型将人工智能视为工作任务中人类劳动力的替代者。在这个模型中，作者们参考 Zeira（1998）以及 Acemoglu & Restrepo（2018）中对于人工智能的处理方法，将人工智能视为一种新形式的自动化技术，能够推动自动化进一步发展，完成一些先前被认为是自动化所不能完成的工作。随着人工智能技术的不断进步，其所能替代的人类工作越来越高级，例如自动驾驶汽车，或者可能需要高水平的工作技能如法律服务，以及一些形式的科研工作。这一模型将帮助我们了解关键数字技术进步如何实现更加智能、质量更高的经济增长。

鲍莫尔（Baumol，1967）在他的研究中观察到了一个被称为"鲍莫尔成本病"（Cost Disease）的现象。该理论解释了为什么在一些行业中——尤其是劳动密集型的服务行业，即使生产率并没有显著提高，成本却随着时间的推移而上升。由于不同行业在生产率增长方面存在差异，这导致了劳动成本的不均衡上升。例如，剧院、交响乐团等表演艺术团体的成本不断上升，主要是因为演员和音乐家的工资上涨，而这些行业的生产率很难通过技术进步来提高。医疗行业也面临着成本病的问题。尽管医疗技术取得了显著进步，但医生和护士的工作性质使得他们的服务很难被自动化或大规模标准化，因此工资上涨导致了整体成本的增加。本节模型的一个重要推论是，人工智能和自动化可能是导致鲍莫尔成本病的重要因素。

一 基准模型设定的分析

在这一模型中，经济的总产出（或称 GDP）被设定为各种不同商品的一个 CES 组合形式，且替代弹性小于 1：

$$Y(t) = A(t) \left(\int_0^1 X(v, t)^\rho dv \right)^{\frac{1}{\rho}} \quad (3\text{-}23)$$

其中 $\rho<0$，$A(t)=A(0)e^{gt}$ 表示标准的技术进步，此处我们将其视为外生的。Zeira（1998）在其最初的研究中也给出了对于自动化

的类似的简单表述。本节遵循 *Acemoglu & Autor*（2011）中的观点，将这些变量视为不同的生产任务，这样的设定方式在接下来对模型结果的解读上较为方便。

之所以要求替代弹性小于1，是为了让不同工作任务之间是总互补品的关系。其现实含义是，一个工作任务（如电子产品组装），往往是别的工作任务的前置（如电子产品销售）或后置（电子零件生产）。直观上来说，这是生产函数的一种"弱的联系形式"，因为 GDP 在某种程度上受限于各类产品中最弱的一环。还没有被自动化的任务由一对一的劳动力生产，而一旦任务被自动化了，人们可以使用一单位的资本作为替代：

$$X(v, t) = \begin{cases} L(v, t), \text{如果工作未被自动化} \\ K(v, t), \text{如果工作已被自动化} \end{cases} \tag{3-24}$$

如果总体的资本 K 和劳动力 L 最优化地被分配在这些任务中，那么生产函数就可以表达成：

$$Y(t) = A(t)K(t)^{\alpha}L(t)^{1-\alpha} \tag{3-25}$$

其中，指数 α 就反映了那些被自动化了的任务的总体份额或重要程度。当经济中的自动化程度提升，则可以认为是资本对于生产的贡献提升了，即 α 增加。

该模型剩下的部分与新古典的设定方式类似：

$$Y(t) = C(t) + I(t) \tag{3-26}$$

$$\dot{K}(t) = I(t) - \delta K(t) \tag{3-27}$$

$$\int_0^1 K(v, t) dv = K(t) \tag{3-28}$$

$$\int_0^1 L(v, t) dv = L \tag{3-29}$$

为了简便起见，此处假设劳动力的总体水平是保持固定不变的。令 $\beta(t)$ 表示截至时期 t 已经被自动化了的产品部分，并且假设资本和劳动力在不同的任务间是被对称地分配的。因此，$K(t)/\beta(t)$ 单位的资本被用于每个自动化了的任务中，而 $L/(1-\beta(t))$ 单位的劳动力则被用于其他未被自动化了的任务中。生产函数由此可写成：

$$Y(t)=A(t)\left[\beta(t)\left(\frac{K(t)}{\beta(t)}\right)^{\rho}+(1-\beta(t))\left(\frac{L}{1-\beta(t)}\right)^{\rho}\right]^{\frac{1}{\rho}}$$

$$=A(t)\left[\beta(t)^{1-\rho}K(t)^{\rho}+(1-\beta(t))^{1-\rho}L^{\rho}\right]^{\frac{1}{\rho}} \quad (3-30)$$

这一设定便退化成了新古典增长模型的一个特定形式，并且资源的分配能够通过一个标准的竞争均衡达到最优。在这个均衡当中，GDP 中已被自动化了的产品份额等于要素报酬中资本的份额，即：

$$\alpha_{K}(t)\equiv\frac{\partial\,Y(t)}{\partial\,K(t)}\frac{K(t)}{Y(t)}=\beta(t)^{1-\rho}A(t)^{\rho}\left(\frac{K(t)}{Y(t)}\right)^{\rho} \quad (3-31)$$

类似地，GDP 中未被自动化了的产品份额等于要素报酬中劳动力的份额，即：

$$\alpha_{L}(t)\equiv\frac{\partial\,Y(t)}{\partial\,L(t)}\frac{L(t)}{Y(t)}=\beta(t)^{1-\rho}A(t)^{\rho}\left(\frac{L(t)}{Y(t)}\right)^{\rho} \quad (3-32)$$

因此，已被自动化了的与未被自动化了的产出之比，或者资本份额与劳动力份额之比等于：

$$\frac{\alpha_{K}(t)}{\alpha_{L}(t)}=\left(\frac{\beta(t)}{1-\beta(t)}\right)^{1-\rho}\left(\frac{K(t)}{L(t)}\right)^{\rho} \quad (3-33)$$

在本节开始时说明了本模型只关心不同种类产品间的替代弹性小于 1，即 $\rho<0$ 的情形。由式（3-11）可知，有两类基础的力量能够导致资本份额的变动：

首先，各类产品中被自动化的比例逐渐升高，会增加 GDP 中自动化产品的份额，并增加资本的份额（保持 K/L 固定不变）。这一结论比较显然，并且与 Zeira（1998）模型中的结论是一致的。

其次，随着 K/L 提升，资本的份额以及自动化部门的价值在 GDP 中的份额将会下降。由于资本的积累，自动化了的商品的价格会相对于未被自动化了的商品的价格发生下降。因为需求相对来说更加的无弹性，花费在这类产品上的支出也同样会下降。

以上分析能够解释鲍莫尔提出的经典成本病问题是如何在数字经济时代出现的。伴随着人工智能技术的广泛使用，拥有高生产率的进步部门的资本使用成本与劳动力需求均显著下降，生产率迅速增长；落后部门的相对成本会迅速增长，反过来制约整体经济的增长速度。在进步部门中因人工智能与自动化失去工作的劳动力被迫涌入落后部门，然而落后部门的劳动力吸纳能力有限，这就导致失业率上升与工资水平下降。

二 进一步扩展：内生增长模型

按照 Acemoglu & Restrepo（2018）的方法，我们可以通过设定一种技术以将自动化内生于模型当中，这一技术可让研发中的投入推动产品的自动化进程。但显然的是，$\beta(t)/(1-\beta(t))$ 的增长速度能否快于或慢于 $(K(t)/L(t))^\rho$ 的下降速度，取决于我们是如何设定这一技术。也就是说，模型的结果将取决于我们关于自动化的具体假设，而目前我们并没有足够的知识来支持我们如何给出这样的假设。因此，就目前而言，我们将自动化处理成外生的，并考虑当 $\beta(t)$ 以不同方式变化时所导致的不同结果。

注意到，式（3-30）实际上是新古典生产函数的一个特殊形式，即：

$$Y(t)=A(t)F(B(t)K(t),\ C(t)L(t)) \tag{3-34}$$

其中 $B(t) \equiv \beta(t)^{\frac{1-\rho}{\rho}}$ 且 $C(t) \equiv (1-\beta(t))^{\frac{1-\rho}{\rho}}$。当 $\rho<0$ 时，注意到 $\beta(t)$ 升高将导致 $B(t)$ 下降以及 $C(t)$ 上升。也就是说，自动化等价于劳动力增强型技术进步和资本消耗型技术进步的结合。这是一个比较不好理解的结果，因为从直观上来想，自动化应该带来某种程度上的资本增强，而事实却并非如此。另外，我们还需要注意到的是，

如果替代弹性系数变成大于1的，这些结论就会发生反转。

从经济学直觉上来看，以上结论主要来源于自动化的两个基本效应。首先，资本能够被应用到更大数量的任务当中，这是基础的资本增强型推动力。然而，这也意味着固定总量的资本会变得更加分散，这又是资本消耗型的效应。当不同任务间是替代品时（$\rho>0$），增强型效应占主导，故自动化是资本增强型的。然而，当不同任务间是互补品时（$\rho<0$），消耗型效应便占主导。另外注意到，对于劳动力来说，具有相反的效应：自动化将固定总量的劳动力集中在小范围的任务中，故当$\rho<0$时技术进步是劳动力增强的。

目前的主流文献中，引入人工智能的经济学模型主要是将该技术视为一种更高效率的自动化过程，即资本取代劳动力作用于生产中的过程。由于这一过程仅涉及从劳动力到资本的转换效率，整个模型最基础的生产与分配机制并未发生改变，因此这一分析框架仍没有跳出新古典经济学的分析范式。从高质量发展的角度，围绕人工智能的数字经济理论建模应同时考虑这项技术在替代现有工作和创造新工作上的正反两种作用，特别是中长期视角下两种作用之间可能存在的此消彼长关系。

第四节 数字经济高质量发展的研究展望

一 数字经济高质量发展的研究重点

立足当下，以下五个方向的研究进展将能有效加深学术界、政策界和实业界对于数据要素、数字技术与数字经济三者之间关系的理解，因而成为数字经济高质量发展的理论研究重点。

第一，数据要素的价值测度与估计。围绕数据要素构建起来的一系列经济理论需要得到现实证据的有力验证。然而，由于数据要素本身是一种未被充分交易的虚拟资源，其影响生产过程、进入生产函数的方式也存在一定的模糊性与不确定性,导致在现实中很难度量其实际成本与经济价值,进而致使相关的实证研究难以开展。如果不能解决这一问题,对于数据要素的理论建模恐成"空中楼阁",难以继续深入或产生有持续影响力和现实意义的研究成果。值得庆幸的是,目前无论是统计界还是经济学界都开始了一些测度或估算数据要素价值的尝试(如加拿大统计局2019年发布的数据价值估计报告、广东省统计局在广州和深圳两市进行的数据要素统计尝试等学术研究),相关的研究成果将帮助我们更好地理解数据要素的实际价值并进一步深入探讨其对于企业盈利、产业升级和经济增长等的影响。

第二,数据要素的流通与交易机制。由于数据要素具备的可复制性、价值不确定性等特征,导致其交易和定价与传统资产、金融资产完全不同(熊巧琴和汤珂,2021)。如果采取传统的物质资产或金融资产的流通与交易方式处理数据要素(如通过第三方销售商或交易平台),即使数据要素的经济价值得到正确测度,也可能会导致这一重要经济资源的严重错配,不利于中国经济的高质量发展。对于数据要素的流动方式、交易设计和定价机制,均需要进行深入研究以指导实践。考虑到和数据要素流通安全高度相关的隐私计算等技术的重要性,对于数据要素的市场机制研究应当更多地采取经济学与应用数学、计算科学等学科的交叉研究形式。

第三,数据要素作用于创新的实现机制。数据要素是微观经济的微观基础与创新引擎。首先,数据要素能够促进科学技术创新。图灵奖得主、关系型数据库的鼻祖吉姆·格雷大数据提升到科学研究范式的高度,将"数据密集型科研"视为继实验科学、归纳总结、计算机仿真之后的科学研究的"第四范式"。拥有大量数据要素流量与储备的科技巨头成为科技创新的排头兵,如谷歌在人工智能领域、亚马逊在云计算领域、腾讯在即时通信领域的研发能力和专利数均居全球前列。其次,数据要素能够促进产业业态创新。基于数据的新业态发展促进了产业转型升级和经济新动能培育。生产制造大数据解决了生产数据车间流动问题，让企业生产更加柔性化与智能化，有效支撑了个性化定制、体验式制造、网络制造等新制造业态。最后，数据要素能够促进组织形式创新。数据要素与大数据分析的结合，不仅能够强化企业的信息处理能力，提升管理者对市场的洞察能力，还能够影响组织学习的方式乃至组织惯例的更新（谢康等，2020）。综上所述，对于数据要素影响创新的理论探索与实证分析，将提供促进企业创新、产业升级与经济增长的新思路与新方法，具有极强的现实意义。

第四，人工智能对劳动力市场的深层次影响。人工智能技术的发展正在以前所未有的速度改变劳动市场。一方面，人工智能的应用提高了生产效率，创造了新的就业机会，尤其是在数据分析、机器学习和自动化领域。另一方面，它也引发了对于工作被机器取代的担忧，特别是那些重复性和低技能的工作。经济学家和政策制定者正在研究如何平衡人工智能带来的效率提升与就业影响，以及如何通过教育和培训帮助劳动力适应这一转变。此外，人工智能对工资结构、收入分配和社会保障体系的长期影响也是研究的重点。

第五，数据要素和数字技术相关的经济安全问题研究。数据在数字经济时代成为新生产要素，数字技术是社会生产活动中的前沿技术，二者均是当前经济中先进生产力的代表。新的技术和新的要素的发展过程往往伴随新的经济风险的产生与发酵。在数据要素的市场化交易过程中，可能存在个人隐私泄露与错误定价的风险；在企业数字化转型的过程中，可能存在转型方向的不确定性与流动性安全等问题；在宏观经济的数字化发展过程中，可能存在劳动力市场风险与收入差距进一步扩大的问题。对于这些问题的深入探究，能够帮助我们全面看待数据要素与数字技术带来的变化，有效防止数字经济风险的进一步扩大与恶化。

二 数字经济高质量发展的研究难点

中国的数字经济发展走在全球前列。除了经济总量上的优势外，在数据规模、数字基础设施乃至数字素养与技能上，中国均具有优势。目前，全球接近20%的数据产生于中国。据数据分析公司高德纳（Gartner）预测，到2025年，中国的数据总量将跃升全球第一，全世界1/3的数据都将在中国产生。根据《数字中国发展报告（2023年）》，中国信息基础设施建设规模已经实现全球领先：中国已经建成全球规模最大的光纤网络和4G网络，同时5G网络建设速度和规模均位居全球第一。2023年中国网民规模超过10亿人，占全球网民的1/5，互联网普及率高达76.4%，绝大多数中国网民已成为数字社会公民，全民数字素养与技能水平均处于较高水平，有利于数字经济的持续高质量发展。中国特色的数字经济实践将形成一系列独到的研究问题。对于这些研究问题的深入研究能够为全球范围数字经济发展与数字经济治理提供理论支撑与有益经验。

第一，海量数据的经济价值如何实现？一部分观点认为，数据要素的价值就体现在其不同于传统经济资源的丰裕性（richness）上。数据的产生伴生于经济社会活动，只要花费相对于其他要素极低的成本就能够收集和储存。伴随着大数据技术的发展以及数字化的全面普及，数据的规模不断扩大，从数据中提取出的信息与知识也将可能出现指数级增长。我国数据要素资源极为丰富且仍在快速增长，对于这些数据资源的充分开发能够产生巨大的经济价值，通过充分的数据开放共享与高效流通能够实现数据价值的充分释放。

第二，数据要素如何参与收入分配？2019年10月31日，党的十九届四中全会审议通过的《中共中央关于坚持和完善中国特色社会主义制度、推进国家治理体系和治理能力现代化若干重大问题的决定》（以下简称《决定》）提出："健全劳动、资本、土地、知识、技术、管理、数据等生产要素由市场评价贡献、按贡献决定报酬的机制。"《决定》发布后，数据被视为生产要素按贡献参与分配从理论探索变为现实要求。然而，由于数据要素的经济价值未被充分统计、测度，数据要素市场也有待进一步发展，导致现实中的收入分配难以充分考虑数据要素的实际贡献，收入分配过程偏向数据收集者而非以消费者为主体的数据提供者。对于这一问题，需要从有效立法与机制设计两个方面加以解决。在立法上，2021年中国连续出台《数据安全法》与《个人信息保护法》，为个人数据隐私与信息安全提供有力保障；在机制设计上，多个国内领先研究机构开始逐步发布数据要素定价算法及要素收益分配平台，力图解决数据要素的经济收益共享与分配的问题。

第三，如何对人工智能技术的各项经济应用进行有效监管？例如，人工智能决策过程的透明度和可解释性问题。人工智能系统在做出重要经济决策时，其决策逻辑往往难以为人类所理解，这可能导致信任危机和责任归属的模糊。此外，人工智能在处理敏感数据时可能引发的隐私保护问题，以及算法可能存在的偏见和歧视问题，都是当前研究中的难点。这些问题不仅涉及技术层面的挑战，还涉及法律、伦理和社会价值的广泛讨论。此外，在生成式人工智能逐渐发展起来之后，如何界定人工智能生成的各项内容的产权并进行相应的利益分配？总体来看，如何在保障个人隐私和数据安全的同时，充分发挥人工智能在经济活动中的潜力，是一个需要跨学科合作和长期研究的复杂问题。

第四，数字经济中的政府与市场关系将如何演变？诸多迹象表明，数字经济中的政府与市场关系较之传统经济已然发生重要变化。首先，数据要素的有效积累与数字技术的广泛使用提高了政府把握市场动态的能力，促使各级政府可以运用先进的技术手段更好地监督市场、治理市场，数字化治理与智慧监管已在我国全面推广；其次，数字经济目前仍是经济社会发展的战略性新兴产业，政府在新兴产业发展过程中充当的角色相较传统产业更为重要；最后，由于数字经济具有的平台化、数据化、共享化等内在特点，在数据共享、隐私保护和数据标准等市场基本制度的形成上，微观企业和市场自身能够发挥的作用相当有限，政府治理就在一定程度上发挥了平台和规则制定者的作用。综上所述，政府在数字经济中的行为模式与激励机制需要做出积极调整，以充分适应数据要素与数字技术带来的巨大冲击，规范与促进数字经济的良性发展。

第二篇
实现路径篇

理论的价值在于指导实践。在清晰的理论指引下，本篇聚焦于数字经济高质量发展的具体实现路径。我们将系统阐述技术创新如何提供核心驱动力，数据要素应用如何为新质生产力全面赋能，以及"数实融合"如何通过推动消费升级与供给提质，最终促进高水平供需平衡。

第四章 技术创新驱动数字经济高质量发展

第一篇的分析指出，持续不断的技术创新为数字经济高质量发展提供了重要驱动力。技术创新对于数字经济的影响包括三个层次。第一，对于数字技术的使用促进了企业的数字化转型，提高企业的生产效率和财务表现。第二，数字技术使用对于企业的技术创新活动产生较强的激励作用，形成新的创新机制。第三，数字技术与数据要素的有效结合影响企业的技术创新模式选择。本章采用理论建模与实证回归方法，对这三个层次的影响进行深入浅出的经济学分析。

第一节 数字技术使用的测度与影响

当前，企业使用数字技术的重要性已经被社会各界所认知，但在学界内部以及学界和业界之间，关于企业数字技术使用的效果存在严重的分歧，其主要原因在于现有研究对企业数字技术使用的测度存在问题（金星晔等，2024）。一是测度对象不统一、不明确，不同的研究对企业数字技术使用的定义和测度不同，这使得不同研究的结果不可比较甚至难以复刻。二是测度方法不科学、不准确。现有文献在测度数字技术使用时，大多采用了基于上市公司年报的词典法，但是词典法存在两个明显的问题：一个是词典包含的数字技术关键词不够完备，导致了一部分真实的数字技术使用未被统计；另一个是表意不真实，错误地将一部分文本内容判定为数字技术使用。

在现有文献的基础上，本节利用前沿的机器学习方法和大语言模型，基于2006—2020年中国上市公司年报文本，立足全面体现各种数字技术在企业中的实际使用状况，构造了4181家上市公司的一套数字技术使用指标。在使用新方法构造指标的基础上，本节实证检验了企业数字技术使用与企业财务绩效的关系，并得到了三点新发现。第一，总体而言，企业的数字技术使用能够显著提高财务绩效；第二，不同财务绩效的企业使用数字技术的效果不同；第三，企业使用数字技术提高财务绩效的主要渠道有两个，分别是改善效率和降低成本。

一　现有测度方法的不足

（一）企业数字技术使用的三种测度方法

现有文献在测度企业数字技术使用或数字化转型程度时，通常使用了三种方法。

第一种方法是客观数据法，这包括计算本企业与数字技术相关的软件投资或硬件投资占总资产的比例（Müller et al.，2018；刘飞和田高良，2019；祁怀锦等，2020），基于调查数据度量企业内机器人的使用（Acemoglu & Restrepo，2020）或者分析预测工具的使用（Brynjolfsson et al.，2021），基于行业计算机软硬件投资额度量行业的信息技术密度（Chun et al.，2008）。

第二种方法是事件冲击法，即利用企业所属群体是否受到数字化转型政策的冲击来度量企业的数字化转型。常用的做法是，利用国务院确定的"宽带中国"政策（李万利等，2022）、工信部批准的"两化"（信息化和工业化）融合政策（李磊等，2022）、国家信息消费示范城市（方明月等，2022）作为政策冲击。这些政策冲击也常用于解决企业数字化转型影响企业行为和绩效时存在的内生性问题。

第三种也是最为主流的方法就是词典法。首先构建一个包含各种数字技术的关键词词典,然后根据这些关键词在上市公司年报中"管理层讨论与分析"部分出现的次数或比例,构建企业数字化转型指标。一个上市公司年报中提及数字技术的次数或者比例越高,表示企业的数字化转型程度越高。使用这一方法的文献较多,包括杨德明和刘泳文(2018)、吴非等(2021)、袁淳等(2021)、赵宸宇等(2021)、张叶青等(2021)和方明月等(2022)。

以上三种方法为中国学者开辟企业数字化转型这一新时代的重要研究提供了一个有效的切入点。然而,这几种方法的不足也日益明显。此处先概述前两种方法存在的不足,对于词典法的不足在下一部分进行重点介绍。

客观数据法有两个主要不足。第一,范围较窄,只适合度量某一种具体的数字技术的非人力成本投入。例如,某个企业招聘了从事数字化转型的工程师,但是支付给工程师的工资成本并不能体现为数字化硬件或软件的投入,此时就会被漏记。第二,度量比较粗糙。例如,笼统地统计数字技术硬件或软件的做法,无法区分不同类型数字技术的应用。

事件冲击法也有两点不足。第一,它假设试点地区所有企业都受到某项数字技术政策的同等程度影响,这显然不符合现实。事实上,即便是在试点地区,也不是所有企业都会受到该政策的影响。例如,金环等(2021)发现,"宽带中国"政策对本地区的民营企业和成长型企业的创新和 TFP 影响较大,但对国有企业和衰退期企业并没有显著影响。第二,试点地区的企业很可能会受到本地区其他政策的影响。尽管平行趋势检验可以排除其他政策在样本区间的干扰,但也无法排除与试点政策同期实施的其他政策。此外,多种相关政策在短期内同时推行,并且存在政策时滞,这导致很难区分不同政策的实际效果。

(二)词典法存在的两类问题

鉴于词典法是国内多数文献使用的数字化转型的测度方法,我们重点分析词典法的不足。很多研究企业数字化转型的文献直接使用了 CSMAR 数据库自带的数字技术词频统计表（例如，黄逸友等，2023；耀友福和周兰，2023），作为企业数字化转型程度的指标。因此，下面我们以 CSMAR 关键词词典作为主要分析对象。CSMAR 词典总共包含了 62 个数字技术关键词，例如"机器学习""数字货币""物联网""数据挖掘"，并且分为四类技术：人工智能技术（27 个关键词）、区块链（8 个关键词）、云计算（17 个关键词）和大数据（10 个关键词）。

以 CSMAR 为代表的词典法存在的第一个问题是，词典构建不够完备，即它可能遗漏了不少属于数字技术但是未被纳入词典的关键词。例如一些属于数字技术的关键词，例如"云+API""OCR""小语种识别""图像识别"，均未被收录到 CSMAR 的关键词词典。之所以会出现关键词遗漏，是因为这些关键词都是研究者根据部分文献人为选定的词语，而每个人选择的标准又很难统一。在实践中，各种数字技术层出不穷，新的名词不断涌现，因此用词典法来测度数字化转型难免会存在"挂一漏万"和更新迟滞的问题。事实上，除了 CSMAR 的关键词词典，其他文献使用的关键词词典也存在一定的遗漏问题。人为选择关键词导致的附带问题是，由于每个研究者的主观标准不同，选择范围不同，这导致不同文献使用的关键词差异很大，使得基于不同词典构造的数字化转型指标缺乏可比性。以公开了关键词词典的几篇代表性文章为例。

词典法可能存在的第二个问题是会误将一些并不表示企业数字化转型实践的内容包括在内。在一些上市公司的年报中，即便某个句子中包含了数字技术关键词，根据句意也不能判断该企业进行了数字化转型。具体来说，这包括三种情况：第一，句子采用了否定表述；第二，公司可能表示将在未来进行数字化而不是现在；第三，企业可能描述的是行业的发展背景而不是自身行动。这些情况都会导致词典法出现误判。如果说词典包括的关键词不够完备属于苛责，那么更严重的问题是，机械地根据文本内容是否包含关键词来判别企业是否使用了数字技术，这也正是本节的主要改进之处。

二 基于 LLM 的新测度方法

（一）大语言模型 ERNIE

近年来，在人工智能和机器学习领域，自然语言处理（Natural Language Processing，NLP）技术被广泛使用。它是利用计算机技术来分析、理解和处理自然语言的一门交叉学科，主要应用于机器翻译、舆情监测、自动摘要、观点提取、文本分类、问题回答、文本语义对比、语音识别和光学字符识别等功能。一个自然语言处理任务通常可以分为如下步骤：数据预处理、文本表征、目标任务模型训练。自然语言处理技术的进步，又主要受益于预训练技术的发展。预训练（pre-train），即首先在一个原任务上训练一个初始模型，然后在下游任务（也称目标任务）上继续对该模型进行精调，从而达到提高下游任务准确率的目的（车万翔等，2021）。预训练技术主要在自然语言处理的文本表征和目标任务模型训练这两个阶段发挥作用，目的在于使文本能够更好地被表征从而提升下游模型效果。

预训练技术的发展可以分为三个阶段：早期的静态预训练技术、经典的动态预训练技术和近期的新式预训练技术。静态与动态的差别在于词语的表征是否随上下文变动。动态预训练技术主要包括 GPT 和 BERT 两类大语言模型，它开创了基于上下文的文本表征方法，解决了一词多义问题。然而，在中文表达中，知识大多以词为单元出现，BERT 模型难以学出语义知识单元的完整语义表示。基于 BERT 模型改进的新式预训练技术 ERNIE 模型通过遮盖词语（知识单元）引入知识，进一步提升了模型的语义表示能力。此外，在训练数据方面，BERT 仅使用百科类语料训练模型，而 ERNIE 使用百科类、新闻资讯、论坛对话类语料训练，且实验证明 ERNIE 预训练模型在五项中文文本分类任务上体现出全面超越 BERT 的性能。基于以上原因，因此本节选择使用大语言模型 ERNIE 1.0 来完成文本分类任务。

（二）使用 ERNIE 模型测度企业数字技术使用

1. 确定文本分析对象

由于数字技术使用涉及企业组织结构、内部管理、业务流程等方方面面的变革，难以在财务指标中完整显示，但上市公司有强烈的意愿在年报中披露，以获得资本市场的青睐，因此文献中通常使用年报的文本分析法来衡量数字化转型水平（方明月等，2022）。借鉴已有文献的做法，本节同样采用上市公司年报作为企业数字技术使用的文本基础。

我们通过爬虫和人工收集这两个途径，收集了上市公司年报，来源包括 Wind、巨潮资讯网和上市公司官网。2007 年 1 月 1 日起施行的新《企业会计准则》对企业财务指标要求有较大变化，而 2006 年年报实际披露于 2007 年第一季度，因此我们选择 2006—2020 年披露的上市公司年报进行分析。在年报中，"管理层讨论与分析"（MD&A）分析了企业在报告期内的经营情况、描述未来的发展战略并披露公司所面临的风险状况。因此，已有文献几乎都选择这个部分作为计算数字技术关键词的次数或比例的来源（例如，袁淳等，2021；赵宸宇等，2021）。还有部分公司选择在"目录、释义及重大风险提示"中披露公司可能面临的风险，其中也可能包含企业数字化转型相关信息。因此本节选择"管理层讨论与分析"和"目录、释义及重大风险提示"这两个章节作为文本数据，最终我们得到 2006—2020 年 4181 家公司的 39175 份年报文本。

2. 构建待预测句库和待标记句库

本节先将全部文本按照句号和分号分割，得到待预测句库。由于年报中大多数句子与数字化转型无关，如果完全随机抽取句子进行阅读，得到的大多数标签将都与数字技术无关，为了提高人工阅读的效率并防止上下文对人工阅读产生干扰，我们需要使用关键词抽取具有不同代表性的年报句子,并与随机抽取的句子一起,构成待标记句库。为此,我们先要定义数字技术,并构建一个数字技术词典。

在定义数字技术时,我们首先考虑政策口径。国家统计局在《数字经济及其核心产业统计分类(2021)》中提到,产业数字化代表性技术为物联网、人工智能、大数据、云计算、移动互联等数字技术。国务院和工信部等部门多次出台政策文件,提出了促进大数据、人工智能、云计算、物联网、移动互联和区块链等数字技术发展的指导意见。其次是企业界的定义。近年来,移动互联、云计算、大数据、人工智能、物联网、区块链等数字技术不断突破和融合发展,推动了数字经济快速发展。综合以上定义,本节将数字技术分为六种类型:大数据、人工智能、移动互联、云计算、物联网和区块链。

我们基于政策文本、研究报告和已有文献,并通过人工阅读之后的不断补充,收集整理了一个包含311个数字技术关键词的词典。然后,抽取了包含10个及以上不同关键词的年报文本,并取出其中含有关键词的句子。同时,为了提高模型对不含关键词句子的预测能力,又随机抽取了部分年报,并分割为句子。由于上市公司总数逐年增加,如果直接在上述两部分句子中进行随机标注,将导致大部分被标注的句子靠近当前年份。为了解决年份分布不均匀的问题,在这两部分句子的基础上,按照年份分组,在每个年份中取出相同数量的句子。再从这部分均匀分布的句子中进行不放回的随机抽取,得到本书的待标记句库。最终,本书的待标记句库中包含38994个句子。

3. 对待标记句库的句子进行人工标注

人工标注的思路是,先判断企业使用了哪种/哪几种数字技术,进而判断企业是否进行了数字化转型。人工标注的目的是形成训练集、测试集和验证集,为后面的机器学习打下基础。

我们将24位研究人员分为12组，每组两人定期轮换。为了统一对句子打标签的标准，在正式打标签之前，我们多次讲解打标签任务的详情，并对容易混淆的标签进行了重点讲解和示范。明晰标准后，进行了充分的打标签训练，并对标注过程中发现的难点和疑点定期商讨。正式标注时，待标记句库中的每个句子都会被两位研究成员标记。如果双方标注结果一致，则句子标签被记录；对存在分歧的句子，经过全部成员讨论后确定其标签；对难以确定标签的句子，不纳入训练集。最后，所有待标记句库中除了难以确定标签的句子外，剩余句子都被分类至八个标签下，包括六种新型数字技术、非新型数字技术，以及非数字技术。

4. 采用有监督的机器学习方法训练模型

测度数字技术使用的关键步骤是训练机器学习模型，让人工智能技术替代人工来判别文本中包括数字技术关键词是否意味着真正使用了这项数字技术，从而缓解在文本中提及数字技术的关键词，但实际上并未使用数字技术的情况。我们使用百度开源的、内嵌了ERNIE的PaddleHub框架来开展模型训练，用其内置的tokenizer函数快速将句子转为ERNIE模型训练所需要的格式。将全部被标记的句子按照8∶1∶1的比例分为训练集、测试集和验证集。同时，为了比较不同模型之间的分类性能，也基于PaddleHub框架训练了BERT_ base_ chinese，同时，基于sklearn框架训练了SVM（支持向量机）、Neural Networks（神经网络）、SVM与Neural Networks结合的Voting算法、KNN（K近邻）以及GaussianNB（朴素贝叶斯）共七类常见模型。

机器学习的主要目的是识别文本是否以及体现了哪种数字技术。对于这种分类模型，通常用精确度（Precision）、召回率（Recall）和正确率（Accuracy）来度量模型的性能。考虑到训练集各类型标签数量分布不均，通常使用F-Score来衡量模型的整体分类能力。在四类指标中，Precision是指模型预测为Positive类的样本中，实际为 Positive 类的比例。一个高 Precision 的模型意味着它能够准确地识别出真正为 Positive 类的样本，减少了误报的可能性。在本节的使用场景下，Precision 表示模型认为的属于数字技术的句子中，其真实标签也是数字技术的句子的比例。Recall 是指所有实际为 Positive 类的样本中，被预测为 Positive 类的比例。一个高 Recall 的模型意味着它能够尽可能地找出所有实际为 Positive 类的样本，减少了漏报的可能性。在本节的使用场景下，年报中可能会有多处句子表示企业使用了数字技术，因此正确分类的能力在本节的场景下相对更加重要。据此，本节还计算了 F.8-Score，以赋予 Precision 更大的权重。不同模型在相同训练集上的表现如表 4—1 所示。ERNIE 模型的精确度、召回率、正确率、F1-Score、F.8-Score 分别达到了 81%、70%、93%、75%和 76.4%。可以看出，ERNIE 仅在 Recall 上落后于 BERT（进而导致 F1-Score 上落后），但考虑到 Precision 的重要性后，ERNIE 的 F.8-Score 是所训练模型中得分最高的，据此选择 ERNIE 作为句子分类器。

表 4-1　　　　　　不同机器学习算法的分类性能　　　　　单位:%

	Precision	Recall	Accuracy	F1	F.8
ERNIE	81.1	70.0	92.9	75.1	76.4
BERT	78.0	73.3	92.7	75.6	76.1
Neural Networks	73.4	64.7	92.5	68.8	69.7
SVM	78.0	56.3	92.4	65.4	67.8
Voting	78.7	57.6	91.0	66.5	68.8
KNN	64.7	54.1	88.3	58.9	60.1
GaussianNB	47.7	50.1	83.8	48.9	48.6

5. 采用 ERNIE 模型构造数字技术使用指标

基于 ERNIE 大语言模型，我们对 2006—2020 年待预测句库中的每一句文本进行预测，判断企业是否使用了数字技术以及使用了何种数字技术。我们构造了企业数字技术使用哑变量，即公司在当年只要使用了大数据、人工智能、移动互联、云计算、区块链和物联网中的任意某种技术，则指标赋值为1，反之为0。

三　指标有效性检验

虽然我们从技术上论证了使用大语言模型 ERNIE 构建企业数字技术使用指标的合理性，但是这一新指标是否更准确、更符合现实呢？下面我们从分类性能、专利数据、时间趋势、地区差异、行业差异五个角度，对新指标的有效性进行全面检验。

（一）分类性能

首先与现有文献广泛使用的词典法比较。分别基于 CSMAR 数字技术关键词（62个）和吴非等（2021）的关键词（76个）对人工阅读所用的测试集的句子进行分类。如果句子中出现了关键词，则认为句子能够表示企业使用了对应的数字技术。得到分类结果后，计算精确度（Precision）、召回率（Recall）、正确率（Accuracy）和 F1-Score 四个指标。

如图 4-1 所示，与词典法相比，ERNIE 模型的各项指标都表现更好，而 CSMAR 和吴非等（2021）的分类性能差不多。这证明，采用机器学习的方法可以更准确地判定文本是否真实体现了企业数字化转型，即提高了表意的真实性。

具体而言，本节的方法相对于词典法，在第二类错误上，即提及但实际未使用的问题方面，有近 25 个百分点的改进程度（Precision 的变化）；在第一类错误上，即句子意思能够表示使用了数字技术，但不能被模型或者关键词捕捉的问题，也有约 7 个百分点的改进程度（Recall 的变化）。这说明本节的方法相对于词典法在两类错误的处理上都有更好的表现。

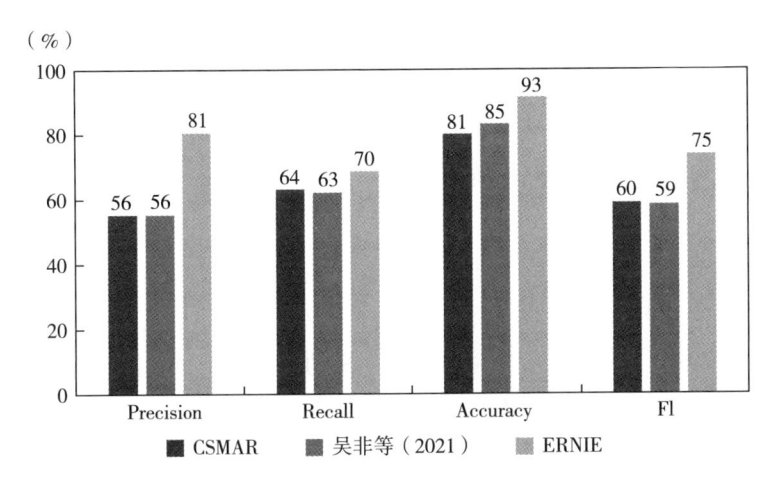

图 4-1 词典法与 ERNIE 性能比较

资料来源：根据 CSMAR 模型、吴非等（2021）和 ERNIE 模型整理而得。

（二）专利数据

而判断企业是否使用了某种数字技术，最可靠的指标是企业的数字技术专利申请。从理论上讲，如果一个企业申请了某种数字技术的专利，那么它应该使用了这种数字技术，但反之则未必成立。因此，可以将词典法、ERNIE 模型判断的使用了数字技术的公司，与确实申请了数字技术专利的上市公司进行比较。如果某种方法的判断结果与专利申请结果最接近，那么某种方法的准确度就最高。

先将专利数据库和上市公司数据库进行匹配。

具体来说，第一步，使用大为 InnoJoy 专利检索平台确定上市公司数字技术专利申请记录；第二步，根据世界知识产权组织（WIPO）发布的《2022 年世界知识产权报告：创新方向》，确定大数据、人工智能和云计算这三种数字技术的专利分类号；第三步，依据专利的"标准申请人"字段将专利匹配至上市公司层面；第四步，获得吴非等（2021）、CSMAR 基于词典法和本节基于 ERNIE 模型判断的使用了三种数字技术的公司名单，并比较这三者与申请了这三类数字技术专利的上市公司的重合度。统计结果显示，ERNIE模型识别的使用数字技术的公司与实际申请数字技术专利的公司重合度最高。这表明，从专利数据来判断，本节使用的 ERNIE 模型对企业数字化转型的判断准确度最高。

（三）时间趋势

将当年上市公司是否使用某种数字技术的哑变量加总后求均值，能够算出某种数字技术以及任意一种数字技术在不同年份的普及度。例如，2020 年 A 股上市公司中，有 42% 的企业使用了大数据技术。从时间趋势上看，各类数字技术的普及度都明显地随时间增加，特别是在 2011—2017 年。这符合直觉，也与国内外的技术扩散相吻合。

以人工智能为例。时间趋势分析发现，人工智能普及度在 2011 年以后达到了 18% 以上，并且在 2012—2018 年快速增长。在现实中，2013 年，Facebook 成立了人工智能实验室，Google 收购了语音和图像识别公司 DNNResearch，百度创立了深度学习研究院。2015 年 Google 开源了机器学习平台 TensorFlow，使得 2015 年成为人工智能技术突破之年。此外，Google 人工智能 AlphaGo 分别于 2016 年、2017 年击败了李世石、柯洁等围棋世界冠军，使得人工智能技术获得了大量关注。此外，从不同技术的发展趋势来看，总体上物联网和人工智能的普及度最高（60%左右），第二是大数据和移动互联（40%左右），第三是云计算（20%左右），区块链的普及度最低（7%）。

（四）地区比较

我们还统计了不同省份上市公司中使用了不同数字技术的比例。数据显示，北京、福建、上海、浙江、江苏等地区的上市公司数字技术使用比例最高。而宁夏、西藏、青海以及内蒙古等地区的上市公司数字技术使用比例最低，即经济发达的东南沿海地区企业数字化转型程度较高，而经济水平较低的中西部地区企业数字化转型程度较低。

根据中国信息通信研究院的数据，截至 2022 年 3 月底，我国以"数字经济"命名的产业园累计超过 200 家，在东部、中部、西部、东北部地区的产业园数量占比分别是41%、28%、25%和6%。这一结果与本节的分析结果相互印证。

（五）行业比较

依据国民经济行业分类标准，可以计算不同行业的上市公司使用数字技术的比例。计算结果显示，信息传输软件和信息技术服务业、金融业、科学研究和技术服务业的数字化程度最高；农林牧渔、采矿以及公用事业行业的数字化程度较低。归纳为三次产业来看，服务业的数字化水平最高（35%左右），工业其次（20%左右），农业最低（9%）。根据中国信息通信研究院（2021）对中国2020年三次产业数字经济渗透率的测算，服务业、工业和农业的渗透率分别是40.7%、21%和8.9%，这一结果也说明了本节测度的准确性。

四 企业数字技术使用与财务绩效的实证发现

为了进一步表明本节采用新方法构造的企业数字化转型指标的合理性，并回应前文提到的关于企业数字化转型成败的分歧，下面分析企业数字技术使用对企业财务绩效的影响。之所以选择企业财务绩效作为因变量，是因为财务绩效是一个客观指标，容易度量并且具有可比性。

（一）回归模型和变量定义

已有文献要么从总体上分析了企业数字技术使用对企业财务绩效的影响，例如杨德明和刘泳文（2018）、何帆和刘红霞（2019）以及赵宸宇等（2021）；要么分析了某一种数字技术对企业财务绩效的影响，包括大数据（Müller et al., 2018; Huang et al., 2020）、人工智能（Kaya, 2019）、云计算（Alali & Yeh, 2012）、区块链（林心怡和吴东, 2021）、信息技术（DeStefano et al., 2018; Commander et al., 2011）、移动互联（Yang et al., 2018）和物联网（Tang et al., 2018）。

为了探究企业数字技术使用对企业财务绩效的影响，构建如下基准模型：

$$Y_{i,t} = \alpha + \beta \cdot DT_{i,t} + \sum_n \chi_n \cdot Controls_{i,t} + \lambda_t + \mu_i + \varepsilon_{i,t} \quad (4-1)$$

其中因变量 $Y_{i,t}$ 表示第 t 年企业 i 的财务绩效，用 ROA（总资产收益率）和 ROE（净资产收益率）度量；关键解释变量 DT 是一组度量企业数字化转型的哑变量，包括是否进行了企业数字化转型（DigiTech，即企业是否使用了任何一种数字技术），以及是否使用了六种新型数字技术（大数据、人工智能、移动互联、云计算、物联网和区块链）中的一种。Controls 代表一系列控制变量。参考已有文献的做法，在回归方程中控制了企业年龄、企业规模、企业资产、增长率（以企业营收同比增速度量）、市值账面比、第一大股东持股比例、董事长是否兼任总经理和现金流等变量。λ_t 表示时间固定效应，μ_i 表示企业固定效应，$\varepsilon_{i,t}$ 代表随机扰动项。

本节使用的是企业层面的聚类标准误。

在数据来源上，除了企业数字化转型指标，本节用到的其他变量来自 Wind 和 CSMAR 数据库。

由于 2008 年发生了全球金融危机，2020 年暴发了新冠疫情，因此本节的样本范围为 2010—2019 年。本节剔除了 ST 和 *ST 公司，剔除了金融业和关键变量缺失的样本，然后对连续变量进行上下 1% 的缩尾处理，最终得到 25107 个观测值，变量定义和描述性统计如表 4-2 所示。

（二）基准回归

表 4-3 提供了基准回归的结果，其中关键解释变量为企业数字化转型哑变量（DigiTech）。从中可以看出，无论因变量是 ROA 还是 ROE，关键解释变量的系数都在 1% 的水平上显著为正。这意味着，当我们使用基于 ERNIE 模型构造的新指标后，企业数字化转型显著地改善了企业的财务绩效。

表 4-2　　　　　　　　变量定义和描述性统计

变量名称	变量定义	观测个数	均值	标准差	最小值	最大值
A 栏：被解释变量							
ROA	净利润/总资产	25107	6.043	6.459	-19.82	25.42
ROE	净利润/权益	25107	6.872	12.66	-63.09	36.34
B 栏：解释变量							
DigiTech	是否数字化转型	25107	0.606	0.489	0	1
BD	是否使用大数据	25107	0.269	0.443	0	1
AI	是否使用人工智能	25107	0.369	0.483	0	1
MI	是否使用移动互联	25107	0.269	0.444	0	1
CC	是否使用云计算	25107	0.143	0.350	0	1
Iot	是否使用物联网	25107	0.476	0.499	0	1
BC	是否使用区块链	25107	0.033	0.179	0	1
Age	企业年龄	25107	17.63	5.733	0	63
Asset	企业资产（万元）	25107	1.34E+06	5.47E+06	582.3	2.03E+08
Growth	企业营收同比增速（%）	25107	14.27	30.28	-49.86	157.1
MB	市值账面比	25107	0.585	0.23	0.114	1.081
Top1	第一大股东持股比例（%）	25107	34.84	14.85	8.8	74.66
Dual	董事长是否兼任总经理（1 为是）	25107	0.272	0.445	0	1
Cashflow	现金流/总资产	25107	0.0433	0.0697	-0.166	0.234
C 栏：渠道变量							
TFP1	ACF 方法基于销售额计算的 TFP	21934	1.588	1.133	-1.322	4.623
TFP2	ACF 方法基于经济增加值计算的 TFP	18743	2.575	3.127	-7.424	11.82
lnIncome	总收入加一取对数	25107	12.18	1.439	9.013	16.17
lnCost	总支出加一取对数	25107	12.12	1.445	9.100	16.13
Cost2Income	总支出/总收入	25107	0.947	0.182	0.560	1.971

然而，上述基准回归可能存在反向因果关系，即财务绩效好的企业现金流充足，更有能力使用数字技术。为了缓解反向因果关系，在第（3）列和第（4）列，我们将全部因变量提前一期，发现企业数字化转型的系数依然显著为正。这初步证明，企业数字化转型总体上提高了企业的财务绩效，即数字化转型总体上是成功的。这符合经济学逻辑，并且与多数已有文献的发现是一致的。

（三）内生性问题

除了反向因果关系，还可能存在遗漏变量问题。

对于使用数字技术进行数字化转型的公司来说，科技人才供给是一个关键问题。因此，在现有文献中，Babina（2020）使用企业与人工智能强校之间的联系作为企业应用人工智能技术的工具变量，并研究人工智能对企业增长的影响。背后的逻辑是：企业从人工智能强校（以人工智能领域的论文发表来度量）雇佣的员工越多，就越是可能应用这项技术。类似地，张叶青等（2021）用珠峰计划作为企业采用大数据技术的工具变量，研究大数据对企业价值的影响。参考上述做法，本节使用珠峰计划作为数字化转型的工具变量。

表4-3　企业数字化转型与企业财务绩效的基准回归结果

自变量	（1）ROA	（2）ROE	（3）F.ROA	（4）F.ROE
DigiTech	0.398***	0.740***	0.183*	0.435**
	(0.090)	(0.208)	(0.097)	(0.218)
lnAsset	1.404***	3.517***	-1.464***	-2.498***
	(0.146)	(0.332)	(0.156)	(0.369)
lnAge	-11.869***	-19.040***	-5.342***	-9.332***
	(1.186)	(2.314)	(1.187)	(2.456)
Growth	0.036***	0.068***	0.022***	0.040***
	(0.001)	(0.003)	(0.002)	(0.004)

续表

自变量	(1) ROA	(2) ROE	(3) F.ROA	(4) F.ROE
Dual	0.541*** (0.157)	0.816** (0.332)	0.349** (0.177)	0.400 (0.385)
Top1	0.086*** (0.010)	0.194*** (0.019)	0.053*** (0.010)	0.124*** (0.022)
MB	-6.119*** (0.334)	-13.451*** (0.677)	-2.876*** (0.345)	-6.882*** (0.738)
Cashflow	17.803*** (0.878)	28.327*** (1.860)	11.867*** (0.808)	20.597*** (1.716)
Year FE	Yes	Yes	Yes	Yes
Firm FE	Yes	Yes	Yes	Yes
N	25107	25107	22552	22552
R^2	0.204	0.153	0.109	0.078

注：括号中的标准误为企业层面的聚类标准误，$*p<0.10$，$**p<0.05$，$***p<0.01$，下同。

"珠峰计划"是"基础学科拔尖学生培养试验计划"的简称，是国家为回应"钱学森之问"而推出的人才培养计划。主要内容是在高水平研究型大学和科研院所的优势基础学科建设一批国家青年英才培养基地，建立拔尖人才重点培养体制机制，吸引最优秀的学生投身基础科学研究。

第一批"珠峰计划"囊括了17所高校，选择了清华、北大等高校的数学、物理、化学、生物、计算机科学等理工类相关专业作为试点。该计划提高了高校毕业生选择科技类职业的概率，有效增加了科技类人才供给（宋弘和陆毅，2020）。据此可以推测，上市公司办公地址距离"珠峰计划"17个试点学校的距离越远，越是不可能招聘到科技类人才，就越是不可能进行数字化转型。

与此同时,当地上市公司数目越多,每个上市公司受到该政策的影响就越弱,也越是不太可能进行数字化转型。因此,试点学校的距离和上市公司数量均与企业数字化转型的概率成反比,这满足了工具变量的相关性假设。

我们定义的工具变量如下:

$$IV_{i,t}=mSumdis_i\times mN_{i,t}\times Post_t \quad (4-2)$$

其中,i 代表上市公司,t 代表年份,$mSumdis$ 表示上市公司 i 登记的办公地址到 17 个试点学校主校区直线距离之和除以 10000 千米,mN 表示 t 年公司 i 所在城市 c 中的上市公司总数除以 1000。

由于受珠峰计划影响的第一批大学生大部分是 2010 年入学的本科生,他们的毕业年份为 2014 年及其之后,因此我们乘以一个时间虚拟变量 $Post$,2014 年及之前取值为 0,2014 年之后取值为 1。

表 4-4 提供了工具变量法的回归结果。

第 (1) 列是第一阶段回归结果,其中工具变量的系数显著为负,且 F 统计量大于 10,这符合相关性的预期。与此同时,我们认为"珠峰计划"本身不会直接影响某个企业的数字技术使用,因此该工具变量满足排他性假设。

第 (2) 列和第 (3) 列的结果表明,使用工具变量之后,关键解释变量企业数字技术使用的系数在 5% 的水平上显著为正。这说明,利用工具变量法排除了潜在的内生性问题后,本节的结论是稳健的。

表 4-4　　　　　　　　　　工具变量法回归结果

	(1) DigiTech	(2) ROA	(3) ROE
IV	-0.102*** (0.030)		
DigiTech		9.455** (4.599)	21.628** (10.053)

续表

	（1）DigiTech	（2）ROA	（3）ROE
lnAsset	0.040*** (0.009)	1.082*** (0.227)	2.773*** (0.497)
lnAge	-0.231*** (0.083)	-9.926*** (1.674)	-14.558*** (3.501)
Growth	0.000*** (0.000)	0.034*** (0.002)	0.062*** (0.005)
Dual	0.003 (0.010)	0.517*** (0.184)	0.760* (0.390)
Top1	-0.001 (0.001)	0.091*** (0.012)	0.204*** (0.024)
MB	0.023 (0.023)	-6.364*** (0.417)	-14.015*** (0.892)
Cashflow	-0.026 (0.049)	18.020*** (0.993)	28.827*** (2.147)
Cragg-Donald Wald F statistic	21.49		
Kleibergen-Paap Wald rk F statistic	11.46		
Year FE	Yes	Yes	Yes
Firm FE	Yes	Yes	Yes
N	25107	25107	25107
R^2		-0.232	-0.346

（四）分位数回归

上一节的分析表明，企业的数字技术使用能够显著提高企业的财务绩效。然而，对于不同财务绩效的企业而言，企业使用数字技术的影响可能存在差异。同时，最小二乘法模型中残差平方和易受极端值影响，回归结果容易出现偏差。为了进一步探究不同财务绩效的企业可能存在的异质性影响，分别选取了10%、25%、50%、

75%和90%这五个代表性分位点进行分位数回归。

将ROA作为被解释变量回归结果如表4-5所示。第（1）—（3）列回归结果表明，数字化转型对企业ROA有着显著的正向影响；第（4）—（5）列结果表明，随着分位数的上升，在75%和90%的高分位点上，数字化转型对企业ROA的影响并不显著。这说明，对于财务绩效较差和一般的企业，数字化转型能够明显提高企业的ROA，而对于财务绩效较好和很好的企业，数字化转型对ROA的作用并不显著。将ROE作为被解释变量时的结果类似，为节约篇幅此处不再展示。

表4-5　　企业数字化转型对ROA的不同分位数回归

	（1） QR_10	（2） QR_25	（3） QR_50	（4） QR_75	（5） QR_90
DigiTech	0.314* (0.182)	0.155* (0.080)	0.344*** (0.104)	0.150 (0.113)	0.150 (0.193)
lnAsset	0.850*** (0.309)	0.260** (0.118)	0.102 (0.165)	0.061 (0.185)	0.086 (0.236)
lnAge	-0.699 (2.071)	-0.642 (1.300)	-0.763 (1.594)	-0.836 (1.440)	-0.788 (2.135)
Growth	0.030*** (0.003)	0.022*** (0.001)	0.026*** (0.001)	0.030*** (0.002)	0.045*** (0.003)
Dual	0.562* (0.306)	0.178 (0.113)	0.554*** (0.129)	0.571*** (0.217)	0.959*** (0.280)
Top1	0.045*** (0.014)	0.033*** (0.008)	0.063*** (0.009)	0.107*** (0.014)	0.173*** (0.028)
MB	-0.911 (0.886)	-0.946** (0.388)	-2.001*** (0.614)	-3.173*** (0.593)	-4.770*** (1.142)
Cashflow	15.817*** (1.527)	12.351*** (0.778)	14.015*** (0.846)	16.839*** (0.921)	23.214*** (1.495)

续表

	（1）QR_10	（2）QR_25	（3）QR_50	（4）QR_75	（5）QR_90
Year FE	Yes	Yes	Yes	Yes	Yes
Firm FE	Yes	Yes	Yes	Yes	Yes
N	25107	25107	25107	25107	25107

注：括号内为标准误，***、**、*分别代表1%、5%、10%的显著性水平。

结合上一小节的内容可以形成如下判断。第一，企业在进行数字化转型时使用的数字技术不同，数字化转型的效果就不同。目前的证据表明，使用区块链技术并不会改善企业的财务绩效。第二，企业数字化转型存在"追赶效应"，即对于财务绩效较差的企业来说，数字化转型是成功的，但对于财务绩效较好特别是很好的企业来说，数字化转型的效果并不显著。第三，使用不同的方法构造数字化转型指标，会出现不同的回归结果。这也说明，研究企业技术使用和数字化转型，必须区分不同的数字技术和不同的财务基础，并且构造一个统一、可比的企业数字化转型指标是非常有必要的。

（五）渠道分析

根据已有文献，可以将数字化转型的渠道归纳为三种。第一种是效率渠道。例如，Brynjolfsson & Hitt.（2003）、刘飞（2020）和赵宸宇等（2021）均发现，企业数字化转型能够显著提高生产率，而效率的提升将提高企业的财务绩效（包群和梁贺，2022）。第二种是收入渠道。例如，Yadav（2014）发现，企业数字化转型会促进企业参与国际贸易活动。此外，消费数据的积累和分析也有助于建立产品忠诚度，从而鼓励消费者重复消费（Hanninen et al., 2018）。这些都有助于企业增加营业收入，进而提高企业的财务绩效。第三种是成本渠道。例如，Shivajee et al.（2019）发现，企业数字化转型有助于降低制造成本，减少零件报废和原材料浪费。何帆和刘红霞

(2019)也揭示了这一渠道。为此,本节将验证效率渠道、收入渠道和成本渠道是否成立。

为了检验效率渠道,本节使用企业的 TFP(全要素生产率)作为因变量。测算企业 TFP 的核心问题是解决生产函数估算中的内生性问题,而 ACF 方法能够有效解决 OP 和 LP 法在估计劳动力投入弹性时可能出现的多重共线性问题,因此被广为接受(Loecker & Warzynski, 2012)。在表 4-6 第(1)和(2)列,我们采用 ACF 方法,先后基于销售额和经济增加值计算了两种形式的 TFP,分别为 TFP1 和 TFP2。

为了检验收入渠道,在表 4-6 的第(3)列,本节将总收入的对数(lnIncome)作为因变量。为了检验成本渠道,在第(4)列,将总成本的对数(lnCost)作为被解释变量。综合成本和收入两个维度,在第(5)列加入了成本收入比(cost2income = 总成本/总收入)作为被解释变量。表 4-6 显示,企业进行数字化转型后,TFP 以及总成本分别显著提高、降低,这印证了效率渠道和成本渠道。但同时,总收入并未显著增加,这说明收入渠道未被证实。同时,第(5)列显示每单位的收入所需的成本下降了,这说明成本收入比下降,因此总体上数字技术的使用提高了企业的财务绩效。

表 4-6　　　　　　　　渠道分析

	(1) TFP1	(2) TFP2	(3) lnIncome	(4) lnCost	(5) cost2income
DigiTech	0.012** (0.005)	0.021* (0.012)	−0.002 (0.007)	−0.019*** (0.007)	−0.016*** (0.003)
lnAsset	0.038*** (0.009)	0.214*** (0.023)	0.882*** (0.016)	0.842*** (0.016)	−0.043*** (0.004)
lnAge	0.045 (0.077)	−0.215 (0.193)	0.328*** (0.095)	0.663*** (0.099)	0.309*** (0.036)

续表

	（1）TFP1	（2）TFP2	（3）lnIncome	（4）lnCost	（5）cost2income
Growth	0.000*** (0.000)	0.002*** (0.000)	0.003*** (0.000)	0.002*** (0.000)	−0.001*** (0.000)
Dual	−0.001 (0.008)	0.012 (0.020)	−0.010 (0.012)	−0.021 (0.013)	−0.010** (0.005)
Top1	0.001 (0.001)	0.004** (0.002)	0.001 (0.001)	−0.001 (0.001)	−0.002*** (0.000)
MB	−0.060*** (0.021)	−0.406*** (0.043)	−0.111*** (0.027)	−0.019 (0.029)	0.084*** (0.010)
Cashflow	0.275*** (0.039)	1.092*** (0.096)	0.757*** (0.055)	0.386*** (0.054)	−0.354*** (0.025)
YearFE	Yes	Yes	Yes	Yes	Yes
FirmFE	Yes	Yes	Yes	Yes	Yes
N	21934	18743	25107	25107	25107
r2	0.422	0.099	0.727	0.718	0.145

注：括号内为标准误，***、**、*分别代表1%、5%、10%的显著性水平。

第二节 数字经济的创新机制构建

2021年5月，国家统计局正式公布《数字经济及其核心产业统计分类》，明确界定了数字经济的概念及其分类标准。具体来看，数字经济是指以数据资源作为关键生产要素、以现代信息网络作为重要载体、以信息通信技术的有效使用作为效率提升和经济结构优化的重要推动力的一系列经济活动，包括数字产业化和产业数字化两个方面。数字产业化部分是数字经济的核心产业，构成了数字经济发展的基础；产业数字化部分，是指应用数字技术和数据资源为传统产业带来的产出增加和效率提升,是数字技术与实体经济的融合。

基于数字经济的定义和分类,本节第一、第二部分从数字技术自身的创新和数字技术推动企业创新的机制研究两个方面探讨数字经济的创新机制。本节第三部分中探讨了数字经济背景下的开放式创新模式对于创新绩效的影响。此外,本节第四部分中实证检验了数字技术使用对于企业创新的促进作用。

一 数字技术的创新

当下,随着移动互联网普及率的日益提升和第五代移动通信技术(5G)应用规模的不断扩大,以人工智能、区块链、云计算和大数据技术为基础的数字经济蓬勃发展,对人们的生产和生活方式产生了深远的影响。根据中国信息通信院发布的《中国数字经济发展研究报告(2022年)》,2022年中国数字经济规模达到50.2万亿元,其中数字产业化增加值规模达9.2万亿元,占数字经济比重为18.3%,中国数字产业化正经历从量的扩张到质的提升的转变,如图4-2所示。

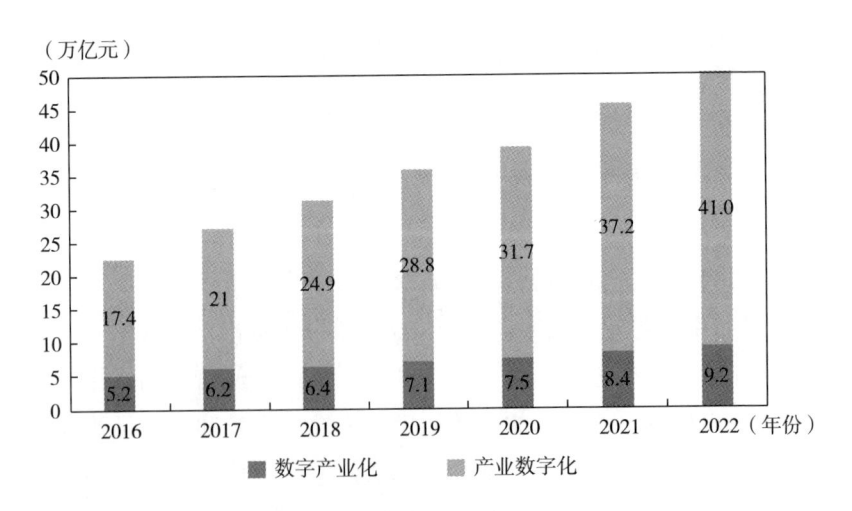

图 4-2 中国 2016—2022 年数字经济内部结构数据

资料来源:根据中国信息通信研究院资料整理而得。

第四章 技术创新驱动数字经济高质量发展

党的十八大以来,党和政府高度重视数字经济发展,以习近平同志为核心的党中央为我国的数字经济发展谋篇布局、把舵定向。习近平总书记在十八届中央政治局第三十六次集体学习、中国共产党第十九次全国代表大会、十九届中央政治局第二次集体学习、全国网络安全和信息化工作会议、党的十九届四中全会等重要会议强调数字经济的重要作用,并将其上升为国家战略。党的二十大,习近平总书记再次强调,要"加快发展数字经济,促进数字经济和实体经济深度融合,打造具有国际竞争力的数字产业集群"。①

在以习近平同志为核心的党中央坚强领导下,我国数字经济实现快速发展。据中华人民共和国工业和信息化部公布的数据,党的十八大以来,我国网络基础设施实现跨越提升,建成了全球规模最大、技术领先的光纤宽带和移动通信网络;我国网络设备及终端制造业、互联网产业从单点突破拓展为体系化产业集群,国际竞争力显著提升;服务机器人、智能可穿戴设备等新兴产业加速发展。我国持续加大集成电路、基础软件、工业软件等关键核心技术的协同攻关力度,在5G、量子信息、高端芯片、高性能计算机、操作系统、工业互联网及智能制造等领域取得一系列重大科技成果(《中国网信》编辑部,2022)。工业和信息化部统计数据表明,截至2023年12月,我国已累计建成5G基站337.7万个,算力总规模位居全球第二,在5G技术领域处于世界领先地位。同时,中国十分重视第六代移动通信技术(6G)的研发,《日经中文网》2021年9月报道称,中国在6G核心技术专利的申请比例达40.3%,几乎相当于美国和日本之和,如图4-3所示。

---

① 习近平:《高举中国特色社会主义伟大旗帜 为全面建设社会主义现代化国家而团结奋斗》,《人民日报》2022年10月26日第1版。

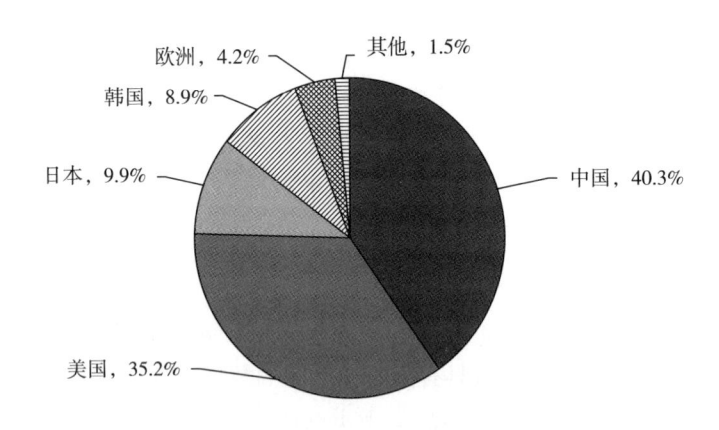

欧洲，4.2%　其他，1.5%
韩国，8.9%
日本，9.9%
中国，40.3%
美国，35.2%

图 4-3　6G 核心技术专利各国和地区的申请比例

资料来源：根据日本经济新闻中文版资料整理而得。

数字技术的创新是数字经济的核心驱动力，数字经济的建设需要核心技术的支撑。张振刚（2022）指出，数字技术创新能够促进自主创新体系、协同创新体系和开放创新体系的变革，进而有助于促进创新，具体来看，其一，数字技术推动传统科学研究向数据探索转变，借助数字孪生技术，将从根本上改变科学研究模式，降低研发成本的同时提高创新效率和质量，进而增强企业创新能力；其二，数字技术为各创新主体提供了收集、共享和整理信息和知识的便利，基于数字技术构建的数字化、智能化平台，高校、研究机构、企业等创新主体可以实现协同合作，进而激发创新活力；其三，数字技术拓宽了创新网络，将以线下实体活动、身份明确的创新人员为主的传统创新模式转变为线上和线下、实体和虚体、内部和外部结合的新型创新模式，这极大地推动了各创新个体之间基于线上平台进行创新研发合作与知识产权交易。

综上所述，作为数字经济的核心驱动力量，数字技术自身的创新在数字经济创新过程中发挥着重要作用。

二　数字技术推动企业创新的机制研究

根据中国信息通信研究院数据，截至 2022 年 12 月，我国产业数字化规模达到 41.0 万亿元，同比增长 10.3%，占 GDP 比重达 33.9%。各行业均十分重视数字经济的发展，据中国信息通信研究院测算，2022 年全年，我国第一、第二、第三产业数字经济渗透率分别为 10.5%、24.0% 和 44.7%，相比于 2021 年的 10.1%、22.8%、43.1% 均有所提升。

数字经济是一种不同于传统的农业经济和工业经济的主流经济形态。以数字技术赋能、数据为关键要素的数字经济，为创新活动提供了新的机遇。企业开展技术创新活动具有一定的特殊性，具有研发投入大、风险高、创新机会时效性短等特征（黎文靖和郑曼妮，2016），可能会给企业带来额外风险（Bena & Li，2014）。对于研发活动而言，企业使用大数据、人工智能等数字技术能够降低创新的失败率，提高研发产出。

（一）数字技术促使大量平台型企业出现

埃文斯和施马兰（2018）指出，芯片、互联网、宽带通信、编程语言和操作系统以及云计算等数字技术的发展促使了大量平台型企业的出现。平台型企业除自身作为创新主体外，还为入驻企业提供了创新的试验场和承载地，进而推动了入驻企业的创新（曲永义，2022）。主要原因在于：其一，平台型企业作为中介组织，同时连接了消费者和供应商，降低了创新过程中的信息不对称问题，扩大数字创新的受众对象。从中国互联网络信息中心（CNNIC）发布的第 52 次《中国互联网络发展状况统计报告》来看，截至 2023 年 6 月，短视频用户规模为 10.26 亿人，较 2022 年 12 月增长 1454 万人，占网民整体的 95.2%。据 QuestMobile 测算，我国微信视频号、"抖音"和"快手"平台的月活跃用户数分别为 8.0 亿人、6.8 亿人和 3.9 亿人。平台型企业为大幅降低了消费者搜索成本、匹配成本等交易费用，创新成果与消费者之间更高效地匹配。其二，平台型企业的基础设施功能为其他创新主体提供所需的互补性资产。举例来看，目前企业的创新大多以云计算平台为引擎，在云计算平台的基础上尝试使用人工智能、数据分析、物联网、信息安全等新技术，进而推动企业创新。其三，平台的知识汇聚功能满足了创新所需多元化知识。平台型企业能够将消费者、供应商以及互补品开发者汇聚起来，提供知识汇聚的承载地，企业通过整合内外部知识有助于开展创新活动。

（二）数字技术提高企业人力资本

员工人力资本水平与企业的创新活动密切相关（王珏和祝继高，2018）。知识与劳动力的结合是其作为生产要素表现出规模报酬递增特征的理论前提（Romer，1990）。Veldkamp & Chung（2024）基于 Romer（1990）的思想构建了包含数据要素的生产者模型，用数据要素与劳动力的有机结合解释了数据要素规模报酬递增的特征。Tambe et al.（2020）基于美国企业层面数据实证研究发现，为了能够更好地发挥数字技术的应用价值，技术密集型企业会通过增加员工培训和技能投资的方式来达到积累数字资本的目的。Abis & Veldkamp（2024）的研究表明，大数据改变了数据劳动力相结合进而创造知识的方式，拥有更多数据的企业倾向于雇佣更多的大数据或人工智能劳动力，与此同时，由于数字技术在预测性任务中对于常规劳动力的替代，企业将会减少非研发劳动力的需求。

人工智能技术的使用能够同时产生就业创造效应和就业替代效应。一方面，人工智能通过改变企业的生产和组织方式，替代部分低技能、常规性、程序可编码的工作（陈媛媛等，2022）；另一方面，人工智能的创造效应增加了难以被编程化、数字化技能要求高以及人工智能辅助工作的劳动力需求（郭凯明，2019）。

综合数字技术使用对于劳动力需求的创造和替代两方面效应来看，数字技术改变了企业内劳动力结构，增加了研发人员、数字技术辅助人员等的劳动力需求，提高人力资本水平，进而提高创新产出。

（三）数字技术提高企业动态能力

动态能力在数字经济时代企业创新过程中发挥了重要作用（Pavlou & El Sawy，2010）。Wang & Ahmed（2007）的研究指出，动态能力包括吸收能力、适应能力和创新能力三个方面。大数据、人工智能等数字技术的使用能够提高企业上述三方面能力，进而提高创新产出。首先，数字技术的使用对于提高企业吸收能力发挥了重要作用（Abrell et al.，2016）。一方面，大数据、人工智能等数字技术的使用能够帮助企业更好地将内外部知识结合起来，进而有助于企业实现内外部知识的互动学习（张吉昌和龙静，2022）；另一方面，数字技术提高了企业在创新过程中的信息挖掘能力，能够更为广泛地收集市场需求，并为满足该需求探索所需技术及知识。其次，大数据、人工智能等数字技术凭借强大的智能分析能力，帮助企业实时掌控内外部环境变化，进而有助于企业发现创新机会并及时调整创新战略目标。最后，企业开展创新活动可能给企业带来额外风险（Bena & Li，2014），但借助大数据和人工智能技术，企业能够模拟创新过程、基于模拟结果及时调整创新方案，并对创新过程中可能面临的风险进行规避和预防。这能够节约企业的研发支出并投入新的创新活动中，提高企业的创新能力。

（四）数字技术缓解企业融资约束

企业开展创新活动需要稳定的资金支持，而信息不对称问题是企业融资难的重要原因（屈文洲等，2011）。借助大数据等数字技术，企业能够更便利地向外部披露自身经营状况（占华等，2022），并更充分把握融资信息。这有助于缓解企业融资过程中的信息不对称问题。此外，谢家智等（2014）的研究表明，人工智能等数字技术的使用帮助企业以较低的成本替代劳动力，降低企业内部劳动力成本的同时，提高管理效率。这有助于节约企业自有资金，将更多的资金投向研发过程，进而缓解企业创新活动中的融资约束问题，并最终提高企业的创新能力。

三　数字经济的开放式创新模式

已有研究表明，企业的创新模式逐步从封闭式创新向开放式创新转变（杨震宁和赵红，2020）。数字经济时代的科技创新与中国上一阶段开展的以核物理、航空航天等技术为主的创新不同，数字经济时代的创新主要由企业和高校、科研院所等学术机构构成（蒋晓丽和刘肇坤，2022）。党的二十大报告提出要"扩大国际科技交流合作，加强国际化科研环境建设，形成具有全球竞争力的开放创新生态"。

Chesbrough（2003）最早提出了开放式创新的概念，将其定义为企业通过整合内外部创新资源进行技术研发，并将内部技术通过自身或外部渠道进入市场实现商业化。此后，随着开放式创新实践的不断发展，进一步深化了开放式创新的概念。Chesbrough & Bogers（2014）将开放式创新定义为在知识交互的基础上，通过构建知识交互的组织网络，系统性地对跨越组织边界的知识进行管理并创造价值的过程。在上述成员的基础上，杨震宁和赵红（2020）认为开放式创新还包括普通的消费大众、倡导潮流的领先用户、创业型的中小企业与各行业的专家以及其他行业的合作伙伴等。

数字技术有助于企业汇总和整合内外部知识信息，进而促进开放式创新。互联网、信息技术等为企业提供了低成本的搜索平台和开源软件，并且能够打破时空约束，加快企业间知识传递，形成内外部创新资源的结合，增强企业与外部企业间的合作（Kleis et al.，2012；Henkel，2006；李海舰，2014）。丁秀好和武素明（2020）基于调查问卷数据实证检验了信息技术在促进开放式创新中的重要作用。

此外，也有研究表明，开放式创新与创新绩效之间可能并非线性关系，而是"倒U型"关系。也就是说，可能存在开放式创新悖论。原因在于，其一，企业在开放式创新的过程中，需要展示其核心技术，但随着开放式创新广度（即组织网络规模）或开放式创新深度（即组织网络关系程度）的提高，企业面临"知识泄露"的风险程度提高，造成各组织成员间知识共享或交易技术知识的市场"失灵"，进而可能损害创新绩效（杨震宁和赵红，2020）。其二，当组织网络之间共享的资源种类超过一定数量时，一方面，企业因缺乏吸收、整合、转化等动态能力降低整合效率；另一方面，技术资源的多样性带来了复杂性，增加了企业的管理成本，进而可能损害创新绩效（江积海和李军，2014）。其三，资源异质性与企业的创新绩效之间存在"倒U型"关系，一方面，如果资源抑制性过低即过于相似，则无法通过整合资源形成新颖的技术组合；另一方面，如果资源异质性过大，将因为差异过大而无法进行知识整合（江积海和李军，2014）。

四 回归分析

接下来，本节基于2008—2020年中国上市公司样本数据，通过实证分析的方法，实证检验大数据技术、人工智能技术的使用对于企业创新的促进作用。

首先，本节基于上市公司年报中管理层讨论与分析（MD&A）文本，使用ERINE文本分析模型，测算了其中表述当下大数据技术、人工智能技术使用情况的句频数，若句频数大于1则表明企业使用了该类技术，反之则未使用。此外，将句频数进行对数化处理，以此作为大数据技术、人工智能技术使用强度指标的代理变量，即实证分析部分的核心解释变量。

2008—2020年使用大数据技术、人工智能技术的企业占比及其平均使用强度，如图4-4所示。可以看出，无论是使用大数据技术和人工智能技术的企业占比还是平均使用强度均呈现出大幅度上升趋势。其中，使用大数据技术和人工智能技术的企业分别从2008年的3.59%和10.78%上升至2020年的42.31%和62.32%。

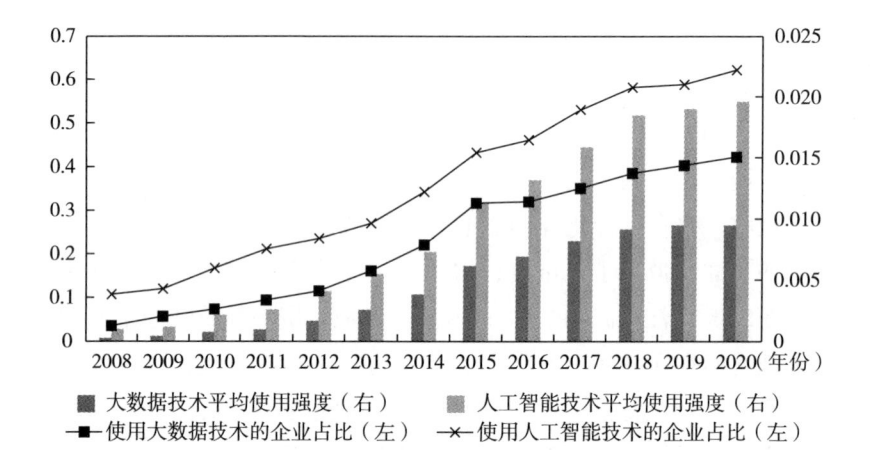

图4-4 大数据技术、人工智能技术使用企业占比及其平均使用强度
资料来源：作者根据相关数据整理所得。

其次，本节选用上市企业 i 及其相关企业（子公司、联营公司和合营公司）在 t 年发明专利申请数作为企业创新水平的代理变量（孔东民等，2017）。考虑到企业发明专利申请数呈现右偏分布，本节对其进行对数化处理。此外，为保证实证结果稳健性，本节还基于发明专利、实用新型专利和外观设计专利的申请数之和构造企业创新水平的代理变量。

最后，为缓解遗漏变量问题并提高估计效率，本节参考已有文献，选取一系列企业层面的控制变量，具体包括：企业规模、现金流水平、净资产收益率、资产负债率、账面市值比、营业收入增长率、研发投入和是否国企等变量。

本节对原始数据进行了以下处理：

（1）剔除样本期内发生ST或*ST或PT的样本；

(2) 剔除变量观测值缺失的样本；

(3) 剔除仅有一年观测值的企业样本；

(4) 为控制极端值的影响，对上述所有连续变量进行上下 1% 的 winsor2 处理。

通过上述筛选，共得到 3156 个上市企业的 21134 个样本。表 4-7 具体介绍了本节采用的主要变量及其定义，表 4-8 呈现了上述变量的描述性统计结果。

表 4-7　　　　　　　　　变量定义

被解释变量	创新水平 1	企业 i 在 t 年度发明专利申请数加 1 的对数值
	创新水平 2	企业 i 在 t 年度发明专利、新型实用专利和外观设计专利申请数之和加 1 的对数值
核心解释变量	大数据技术使用强度	MD&A 文本中大数据技术相关句频数加 1 的对数值
	人工智能技术使用强度	MD&A 文本中人工智能技术相关句频数加 1 的对数值
控制变量	企业规模	总资产加 1 的对数值
	现金流水平	经营活动现金流量净额与资产总额的比值
	净资产收益率	净利润与总资产的比值
	资产负债率	负债总额与总资产的比值
	营业收入增长率	t 年度营业收入的变化值与 $t-1$ 年度营业收入之比
	研发投入	研发支出总额加 1 的对数值
	是否国企	1 代表是国企，0 代表非国企

表 4-8　　　　　　　　　描述性统计

变量名	N	Mean	Sd	min	Median	max
创新水平 1	21134	0.5237	0.9021	0	0	4.3307
创新水平 2	21134	0.7152	1.1245	0	0	5.0876

续表

变量名	N	Mean	Sd	min	Median	max
大数据技术使用强度	21134	0.0052	0.0124	0	0	0.0867
人工智能技术使用强度	21134	0.0118	0.0210	0	0	0.1278
企业规模	21134	22.0203	1.1944	19.7494	21.8558	26.557
现金流水平	21134	0.0466	0.0686	-0.8051	0.0464	0.6523
净资产收益率	21134	0.0418	0.0514	-0.2621	0.0403	0.1916
资产负债率	21134	0.3992	0.1947	0.05	0.3874	0.9274
营业收入增长率	21134	0.2997	0.6873	-0.7215	0.1355	7.9695
研发投入	21134	17.6573	1.3831	13.3048	17.6701	21.637
是否国企	21134	0.3078	0.4616	0	0	1

本节设计如下实证模型考察企业大数据技术和人工智能技术使用情况对该企业创新的影响：

$$Innovation_{i,t} = \beta_0 + \beta_1 Tech_{i,t} + \gamma Control_{i,t} + \sum id + \sum year + \varepsilon_{i,t} \quad (4-3)$$

其中，$Innovation_{i,t}$ 表示企业 i 在 t 年的创新水平；$Tech_{i,t}$ 表示企业 i 在 t 年的大数据技术及人工智能技术的使用情况，是该模型的核心解释变量。$Control_{i,t}$ 表示一系列基于企业创新文献选取的控制变量。

表4-9汇报了实证结果。

表4-9　　　　　　　　实证分析结果

变量	（1）创新水平1	（2）创新水平1	（3）创新水平2	（4）创新水平2
大数据技术使用强度	1.3924* (0.7388)		1.5015* (0.8741)	

续表

变量	（1）创新水平1	（2）创新水平1	（3）创新水平2	（4）创新水平2
人工智能技术使用强度		1.4085*** (0.4807)		1.8712*** (0.5869)
企业规模	0.1504*** (0.0225)	0.1504*** (0.0223)	0.1877*** (0.0284)	0.1870*** (0.0283)
现金流水平	−0.0083 (0.0850)	−0.0049 (0.0849)	0.0287 (0.1043)	0.0333 (0.1043)
净资产收益率	−0.0312 (0.1399)	−0.0292 (0.1397)	−0.0778 (0.1684)	−0.0747 (0.1681)
资产负债率	−0.0881 (0.0755)	−0.0933 (0.0754)	−0.0668 (0.0916)	−0.0739 (0.0913)
营业收入增长率	−0.0087 (0.0083)	−0.0083 (0.0083)	−0.0083 (0.0107)	−0.0079 (0.0107)
研发投入	0.0746*** (0.0116)	0.0739*** (0.0115)	0.0969*** (0.0147)	0.0958*** (0.0146)
是否国企	−0.0791 (0.0520)	−0.0829 (0.0520)	−0.0773 (0.0618)	−0.0825 (0.0616)
常数项	−4.0486*** (0.4733)	−4.0432*** (0.4716)	−5.0817*** (0.5993)	−5.0586*** (0.5978)
观测值	21134	21134	21134	21134
R方	0.647	0.647	0.660	0.661
个体固定效应	YES	YES	YES	YES
时间固定效应	YES	YES	YES	YES

注：*、**、***分别表示在10%、5%和1%的置信水平上显著，括号中汇报了在个体层面聚类的标准误。

除此之外，本节同时控制了时间（year）和个体（id）的虚拟变量，以尽可能地吸收固定效应，并且在企业层面对回归系数的稳健标准误进行了聚类处理。本节将重点关注系数 β_1 的符号、大小及其显著性，其经济含义是大数据技术或人工智能技术使用对于企业创新的影响。

如表4-9的实证分析结果显示，列（1）、列（2）中的被解释变量是基于上市公司发明专利申请数构造的创新水平指标，大数据技术、人工智能技术使用强度的系数均显著为正，表明大数据技术和人工智能技术均能够显著促进企业创新。列（3）、列（4）中基于上市公司发明专利、新型实用专利和外观设计专利申请数总和构造的创新水平指标，核心解释变量的系数均显著为正，进一步验证了上述结果的稳健性。

第三节　数字经济时代的技术创新路径选择

根据其对于企业技术水平和市场份额的影响，可以将企业的技术创新活动分为突破性创新与迭代式创新两类。突破性创新是企业对现有生产技术与工序流程的根本性变革，表现为企业对于新知识、新技术的探索与开发，花费大量时间和金钱并承担巨大的技术风险。迭代式创新是企业对产品与生产流程的渐进性改良，表现为企业从产品外观、次要功能和用户体验等细节入手，提升其产品和服务对用户的吸引力。通过突破性创新，企业将建立持续性的技术优势，在一段时间内占据市场竞争的有利地位；通过迭代式创新，企业也能获得一些技术改进与产品改良，然而此类技术进步很容易被模仿或超越，导致企业无法建立持续的技术优势，仅能在短期内影响企业的市场份额。在传统经济环境中，企业迭代式创新的成功概率仅取决于自身研发能力和投入；在数字经济环境中，迭代式创新不仅由研发投入产生，还能得到来自用户数据的协助与支持。

数字技术的发展促使数字经济环境中的企业在生产、运营和销售过程中伴生了大量用户数据。一方面，企业自然地利用数据分析技术对这些数据进行处理、研究，以期准确把握消费者的偏好和需求，对于产品与服务进行渐进式的迭代改进。上述过程将大大增强数字经济中企业进行迭代式创新的效率。另一方面，无论是传统经济还是数字经济中，企业的突破性创新均依赖具有跨世代革新性的核心技术突破，需要企业原创性地、从无到有地进行研发，而收集和分析本世代产品的用户使用数据对该类研发提供的帮助则相当有限。

本节构建了一个包含数据要素的技术创新竞争模型，发现在数字经济环境中，行业数字化水平越高、对于数据要素的使用越充分，数据要素充足的大型企业越倾向于进行改良性的迭代式创新，进行突破性创新的激励不足。这将使得资源较少、能力较弱的小企业成为突破性创新的主体，创新活动呈现"逆向选择"特征。在引入企业退出等机制后，这一现象变得更加突出；在引入网络效应、多元竞争、二手产品市场等机制之后，这一现象在一定程度上得到缓解。

一　模型设定

Agrawal et al.（2018）指出，大数据分析技术的进步提升了企业预测有用知识组合的精度，提升了企业的创新效率。Aghion et al.（2019）提出，信息技术与大数据分析的运用使得流程效率更高的企业能够更迅速地通过创新性的流程优化降低成本、扩张生产、抢占市场。无论是提升参数预测精度，还是流程优化、成本降低等，均针对现有市场和产品，属于迭代式创新。

在 Jones & Tonetti（2020）的数据经济模型中，技术创新过程被定义为产生一个全新的产品品类，仅包含传统意义上的突破性创新。该模型中数据要素专指伴随现有产品品类的销售过程生成的用户数据，不参与突破性创新过程。李全升和苏秦（2019）、许芳等（2020）与李树文等（2021）等也深入探讨了大数据对于企业技术创新活动的潜在影响。上述文献从技术视角尝试建立数据要素与企业创新尤其是迭代式创新之间的关系,却均未考虑企业对创新活动的内生决策,难以充分刻画数据要素对企业的两类技术创新活动的动态影响。这是现有文献的一大不足,也是现阶段政策制定者及学术界亟须研究的现实问题。

(一)企业生产和创新决策

本节的基本模型包含两家企业(A 和 B)。在规模为 1 的消费者市场上相互竞争。时间是连续的,标记为 $t \geq 0$。对 $i=A,B$,企业 i 在时间点 t 的生产技术的世代记为 $\theta_{i,t} \in \{1, 0\}$,其经济含义是企业的产品对消费者的使用价值。$\theta_{i,t}=1$ 表示该企业的生产技术达到当前世代的(先进)水平,对消费者的价值为 1;而 $\theta_{i,t}=0$ 则表示该企业的生产技术已经落后于当前世代,对消费者无价值。假设企业的初始技术 $\theta_{i,0}=\theta_{j,0}=1$。在每个时间点 t,消费者从两家企业共购买 1 单位产品,企业 i 的销售额(产出)记为 $y_{i,t} \geq 0$,折现率为 r。本节不直接引入消费者的行为,假设消费者是盲目的(myopic)或不重复购买(short-lived),其愿意支付的出价等于产品的使用价值。

本节采用泊松流的形式刻画技术创新的过程。在时间点 t,企业 i 的选择用 $a_{i,t}$ 表示,致力于突破性创新($a_{i,t}=0$)或是迭代式创新($a_{i,t}=1$)。下面对两类创新分别进行描述。突破性创新可以令企业建立持续的竞争优势,并扩大整个市场的边界。在模型中,当企业致力于突破性创新时,其每单位投入(即 $a_{i,t}$)带来的创新成功的泊松流密度为 $\lambda>0$ 与其研发能力(见下一小节说明)之乘积。当企业 i 于时间 t 取得突破性创新时,企业 i 的生产技术更新换代到 $\theta_{i,t}=1$。若另一家企业 j 的技术在 $t-dt$ 时相对企业 i 无代差优势,则企业 j 的技术将落后,对消费者失去吸引力,$\theta_{j,t}=0$,同时,整个市场的规模将因企业 i 的突破性创新而扩大到原先的 $1+k$ 倍,这可以理解为企业 i 的技术突破引起了更广泛的群体的购买兴趣,也可以理解为技术突破导致每单位产品的价值变为原先的 $1+k$ 倍。另一方面,若企业 j 的技术在 $t-dt$ 时存在代差优势,则突破性创新令企业 i 的技术追上企

业 j，$\theta_{i,t}=\theta_{j,t}=1$，因为该突破性创新对市场而言并非首次（企业 j 的产品早已处于这一世代），整个市场的规模不会扩大。迭代式创新可以为企业争取更大的市场份额，但其很容易被模仿，并不能像突破性创新一样帮助企业建立持续性的技术优势，也不能扩大整个市场的边界。

对于传统经济企业而言，迭代式创新也由研发投入产生的泊松流决定，其每单位投入带来的创新成功的泊松流密度为 μ。对于数字经济企业而言，迭代式创新不仅由研发投入产生，还能得到来自用户数据的协助与支持。根据 Jones & Tonetti（2020），数字经济企业的数据要素伴随生产、销售过程产生，其流密度等于其销量的流密度 $y_{i,t}$。因此，数字经济企业在迭代式创新上的每单位投入带来的创新成功的泊松流密度是 $\mu y_{i,t}$。综上所述，数据要素伴生于生产销售过程，并进一步作用于创新过程，影响企业单位投入带来的创新成功的泊松流密度，这是数据要素发挥的关键作用，也是传统经济与数字经济的关键差异。

在现实中，传统经济企业的客户反馈和生产环节经验积累同样可以帮助企业进行产品迭代，并非完全无用。但传统经济中的用户数据需要企业主动进行调研收集、分析，成本高昂，不具备数字经济中数据要素的生产伴生性、零成本、网络效应等特征，因此更适合用传统的创新研发投入过程进行分析。数字技术和数字经济的发展促使企业的数据获取过程变成了完全伴生于生产的自然过程，对于迭代式创新的支持如虎添翼。鉴于此，基础模型的假设突出了数字经济环境与传统经济环境的区别，将模型的关注点聚焦到数据要素的生产伴生性对企业创新活动的影响上来。

（二）企业的市场份额

两家企业的初始份额记为 $y_{i,0}$，$y_{j,0}$。当 $t>0$ 时，企业 i 的市场份额 $y_{i,t}$ 与企业自身和竞争对手的生产技术均相关，具体如下。

当企业 i 的生产技术相对于企业 j 存在代差优势，即 $\theta_{i,t}=1$ 而 $\theta_{j,t}=0$ 时，企业 i 占据全部市场，即 $y_{i,t}=1$。企业 i 的研发能力正比于其规模，也由 $y_{i,t}$ 表示。记企业 i 取得最近的一次突破性创新的时间为时间 s，$s<t$，在 s 至 t 的时间内，企业 j 虽然没有销售，其之前残留的规模和研发投入能力暂未完全消失，假设其剩余的研发能力固定为某较小的常数 z，$0.5>z>\varepsilon$。

当两家企业的生产技术均处于同一世代，即 $\theta_{i,t}=\theta_{j,t}=0$ 或 1 时，双方均有一定的市场规模，企业 i、j 的研发能力即正比于其规模，由 $y_{i,t}$、$y_{j,t}$ 表示。企业市场份额的动态如下：对时间点 t，若竞争双方在这一时间点的迭代式创新均未成功，$y_{i,t+dt}=y_{i,t}$；当其中一方（记为 i）的迭代式创新成功时，市场份额的演化由标准的复制动态的微分方程决定：

$$y_{i,t+dt}=\frac{y_{i,t}e^v}{1-y_{i,t}+y_{i,t}e^v}=y_{i,t}+y_{i,t}(1-y_{i,t})\frac{e^v-1}{1-y_{i,t}+y_{i,t}e^v}$$

其中 v 代表单次迭代式创新对市场份额影响的程度。可见，市场份额的变化与 $y_{i,t}$ 有关，公司的市场份额越大、规模越大，其迭代式创新的能力越强，但同时，剩余的市场份额也就越小、越难争取。为了省略企业的策略性产生退化的情形，假设 λ 相对于 μ、v 足够小，即突破性创新不会成为全期占优策略。

最后，当企业 i 的生产技术 $\theta_{i,t}=1$，而企业 j 的突破性创新在时间点 t 刚刚取得成功，即 $\theta_{j,t-dt}=0$ 而 $\theta_{j,t}=1$ 时，企业在时间点 t 的市场份额取决于企业 i 在当前世代已进行的迭代式创新的结果。具体地，若企业 i 在企业 j 的技术（在时间点 t）追上之前，已完成了 m 次成功的迭代式创新，则有 $y_{i,t}=\frac{e^{mv}}{1+e^{mv}}$。企业 i、j 的研发能力仍然正比于其规模，由 $y_{i,t}$、$y_{j,t}$ 表示。

分析可见，当企业 i 成功完成突破性创新、并对企业 j 形成技术代差优势后，若企业 j 也马上完成突破性创新，实现技术追赶，则企

业 j 可以立刻取得一半的市场份额：$m=0$，$y_{i,t}=y_{j,t}=0.5$。而企业 j 的突破性创新成功得越晚，企业 i 就会积累更多的迭代式创新，巩固了自己的竞争优势，导致即使企业 j 的技术世代赶上了企业 i，其市场份额仍然处于不利地位。

二　均衡分析

在基础模型中，企业的策略是根据自身和对手所处的技术世代及市场份额，决定采取突破性创新还是迭代式创新，即 π_i: $\{0,1\}\times\{0,1\}\times[0,1]\rightarrow\{0,1\}$。均衡则为满足如下条件的企业策略 $\{\pi_A,\pi_B\}$，对 $i=A,B$，给定企业 j 的策略，企业 i 的策略是最大化其自身的期望价值。

引理 1：(a) 对于企业的任何可能策略和博弈的可能历史，企业 i 和企业 j 的产品均落后于当前世代而对消费者无价值的情形不可能出现，即不可能出现 $\theta_{i,t}=\theta_{j,t}=0$ 的情形。

(b) 在任何均衡中，当企业 i 的技术世代比企业 j 先进，即 $\theta_{i,t}=1$ 且 $\theta_{j,t}=0$ 时，企业 i 选择迭代式创新而企业 j 选择突破性创新。

证明：(a) 当任一方（记为 i）的突破性创新取得成功时，$\theta_{i,t}=1$，$\theta_{j,t}=0$。此后，若企业 i 的突破性创新取得成功，则状态变量不变，若企业 j 的突破性创新取得成功，则 $\theta_{i,t}=\theta_{j,t}=1$，回到初始状态，形成循环。因此，$\theta_{i,t}=\theta_{j,t}=0$ 的情形不可能出现。

(b) 在 $\theta_{i,t}=1$ 且 $\theta_{j,t}=0$ 时，企业 i 如果选择突破性创新，即使其获得成功，企业的状态变量仍不会改变，其收益为 0，而选择迭代式创新则会在企业 j 完成技术追赶后，为企业 i 保留更大的市场份额，其收益严格为正。因此，企业 i 必定选择迭代式创新。而对于企业 j 而言，只有在其自身的突破性创新成功之后，企业才能获得正的收益。因此，迭代式创新投入为企业 j 带来的额外收益为 0，而突破性创新的期望收益严格为正，企业 j 必定选择突破性创新。

引理 1 表明，在任何均衡路径上，每当一方取得突破性创新的成功，而另一方尚未完成技术追赶时，前者将转向迭代式创新，而后者则进行突破性创新，该状态将一直持续到后者的突破性创新成功，双方技术世代相同。接下来的分析即关注双方的技术世代相同，即 $\theta_{i,t} = \theta_{j,t} = 1$ 时企业创新竞争的决策问题。

为方便分析，定义企业的价值函数 $V(y)$，$y \in (0, 1)$，即企业的市场份额为 y 时它的期望价值：$V(y) = E(\int_0^{+\infty} e^{-rs} y_{i, t+s} ds \mid y_{i, t} = y)$；定义 V_{max} 为企业的突破性创新刚刚取得成功，并相对其竞争对手存在技术代差优势时的企业价值。

引理2：在任何均衡中，$V(y)$ 是增函数（指弱增函数，以下同），且 $V'(y)$ 有严格大于 0 的下界和上界。

$V(y)$ 是增函数意味着企业的市场份额越大，期望价值越大，这一结论较为显然；$V'(y)$ 有严格大于 0 的上下界则是因为企业价值有一部分由任何形式的创新发生前的销售额决定，而该部分企业价值的期望完全取决于 y，和企业策略无关，导致其关于 y 的导数有严格大于 0 的上下界（限于篇幅，引理 2 的具体证明过程请联系作者索取）。

接下来，本节分传统经济环境和数字经济环境两种情况探讨企业的均衡策略和均衡路径，并讨论造成其差异的原因。

（一）传统经济环境中的企业：波动的均衡路径

本节首先对传统经济环境中企业的创新决策和均衡路径予以刻画。在传统经济环境中，企业的技术创新能力与其企业规模（在本模型中即市场份额）正相关。

对于突破性创新而言，大企业比小企业规模大，研发能力强，因此，当大企业的规模趋于 1 而小企业的市场份额趋于 0 时，大企业进行突破性创新的激励高于小企业。而在迭代式创新方面，则存在两种因素共同作用：大企业比小企业的研发能力强，这增加了大企业进行迭代式创新的激励；然而，大企业的迭代式创新只能帮助它争取原属于小企业的已经很有限的市场份额,而小企业的迭代式创新则可以帮助它从大企业的大片市场中争取份额,从这个角度讲,迭代式创新又对于小企业较为有利。综合以上因素,大企业相对于小企业更青睐突破性创新。具体均衡策略刻画如定理1。

定理1:在传统经济环境中,存在均衡且所有均衡均符合如下形式:

(a) 当企业的市场份额足够大时,会进行突破性创新;

(b) 当企业的市场份额处于中间水平时,会进行迭代式创新;

(c) 当 λ 相对 μ 较大时,市场份额足够小的企业也会进行突破性创新,反之则不会;

(d) 在任何均衡路径上,市场份额较小的企业选择突破性创新的时间段是市场份额较大的企业的真子集,即市场竞争中处于强势一方的企业更倾向于尝试突破性创新。

定理1的证明思路简述如下:均衡的存在性可以根据连续博弈的均衡存在性证明。企业 i 进行突破性创新的瞬时回报为 $\lambda y_{i,t} dt(kV_{max}-V(y_{i,t}))$,而继续进行迭代式创新的瞬时回报为 $\mu dt \left[V\left(y_{i,t}+y_{i,t}(1-y_{i,t})\frac{e^v-1}{1-y_{i,t}+y_{i,t}e^v} \right) - V(y_{i,t}) \right]$。当企业规模 $y_{i,t} \to 1$ 时,前者趋于 $\lambda dt(kV_{max}-V(1))$ 严格大于 ε,而企业进行迭代式创新的激励趋于 $\mu dt \cdot o(1)$,其将致力于突破性创新。当 $y \to 0$ 时的分析与之类似。最后,将企业 i 和企业 j 的激励进行对比,并引用引理2,发现小企业的迭代式创新与突破性创新的瞬时回报之比相对于大企业而言更大,在大企业的偏好从迭代式创新切换到突破性创新的瞬间,小企业必然仍然更偏好于迭代式创新(限于篇幅,具体证明过程请联系作者索取)。

根据条件(a)—(d),市场份额较大和较小的企业各有一个临界值,当前者的市场份额过大,超过其对应的临界值,或后者的市场份额过小,低于其对应的临界值时,都将转向突破性创新。并且，小企业的临界值相对大企业更为苛刻，导致当大企业刚转向突破性创新时，小企业仍倾向于迭代式创新。将上述条件与引理1相结合，便可以对传统经济环境中市场上的均衡路径予以刻画，具体如下。

阶段1：从初始状态出发，双方一同进行迭代式创新。根据定理1，若二者中任一方在竞争中逐渐占据上风，其市场份额高于其对应临界值，则其将转向突破性创新。此时，其竞争对手将通过迭代式创新，逐渐扳回市场份额，直至前者的市场份额回到临界值之下，双方又回到迭代式创新。市场份额的演化路径在高低两个临界值之间来回波动。

阶段2：若任一方先成功完成新一次突破性创新，其将立刻转向迭代式创新，希望在对手赶上技术代差之前巩固市场份额，而其对手将立刻开始进行突破性创新，希望实现技术领域的追赶。当后者追赶成功时，双方重新处于同一世代，回到阶段1的竞争模式，构成循环。

总结而言，在传统经济环境中，市场份额占优的大企业更有动力先行一步，探索突破性创新；而市场份额较小的企业则趁机进行迭代式创新，有可能扳回一定的市场份额。在没有突破性创新成功发生的情况下，市场份额的演化过程表现为在一个区间之内来回波动。如图4-5所示，横轴为时间，下方企业（i）的市场份额为函数值，上方企业（j）的市场份额为1减去该函数的值，数值计算解得临界值约0.92。当一方的市场份额超过约0.92时（对于下方企业，表现为函数值超过0.92；对于上方企业，表现为函数值低于0.08），它将会转向突破性创新。因此，在大约$t=0.5$至1.5的一段时间内，下方企业的市场份额始终处于优势，多次超过0.92并转向突破性创新（且没有成功），导致上方企业追回市场份额；而在大约$t=2$至3.5的一段时间内，上方企业的一系列迭代式创新成功使得双方态势逆转，上方企业的规模超过临界值并转向突破性创新，此后市场份额优势又多次易手,触顶、触底后均会反弹。这符合对于数字经济迅速发展之前的传统市场竞争情况的现实观察:任何一家传统制造业企业想要维持自己的市场地位,既需要不断改良现有产品(迭代式创新),也需要在合适的时候大幅更新生产线(突破性创新)。如果仅专注于前者,则会因为产品整体落伍而被挤出市场,仅专注于后者,则会因为创新动力枯竭、成本太高且缺少回报而被迫停止运营。

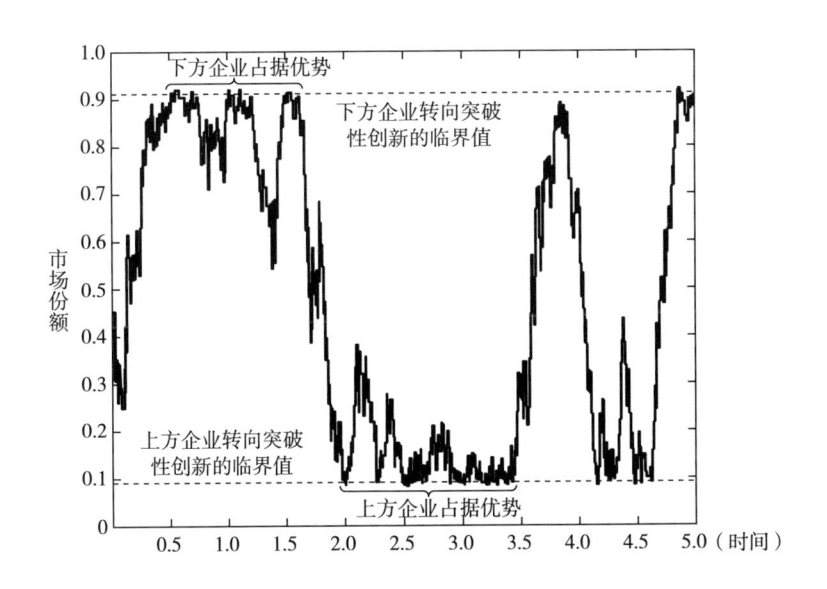

图 4-5 传统经济环境中企业的市场份额演化

(二)数字经济环境中的企业:极化的均衡路径

在数字经济环境中,企业从产品销售中获得用户的使用数据,用于协助迭代式创新。企业的市场份额越大,收集的数据越多,对迭代式创新的促进效果越明显。当大企业的规模趋于1而小企业的市场份额趋于0时,大企业进行迭代式创新的激励与小企业进行迭代式创新的激励之比趋于二者的市场份额之比。而相比之下,大企业和小企业进行突破性创新的激励的差异则没有这么显著,这是因为企业进行突破性创新的激励来自其(有一定概率)进入下一世代获得的收益相对于现在的收益的差值,而大企业的现有价值已经较高,因此率先进入下一世代获得的超额收益较小。综合以上因素,在数字经济环境中,大企业更容易进行迭代,也因此很可能更倾向于迭代式创新,而小企业则相对更倾向于突破性创新。定理2所呈现的均衡结果即是如此。

定理2:当v值足够低时,在数字经济环境中,存在均衡且所有均衡均符合如下形式:

(a) 当企业的市场份额足够小或足够大时,会进行突破性创新;

(b) 当企业的市场份额处于中间水平时,会进行迭代式创新;

(c) 在任何均衡路径上,市场份额较大的企业选择突破性创新的时间段是市场份额较小的企业的真子集,即市场竞争中处于弱势一方的企业更倾向于尝试突破性创新。

定理2的(a)、(b)部分与定理1类似,重点在于结论(c)。当v值足够低时,单次迭代式创新造成的市场份额的变化减小,其对企业i和企业j的市场份额的影响的不对称性也变小,则企业i与企业j进行迭代式创新的激励之比趋于双方数据获取速率之比,亦即双方的市场份额之比$\frac{y_{i,t}}{1-y_{i,t}}$;而企业$i$与企业$j$进行突破性创新的激励之比等于$\frac{y_{i,t}(kV_{max}-V(y_{i,t}))}{(1-y_{i,t})(kV_{max}-V(1-y_{i,t}))}$,严格低于其市场份额之比,这是因为对于市场份额已经较高的企业而言,突破性创新进一步提升其企业价值的空间较小。综上所述,总能找到足够低的v,使得当市场份额较大的企业的迭代式创新与突破性创新的激励之比严格高于市场份额较低的企业的该比值,则在均衡中,若其较小的竞争对手进行迭代式创新,该大企业一定也进行迭代式创新。

可见,对数字经济企业的市场竞争而言,大企业的临界值比小企业更为苛刻,当市场份额开始向一方倾斜时,必然是小企业先开始转向突破性创新,而大企业则"按兵不动",继续进行迭代式创新,以持续蚕食市场份额。结合引理1,上述策略构成的均衡路径如下。

阶段1:从初始状态出发,双方一同进行迭代式创新。根据定理2,若二者中任一方在竞争中渐趋不利,直至市场份额低于其对应的临界值,其将转向突破性创新,而其竞争对手的市场份额将继续扩大,直至接近垄断,随后才转向突破性创新。

阶段2:与传统经济环境相同,故从略。

通过分析均衡路径可以看出,在数字经济环境中,大企业的优势进一步扩大——因其能掌握更多数据要素,与小企业相比进行迭代式创新的效率更高。小企业则察觉自身在迭代式创新上的劣势,从而选择突破性创新以期通过重大技术变革颠覆大企业地位。然而,突破性创新的高风险天性和小企业贫乏的投入能力决定了这些突破性创新尝试很难成功,反而在该过程中不可避免地进一步失去残余的市场份额。久而久之,强者更强,弱者愈弱。如图4-6所示,数值计算解得临界值约为0.15,则当一方的市场份额低于0.15时(对于下方企业,表现为函数值低于0.15;对于上方企业,表现为函数值高于0.85),它将会转向突破性创新。因此,从大约 $t=1.5$ 处开始,一旦上方企业获得了超过0.85的市场份额,下方企业的市场份额将始终处于劣势,市场份额单边极化,而不会表现出如图4-5的反弹趋势。

对比两种经济环境中的均衡可以发现,在传统经济环境中,大企业同时也是下一世代技术的"开拓者",小企业则通过迭代式创新保有"翻盘"机会。在数字经济环境中,商品当期销售伴生的数据帮助大企业在迭代式创新上占据了其在传统经济环境中不具备的数据优势,并导致其进一步预计到更大的市场份额会带来今后迭代式创新上更大的优势,二者结合,鼓励了大企业选择更晚地退出迭代

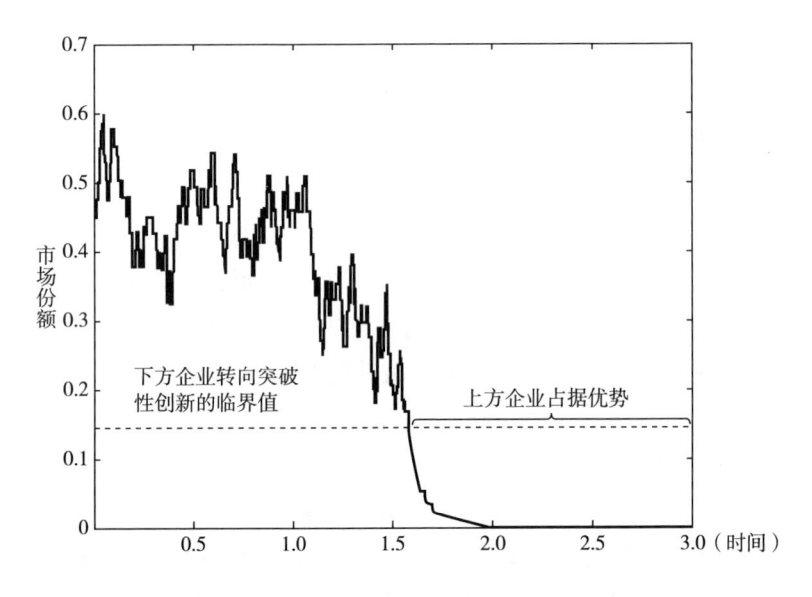

图 4-6 数字经济环境中企业的市场份额演化

式创新。而一旦大企业退出迭代式创新的内生临界值稍晚于小企业，就会将均衡路径的形态彻底改变，表现为强者恒强、原地坐大，弱者被挤去"抽彩票"，进行高失败风险的突破性创新。

（三）网络效应与创新模式选择

除了生产伴生性之外，网络效应作为数字经济的另一重要特征也对企业创新决策有深刻的影响。因为数据生产要素零成本复制、传播的特点，所以企业的数据不仅可以被用于自家产品的迭代式创新，也可以通过数据共享平台、创新协作平台等渠道协助其他企业的迭代式创新，实现行业协同发展与共同进步。在建模过程中，为了引入网络效应，假设数字经济环境中其他模型设置不变，企业 i 迭代式创新的成功率的泊松流密度是 $\mu[y_{i,t}+w(1-y_{i,t})]$，其中 $y_{i,t}$ 代表企业自身由生产伴生获取的数据要素，而 $w(1-y_{i,t})$ 表示从另一企业处获得的数据要素外溢（数据共享），其中 $w<1$ 代表数据要素共享的程度或比例。

定理3：存在 $\tilde{w}_{min}$ 和 $\tilde{w}_{max}$，使得：

（a）对于 $w<\tilde{w}_{min}$，在任何均衡路径上，市场份额较大的企业选择突破性创新的时间段是市场份额较小的企业的真子集，即在当前世代的市场竞争中处于弱势一方的企业更倾向于尝试突破性创新；

（b）对于 $w>\tilde{w}_{max}$，在任何均衡路径上，市场份额较小的企业选择突破性创新的时间段是市场份额较大的企业的真子集，即在当前世代的市场竞争中处于强势一方的企业更倾向于尝试突破性创新。

随着数据要素在企业间的网络效应增强，销量低的企业也可以从竞争对手处获得外溢的数据要素，大企业的数据优势减弱，其在迭代式创新上的效率优势也随之减弱，当 w 突破阈值 $\tilde{w}_{max}$ 时，最终导致大企业比小企业更倾向于突破性创新。尤其是当 w 趋于1时，数据生产要素几乎可以在两家企业之间自由流通、完全共享，企业获得的数据生产要素与其销量不再相关，企业的创新决策反而更接近于传统企业时的情形。由此可见，通过鼓励数据共享，突破数据壁垒，可以从根本上改变均衡的形式，从"小企业偏好突破性创新"转换到"大企业偏好突破性创新"，扭转市场份额不断极化、大企业趋于垄断的均衡路径，最终减轻乃至化解技术创新模式的逆向选择问题。

三　拓展分析

本节针对产业组织文献中几种常见的设定，对基础模型展开拓展论述，以更好地反映现实企业创新与市场竞争。讨论的重点包括通过迭代式创新积累促成突破性创新，存在多企业竞争及二手产品市场这三种情况。

（一）可通过累积迭代式创新达成突破性创新

在基础模型中，迭代式创新和突破性创新处于对立关系，彼此不能转化。然而在现实中，企业也可能经过创新的数次迭代，最终实现突破性创新。在本节模型中，如果可以通过多次迭代式创新实现突破性创新，则当双方已完成的迭代式创新次数差距逐渐增大时，处于弱势的企业预计自己能够抢先通过积累多次迭代式创新达成突破性创新的可能性逐渐减小，其进行迭代式创新的激励逐渐减弱，而此时，直接进行突破性创新则类似"弯道超车"，其激励则保持不变。因此，相对于基础模型，大企业偏好迭代式创新，小企业偏好突破性创新的模式将被进一步强化。

（二）多企业竞争

本节的基准模型假设仅存在两家互相竞争的企业。若市场中有 $n>2$ 家企业互相竞争，因为其市场份额总和仍为 1，则在均衡路径上，n 家企业的市场会以更大的概率更早地出现某家企业的市场份额跌破临界值并转向突破性创新的情形。因此，一般地说，n 家企业竞争的市场比双头竞争市场总体上更倾向于产生突破性创新的尝试。从这个角度来说，采取有效手段为中小企业和新兴企业创造条件，鼓励其挑战市场地位占据者，打破部分数字经济行业中的寡头竞争格局，将能够有效化解技术创新模式的逆向选择问题，促进企业从迭代式创新转向突破性创新，鼓励技术突破与良性竞争。

（三）存在二手产品市场

二手产品市场上的产品和一手市场上的产品互为不完全替代品，因此对一手市场上的产品形成竞争压力。其中，迭代式创新的新品和二手市场产品的互相替代程度较强，受到二手产品的竞争较强，又因为迭代式创新的效率与用户数据（与销量正相关）直接挂钩，当一手市场的销售份额受到挤压时，迭代式创新的期望收益也随之缩小；而突破性创新的新品和二手市场产品存在巨大代差，因此几乎不受二手产品的竞争，其期望收益不受影响。因此，随着二手市场的营商环境改善、货源流动性更为充足、信息不对称情况减轻，迭代式创新开发的改进程度不高的新品将受到来自二手产品和同世代竞品的双重竞争，给企业带来的期望收益将下降，这将在一定程度上"倒逼"企业进行突破性创新。

四　现实启示

第一，建议各级政府调整创新激励政策与相关制度安排，鼓励企业将更多精力与研发资源投入突破性创新项目。突破性创新的内容特点使其能够决定企业的中长期发展与价值链提升，产生极强的溢出效应和正外部性，进而影响整个行业乃至国民经济的发展潜力。一方面，不论对于大企业还是小企业，应通过专项资金支持与政策扶持降低企业对于突破性创新高风险、高失败率和高不确定性的担忧；另一方面，应充分认识到，数字经济的市场环境可能天然地倾向于让更具活力的中小企业和初创企业作为突破性创新的主体，应立足于这一事实，设计与运用符合此类企业特征的支持手段，如发展数字金融和新型基础设施建设，充分利用各项数字技术与制度手段为市场挑战者的突破性创新赋能，为其提供更好的营商环境。更进一步的具体措施包括，通过在电商平台上为研发投入高的小企业提供流量支持，减轻其在进行突破性创新时的后顾之忧，使得大企业不易通过迭代式创新将小企业完全挤出市场，维持市场充分竞争，激发企业创新活力。

第二，对于企业合法合规、征得用户同意后获得的数据要素，应激励其根据数据类型和内容与其他企业进行有效共享互通，避免大企业通过"窖藏"更多数据要素而获得迭代式创新中的垄断性优势现象的发生。根据本节分析，当企业之间的数据要素共享水平超过一定阈值时，企业的创新激励将趋向于传统经济环境中的形式，市场份额较大的企业将转向突破性创新。当然，要求企业完全公开数据也并不公平，将可能损害企业开发数据分析技术、有效积累数据要素的激励，造成额外的负外部性。因此，尽快建立一个全国范围内的、完善且通畅的数据要素市场，允许中小企业在成本可接受的前提下获得数据，促进数据要素的国内大循环，为数据要素的国内国际双循环奠定制度基础，是一种调和折中的可行方案。具体来说，应基于我国数据交易实践大力推广"数据经纪人"制度，将数据经纪人与数据交易中心连接起来，形成完善的数据中介制度。同时，应鼓励数据要素与数据资产定价领域学者进一步深入研究与成果转化，逐渐形成现实可用、可供推广乃至在国际上广泛采用的数据要素定价与市场交易机制，推动我国成为全球数据经济领导者。

第三，对于可通过累积迭代式创新达成突破性创新的关键技术与重要行业，应鼓励大范围搭建"数据—创新"联合协作平台，积极推动数据要素不断积累、量变引发质变，显著提升我国企业基础研究能力、原始创新能力和颠覆性技术创新能力，以突破"卡脖子"核心技术难题。各国技术创新实践表明，在半导体、微电子与新能源电池等重要技术领域，对于数据要素与迭代式创新的累积将可能促成突破性创新。通过引导技术研发机构与核心企业搭建合作研发平台，促进数据要素与迭代式创新进展交流共享，将能极大地提升技术创新效率，促使科研单位和企业深度合作，最终形成合力，推动我国加快成为"制造强国"和"创新强国"。除关键技术领域外，在商业应用领域也应通过广泛的数据共享与创新合作积累新知识、探索新模式，积极寻求通过接力式的快速迭代达成突破性创新的机会，助推我国数字经济高质量发展。与此同时，应积极开展数字经济与技术创新领域的国际合作，通过数据安全跨境流动与技术创新合作提升我国企业突破性创新水平。

第四，应通过进一步完善二手产品交易市场机制与交易监管机制化解数据要素陷阱问题。电子消费品与乘用车市场的实践充分表明，如果二手产品市场足够健全、二手产品交易安全便利，通过迭代式创新小幅度改良的新款产品对于消费者的吸引力将显著下降。改进程度不高的新产品将受到来自二手产品和同世代竞品的双重竞争，开发改良品给企业带来的期望收益将显著下降。迭代式创新的收益降低等同于突破性创新的相对回报上升，从而驱使企业走出当前"舒适区"，更加积极地开展突破性创新活动，推动技术进步与成果转化。通过加强市场监察机制有效打击二手产品市场上的假货销售和以次充好等行为,充分保证二手产品质量,反过来对于新品市场的持续创新产生积极的促进作用。

第五章　要素应用赋能数字经济高质量发展

实现各类要素的高水平应用为数字经济高质量发展提供了实现效率提升的关键路径。本章首先尝试计算中国各省份的数据要素投资和存量规模，在此基础上探讨数据这一数字经济的关键生产要素如何赋能新质生产力的形成与发展。党的二十大报告将打造具有国际竞争力的数字产业集群定位为加快发展数字经济的重要抓手。考虑到数字产业集群的创新要素集聚特性，本章尝试构建城市数字产业集聚度指标，探究数字产业集群如何通过影响城市碳排放这一绿色发展的重要指标，厚植高质量发展绿色底色。

第一节　数据要素的省际规模与增长贡献

进入数字经济时代，数据已经成为经济高质量发展所必需的关键生产要素。各主要经济体均视数据要素为经济发展的重要动力，开始围绕数据资源的积累、开发与应用细心规划、加大投入，以期在数字经济时代取得竞争优势。因此，对于数据要素规模合理估计能够帮助我们准确把握各省份乃至全国的数字经济发展水平，为优化数据要素配置、促进数字经济高质量发展提供可靠依据。

本节界定了数据要素的测度范围，采用成本估值法，通过确定各行业的总劳动力成本及其数据生产活动所占的比例，计算出与数据收集和处理相关的劳动力成本，以此为基础估计数据自身的经济价值。基于数据要素规模的估计结果与折旧率假设，本节进一步以柯布道格拉斯（C-D）生产函数为框架，对数据要素在中国省际经济增长中的贡献与要素收入占比进行了实证分析。

一 理论基础

(一) 数据参与经济活动

数据要素在数字经济时代得到广泛运用，创造了海量经济价值。然而，由于当前国民账户核算体系（以下简称SNA）的测度基础是人们为商品和服务支付的实际成本，导致数据要素产生的大多数价值在统计上并不会对GDP产生贡献（Brynjolfsson & Collis，2019）。Hulten & Nakamura（2017）提出，数字虚拟生产要素能够通过"节约产出"减少进入GDP核算的传统商品服务的生产活动，如用电子商务替代交通运输，但由于数据等虚拟要素本身缺少明确价格，因此无法进入现有GDP核算统计。如能较为准确地估计数据要素价值，尤其是数据要素在地区层面的积累情况，将能在一定程度上完善现有国民经济核算体系，对于更好地发挥数据要素在现代经济尤其是数字经济中的作用具有重要的现实意义。

对于数据要素的规模估计，首先需要考虑数据从生成到收集再到实际应用的经济过程。加拿大统计局将数据要素参与社会生产活动的过程定义为"信息价值链"（Information Value Chain）。与数据要素相关的经济活动包括：形成客观存在的行为事实"观察"（observation）、将观察以数字化形式呈现的"数据"（data）生成，将数据结构化组织和存储在"数据库"（database）中的过程，以及使用具有创新性的技术和研究从数据库中提取知识的"数据科学"（data science）活动。其中，除了与生产过程无关的"观察"外，剩余的其他环节基本符合普遍意义上的收集数据、处理数据以及分析数据的知识生产过程。按照这一理解，从数据到数据科学阶段涉及的经济活动，都与数据要素的经济价值相关。许宪春等（2022）围绕"观察"之后的生产过程，进一步构建了由数据收集、数据存储、数据分析和数据应用四个阶段组成的"数据价值链"，用于估计数据资产的价值。其中前两个环节分别对应原始数据及结构化数据的生产，而后两个环节则是对数据科学活动的展开说明。在本节中，数据要素投资估计的范围包括"收集数据"和"处理数据"的经济活动所产生的经济价值，以及数据载体的经济价值，不包括"数据分析"的经济价值。

（二）方法选择

目前，存在三种衡量数据资产价值的主要可选方法，分别为市场法、成本法和收入法。

第一种，市场法。2008版国民账户核算体系（SNA）规定，交易应按照有意愿的买方从有意愿的卖方处购买物品所支付的市场价格来进行估值，当市场价格缺失时，则应利用市场价格等价物（market-price-equivalents）来估计其近似值。然而，当前的数据要素市场缺乏明确定位，交易频率低，且同一数据集在不同的数据供应商、用户和监管者处的价值可能存在差异，甚至卖方都会因为信息不对称而无法给出符合实际的定价（Nguyen & Paczos，2020），令交易的达成难度倍增。另外，除了商业第三方的数据库之外，市场上在售的真正可比的数据要素参照商品一般并不存在，这些都使得该方法在数据要素估值上的应用存在一定难度。

第二种，成本法。成本法的核心思想是数据资产的价值取决于生产信息时的成本，也即企业获取、收集、整理、分析与应用数据时所产生的成本。该方法是估计数据资产价值时最为普遍适用的方法，也是本节在估计数据要素价值时所重点考虑的方法。

第三种，收入法。收入法将数据资产类比为金融资产，其价值取决于未来能够从中获取的现金流数额。然而，对于数据来说，该未来收益是难以准确界定的。例如，利用数据要素开展服务的数字平台，其营业收入同样可以归于其他有形和无形资产，收入来源很难准确剥离；此外，资产的寿命和折旧率也需要合理的假设，这对数据要素价值的估计来说也是一个不小的挑战（Nguyen & Paczos，2020）。

综合考虑各方面因素，本节在计算数据要素规模时主要采取成本法。中国的数据要素市场正处于起步阶段,在许多方面仍有待完善,且数据要素的市场交易数据难以获得,导致市场法在实践中难以应用。与之相对的,无论在全国还是省际层面都有细分至行业大类的劳动力成本(工资)数据,为衡量数据生产的人力成本提供了可能性。此外,考虑到以数据库为代表的数据载体的投资价值已在中国国民账户核算中得到体现,各个省份在数据库上的直接投资支出成本充分可得,便于实际估计、使用。

基于已有研究,本节加总数据要素的人力成本与数据载体成本以估算数据要素的当前投资。具体地,t 年份 i 地区 j 行业的数据要素投资价值可以表示为:

$$V_{ijt} = \alpha_j W_{ijt} + I_{ijt} \tag{5-1}$$

公式(5-1)的左边为年度数据要素投资:t 年份 i 地区 j 行业的数据要素投资 V_{ijt}。右边的第一项为原始及结构化数据的价值,第二项为数据库成本。其中,α_j 为行业 j 的数据生产活动占其总生产活动的比例,W_{ijt} 为 i 地区的 j 行业在 t 年份的就业人员工资总额,$\alpha_j W_{ijt}$ 即为数据要素上的人力成本;I_{ijt} 为 i 地区的行业 j 在 t 年份的数据库上的固定资产投资,或数据载体成本。

二 具体做法

数据要素的经济价值包括生产数据的人力成本与数据载体成本两个部分。其中,生产数据的人力成本的计算以《中国劳动统计年鉴》中的"各地区分行业城镇单位就业人员和工资总额"数据为基础,通过引入数据生产活动占比假设计算得出。数据载体成本的计算以国民经济行业大类中"软件和信息技术服务业"的固定资产投资额为基础,通过直接的区域与行业匹配获得。将这两类成本的年度水平相加,就能够得到一个企业、行业和地区或国家在一年内的数据要素投资规模。

（一）人力成本估计

在 2015 版《中华人民共和国职业分类大典》中，现存的全部 8 个职业大类被划分为 1481 个细类，其中就包括"统计专业人员""统计调查员""无人机测绘操控员""地理信息处理员"等与数据收集和处理直接相关的职业。许宪春等（2022）[①] 考虑到现有统计资料中对数据资产成本费用的统计仍为空白，从该职业分类中选取了 50 个数据相关职业，相应编制了法人单位层面的数据生产活动调查表，以对未来可能的统计测度工作进行指导。但就目前来说，我国进行该职业分类的主要目的是为规定的职业制定职业技能标准，并指导实行职业资格证书制度，而非收集以此为分类依据的相匹配的劳动力成本数据，因此无法与工资数据相匹配。

与之相对的，现存的国民经济行业分类更好地覆盖了职业分类可能遗漏的、与数据生产相关的活动，且能与地区工资数据相匹配。考虑到数据的可得性与理论的合理性，本节采用中国国家统计局制定的《国民经济行业分类》标准作为劳动力成本的分类依据：该标准将国民经济中的各个部门划分到由高至低呈包含关系的四个行业层级中（例如：门类 I，信息传输、软件和信息技术服务业—大类 65，软件和信息技术服务业—中类 659，其他信息技术服务业—小类 6591，数字内容服务），被广泛应用于国家和地区各类统计指标的分类与测度。在明确行业分类标准后，本节采用与国民经济行业分类的"大类"层级相匹配的《中国劳动统计年鉴》中"各地区分行业城镇单位就业人员和工资总额"数据，作为各行业总的劳动力成本 W_{ijt}。

无论从职业还是行业的角度，生产数据的工作通常都不会是某一类劳动力的全部工作。换言之，任何一类劳动力都不太可能将全部的工作时间用来进行数据的生产。Nguyen & Paczos（2020）指出，

[①] 许宪春、张钟文、胡亚茹：《数据资产统计与核算问题研究》，《管理世界》2022 年第 2 期。

在从投入产出表中追踪数据的价值时,需要对各个部门和行业的产出分别分配一个"数据使用强度"指标(the intensity of use of data),用于描述生产性投入中的数据占比。加拿大统计局对于从其国家职业分类标准中筛选出的每一类职业,也分别假设了一个应用到数据相关资产生产中的工作时间占比区间。例如,假设金融投资分析师这一职业,有10%—20%的工作时间在"生产"数据,因此该职业在数据生产上投入的劳动力成本占总劳动力成本的比重即为10%—20%。此类做法的问题在于,对于数据生产工作用时占比的赋值完全凭借主观的经验判断,缺乏具有说服力的基准依据。与此相对,徐翔等(2021)指出企业拥有的数据要素规模与其在ICT技术上的投入密切相关,Tambe et al.(2020)也在衡量数字无形资本时,将是否与企业的ICT投资存在有条件的关联作为其区别于其他无形资本的唯一标准。基于上述分析,本节尝试建立ICT投入与生产数据的投入之间的数量关系,进而确定国民经济各行业在数据生产上的人力成本占比。

ICT是数字经济的物质技术基础,同时在产业数字化过程中发挥着核心支撑作用(蔡跃洲和牛新星,2021),ICT与数据要素的有效结合被视为目前全球经济增长的主要动力之一(Jorgenson & Vu,2016)。从数字经济中的需求侧来看,以数据要素和平台为基础的数字服务作为一种免费商品,必须通过网络、智能设备和云端技术等ICT资本才能传输至联网用户(Byrne & Corrado,2020),用户想要充分享受到数据要素带来的各种剩余,就必须购买其对应的"互补性商品",即智能手机、平板电脑和宽带接入等ICT产品(Syverson,2017)。从供给侧来看,Brynjolfsson & McElheran(2016)利用美国人口普查局2005年和2010年的年度制造业调查(ASM)以及管理和组织实践调查(MOPS)数据,实证研究发现企业的数据驱动型决策生产模式与ICT资本的规模和技术工人数量之间都存在互补关系。Vives(2019)也发现,金融服务也正在向依赖结合利用ICT、大数据以及高度专业化的人力资本的方向转变,ICT与专业化人力资本同步增长。

综上所述,数据要素与ICT资本之间存在很强的互补性,数据的传输、收集和整理在很大程度上都需要依托ICT资本的积累与使用。因此,劳动力在进行数据的生产时,生产数据的时长占比也与ICT资本占总投资的比例高度相关。结合徐翔和赵墨非(2020)建立的半内生增长模型的稳态均衡结果,本节假设各行业的数据生产活动占其总生产活动的比例 α_j 满足:

$$\alpha_j = \frac{\text{生产数据的劳动力成本}}{\text{总劳动力成本}} \approx \frac{ICT\text{资产投资}}{\text{总固定资产投资}} \approx \frac{ICT\text{中间投入}}{\text{总中间投入}} \tag{5-2}$$

在部门ICT类投入的估计上,本节参照蔡跃洲和张钧南(2015)的做法,将全部类型的资本投入分为"非ICT资本"和"ICT资本",再将后者进一步分为"ICT硬件"和"ICT软件",分别对应信息技术产业相关的制造业和软件业。蔡跃洲和牛新星(2021)在测度中国ICT产业的国际竞争力时,从2016年世界投入产出数据库中筛选了与ICT相关的产业,并分为"ICT制造业"和"ICT服务业"两部分,所包含的内容较一般狭义的ICT产业有所扩充,例如制造业中包含了光学设备、摄影器材和仪器仪表等的制造,服务业中包含了新闻机构的活动等。参考以往文献中对ICT产业范围的界定,结合《国民经济行业分类》对各个行业的补充说明,本节将ICT中间投入划分为"ICT硬件投入"与"ICT软件和服务投入"两部分。

公式(5-2)中涉及的国民经济各行业部门的具体中间投入数据可以从国家统计局编制的《全国投入产出表》中获取。最新的2018年投入产出表统计了各行业153个部门各自在这153个部分当中的中间投入情况(153×153矩阵),其部门划分在过往所有版本中最为细致,也最能充分匹配工资成本数据的行业分类,经过分类对应与公式计算，可以得出分行业的数据生产活动投资比例。最后，对于各个省份按照年份将各行业的总劳动力成本乘以对应的数据要素生产活动投资比例，得到该行业在数据生产上的人力成本；加总所有行业的计算结果，即可得到该省份每年用于生产数据要素的人力总成本的名义价值。

为了将数据生产投资的名义价值转换为实际价值，尚需确定一个对数据要素适用的价格指数。郑世林和杨梦俊（2020）在估算中国省际无形资本存量时，根据不同类型无形资本的形成条件和用途，分别构造了以不同权重将工业品出厂价格指数（PPI）、消费者价格指数（CPI）与固定资产投资价格指数进行组合的合成价格指数。本节研究的数据要素可以被视为无形资本的一个子类，参考上文做法，其价格平减方式也基于形成条件和用途两个方面进行选取。

（二）载体成本估计

2016年重新修订的中国国民经济核算体系遵循2008版SNA的做法，将"计算机软件与数据库"上的支出纳入了"知识产权产品"价值的统计当中。本节从数据载体供给的角度，选用国民经济行业大类"软件和信息技术服务业"的固定资产投资额度量这一部分的数据要素投资成本，涵盖了采集、整理、计算、编辑、加工和存储数据的各类数据库、软件、系统以及虚拟平台等内容。2017年新发布的分类标准中还将物联网技术的相关投资更新到了该类统计指标中，使得该指标更适合作为数据载体的代理指标。本部分估计用到的固定资产投资数据来自各年度的《中国固定资产投资统计年鉴》以及《中国投资领域统计年鉴》，其中2013年的数据来自《2013年固定资产投资统计年报》。将数据库投资成本经固定资产投资价格指数转化为2019年价后，与第一部分的数据生产总人力成本加总，即得到每年中国各省份数据要素投资的实际总规模。

三 估计结果

（一）数据人力成本

基于上文办法，可以计算出以2019年为基期进行平减后的、全国和各省份从2012—2019年在原始及结构化数据生产上的人力总成本的计算结果，部分结果如下表5-1所示。

表5-1　　全国及各省份2012—2019年数据要素人力成本　　单位：亿元

	2012	2013	2014	2015	2016	2017	2018	2019
全国	8239.7	11416.3	12696	14485.3	15775.6	16477.5	17390.5	18832.4
北京	930.9	1072.7	1198.1	1413.4	1550.9	1696.2	1911.6	2116.2
天津	228.0	258.6	281.8	309.0	303.3	307.9	301.9	328.6
河北	229.1	272.3	302.9	359.4	394.6	358.4	380.4	417.4
山西	146.4	180.5	195.1	219.8	230.7	245.2	250.0	264.3
内蒙古	109.8	135.0	142.1	155.2	166.0	172.7	184.4	207.3
辽宁	241.4	297.5	307.3	332.0	332.6	322.3	338.3	366.7
吉林	98.9	125.1	134.8	154.7	168.5	174.1	177.1	186.3
黑龙江	137.1	155.0	168.2	187.8	199.7	207.0	205.0	222.8
上海	558.6	785.8	905.9	1010	1089	1138.9	1213	1413.4
江苏	662.7	1333.9	1451.8	1621.8	1677	1728.2	1739.1	1764.6
浙江	582.5	669.5	744.6	833.7	938.7	1015.3	1059.1	1187.2
安徽	174.7	222.6	251.8	291.3	323.9	340.6	426.2	453.0
福建	290.7	335.5	359.3	409.1	448.3	476.5	521.7	543.0
江西	131.8	189.5	215.1	256.9	284.1	299.1	316.6	358.6
山东	444.7	593.4	648.8	730.5	807.8	822.3	810.7	831.4
河南	337.9	433.5	491.5	563.3	628.6	652.7	615.6	655.5
湖北	248.0	294.8	351.8	402.6	465.8	461.8	485.4	534.8

续表

	2012	2013	2014	2015	2016	2017	2018	2019
湖南	240.9	280.5	306.1	330.5	365.6	389.1	406.5	456.5
广东	1110.7	1990.4	2289	2582.5	2846.2	2969.2	3185.6	3471.6
广西	128.7	164.5	176.9	217.5	236.5	251.0	265.9	290.6
海南	35.4	46.0	50.8	61.9	66.3	71.3	77.9	81.6
重庆	163.7	205.8	243.6	283	311.1	321.5	342.7	350.5
四川	310.8	517.8	522	618.5	651	672.9	713.7	760.1
贵州	104.7	130.5	150.6	183.3	216.5	231.2	238.8	253.2
云南	127.9	160.7	170.7	203.2	245.3	277.4	298.6	306.7
西藏	17.9	24.7	26.7	46.3	45.8	48.3	52.8	64.9
陕西	204.5	249	284.6	323.3	357.6	377.6	386.3	416.1
甘肃	75.1	100.4	113.7	135.9	153.3	161.4	165.4	182.3
青海	27.4	29.6	32.3	36.4	40.8	44.6	50.2	57.6
宁夏	27.4	30.8	33.5	38.4	41.4	43	46.8	50.9
新疆	111.4	130.4	144.6	174.1	188.7	200.2	223.2	238.7

受到当前已经公开的劳动工资数据的颗粒度限制，对于数据要素规模的估计暂时难以细化到地级市层面。在相关统计数据进一步完善的前提下，基于本节的计算方法，可以直接得到市级层面的估计结果。以广州市为例，2020年的《广州统计年鉴》中，公布了"门类"层级的分行业工资数据，通过对 α_j 的适当选择，可以估算出2019年广州市的数据要素人力成本投入在492亿—987亿元，占广东省总投入的22%左右。

加总各地区的行业计算结果，即可得到分行业数据生产的总人力成本，图5-1和图5-2分别展示了2012年与2019年的结果。

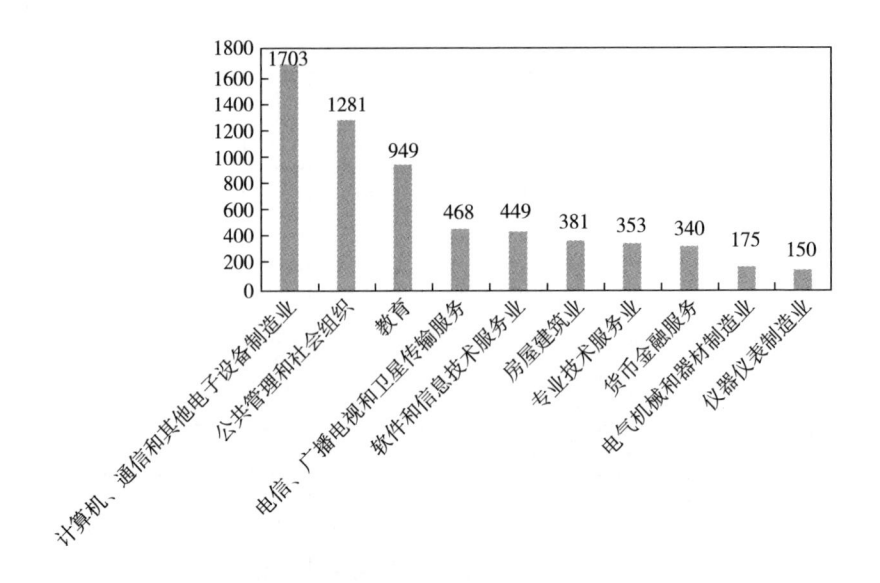

图 5-1　2012 年数据要素人力成本前十行业（亿元，2019 年价）

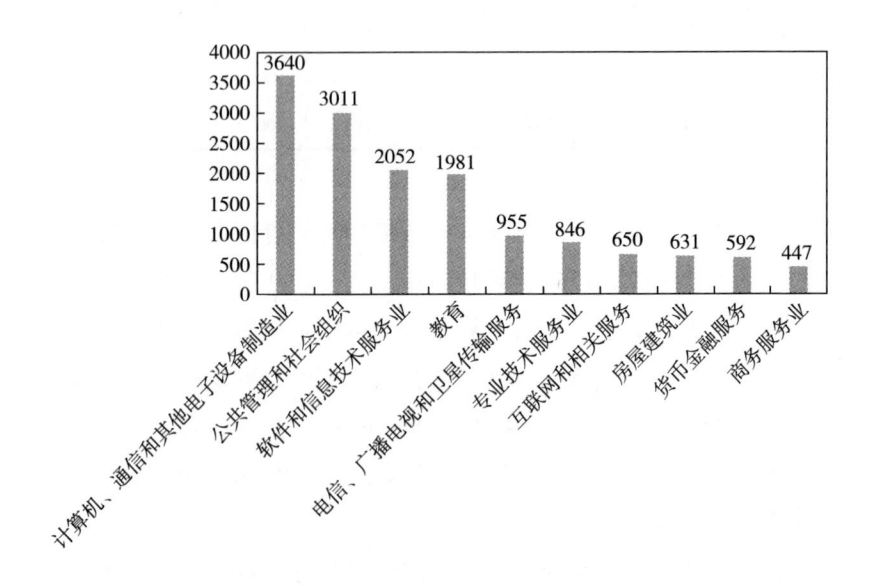

图 5-2　2019 年数据要素人力成本前十行业（亿元，2019 年价）

对比2012年和2019年国民经济各行业的数据生产投资可以发现，前十行业中有八个行业相同，其中"计算机、通信和其他电子设备制造业"以及"公共管理和社会组织"的数据要素人力成本规模最大，到2019年均已超出3000亿元。"软件和信息技术服务业"数据要素的人力成本增长势头迅猛，排名也从第五位上升至第三位。相较2012年，"互联网和相关服务"以及"商务服务业"的数据要素人力成本规模在2019年已经跻身前十位，替代了原有的"电器机械和器材制造业"与"仪器仪表制造业"。

（二）数据要素总投资

将各省每年数据要素的人力成本与数据载体成本加总，可以得到2012—2019年各省数据要素的年度总投资规模，如表5-2所示。计算结果显示，从2012—2019年，广东、北京、江苏、上海和浙江的数据要素投资总规模都位列全国前五。在数据要素投资结构上，广东、北京、上海和浙江的数据要素的人力成本占比都保持在总量的90%以上。江苏的情况相对特殊，在2012年与2019年分别有20.76%和15.78%的投资来自数据载体投资，展现出了与其他四个地区不同的结构性特征，但总体来看，五个省份的数据要素投资构成都相对稳定。

2012—2019年，数据要素结构变化最为显著的五个地区分别为河北、湖南、辽宁、内蒙古和河南。其中，河北、湖南、内蒙古以及河南皆是由高人力成本投入转向高数据载体投资，数据载体的投资占比分别增加48.22%、37.02%、19.78%和19.72%。辽宁省则是将投资总量中的更大份额分到了生产原始和结构化数据的人力成本上，其人力成本占比上涨了29.10个百分点。

为了验证本节数据要素规模测度的准确性与合理性，本节对各行业的数据进行整合，并按照行业门类的维度重新赋予数据生产权重进行计算，作为基础结果的稳健性检验。检验结果显示上述测算结果稳健。

表 5-2　2012年（左）&2019年（右）全国及部分省份数据要素分类投资（亿元，2019年价）

地区	2012年					地区	2019年				
	总量	人力	占比（%）	存储	占比（%）		总量	人力	占比（%）	存储	占比（%）
全国	9195.6236	8239.8450	89.6062	955.7786	10.3938	全国	22258.9375	18832.1566	84.6049	3426.7810	15.3951
广东	1204.4458	1110.7335	92.2195	93.7122	7.7805	广东	3657.4551	3471.6067	94.9186	185.8484	5.0814
北京	980.6639	930.8509	94.9205	49.8130	5.0795	北京	2214.5154	2116.1664	95.5589	98.3490	4.4411
江苏	836.3805	662.7103	79.2355	173.6701	20.7645	江苏	2095.2840	1764.5860	84.2170	330.6979	15.7830
上海	581.8251	558.6358	96.0144	23.1893	3.9856	上海	1431.1137	1413.3610	98.7595	17.7527	1.2405
浙江	612.9672	582.4708	95.0248	30.4964	4.9752	浙江	1303.0091	1187.1544	91.1087	115.8547	8.8913
河北	253.3509	229.0610	90.4126	24.2899	9.5874	河北	989.2064	417.3894	42.1944	571.8170	57.8056
湖南	261.5942	240.8937	92.0868	20.7006	7.9132	湖南	829.0462	456.5213	55.0658	372.5249	44.9342
辽宁	357.5018	241.3714	67.5161	116.1304	32.4839	辽宁	379.5092	366.6572	96.6135	12.8520	3.3865
内蒙古	140.4750	109.8455	78.1958	30.6295	21.8042	内蒙古	354.8210	207.2575	58.4118	147.5635	41.5882
河南	364.0334	337.8801	92.8157	26.1534	7.1843	河南	896.7848	655.4730	73.0914	241.3118	26.9086

根据本节估计，2013年起中国每年在数据要素上的投资规模均突破了万亿元大关。2019年，中国的数据要素投资规模达到了2.05万亿元，较2012年的8 712亿元扩大了1.35倍，年平均增速达13.02%。

与刘涛雄等（2023）对数据资本的估计结果相比，由于在测算范围以及基准年份和平减方式等的选择上有所差异，本节的测算结果在绝对量上相对较低。刘涛雄等（2023）主要关注数据资本的增值以及由此带来的扩散和溢出效应，而本节则更多关注数据要素及其载体本身的投资价值，与财政部数据资产入表的逻辑思路较为一致。

从实际增速上来看，本节与刘涛雄等（2023）的测算结果高度一致，如图5-3所示，反映出了两项研究的相互印证之处。2013年，中国的数据要素投资经历了短暂的爆发式增长，增速达38%，随后增长相对趋于平缓，2016年后增速维持在4%—7%。在样本覆盖的八年间，中国数据要素投资增速始终高于实际GDP增速，并在2014年和2018年以外高于实际固定资产投资增速。自2016年起，数据要素投资在每年的国内生产总值中稳定占据2%左右的比重。2019年，全国数据要素投资占当年国内生产总值的2.08%，当年非农户固定资产投资的2.69%，以及当年资本形成总额的6.68%。

四 增长贡献

不断产生、积累与扩张的数据要素对于经济增长的促进作用愈发明显。为了量化数据要素对于经济增长的贡献，首先需要计算数据要素投资的存量大小。本节基于对于数据要素投资规模的基础估计结果，通过资本积累的方式估计出各省份数据要素存量。按照将数据视为一种虚拟资本的逻辑思路，数据要素从"投资流量"积累到"资本存量"的过程满足：

$$D_{it} = (1-\delta_D) D_{i,t-1} + V_{it} \tag{5-3}$$

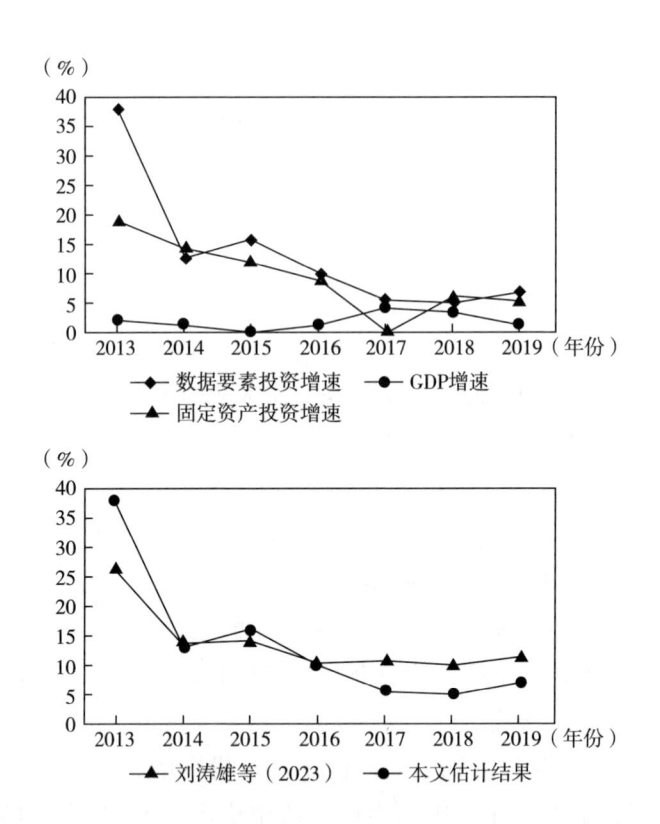

图 5-3　2013—2019 年三类实际增速的对比 & 已有研究对比（2019 年价）

公式（5-3）左边的 D_{it} 为 i 地区在 t 年份的数据要素存量，右边的 V_{it} 为 i 地区在 t 年份的数据要素投资，由该地区所有行业的投资加总而来（$\sum_j V_{ijt}$）。δ_D 为数据要素的折旧率。徐翔和赵墨非（2020）认为，数据资本的折旧率相对较低，在一定时限内甚至不存在折旧。考虑到数据要素与数据资本在概念上的相似性，本节在基础结果中沿用上述假设，将 δ_D 设定为 0，数据要素的积累过程则简化为：

$$D_{it}=D_{i,t-1}+V_{it} \tag{5-4}$$

由式（5-4）可知，只需获得基期的数据要素存量，即可结合每年数据要素投资规模推知各年度的存量。本节借鉴了 Hall & Jones (1999)、郑世林和张美晨（2019）以及郑世林和杨梦俊（2020）在估算起点时刻资本存量时的方法，结合短期数据要素的零折旧假设，使用以下公式估计基年的数据要素存量：

$$D_{i0}=\frac{V_{i0}}{(g_{iD}+\delta_D)} \tag{5-5}$$

其中，D_{i0} 表示 i 地区在基年的数据要素存量，V_{i0} 表示 i 地区基年的实际数据要素投资，g_{iD} 采用 i 地区基年后 5 年，即 2012—2017 年数据要素投资的年平均增长率，δ_D 则根据零折旧假设设定为 0。

由于分析经济增长时所用到的资本存量规模是基于固定资本形成总额数据计算而来，而目前该统计数据的最新更新只到 2017 年；且根据前文的介绍，2012—2017 年的劳动力工资数据所依据的行业分类标准尚未发生调整从而能够保持一致，因此，考虑到数据的可得性和操作的科学性，本节在进行经济增长的回归分析时选取了 2012—2017 年这一时间段。结合第二部分的理论框架、第三部分的估计方法与第四部分计算得出的数据要素投资数据，本节可以计算出各省份 2012—2017 年的数据要素存量规模。需要注意的是，辽宁省于 2015 年、2016 年连续对财政收入和 GDP "挤水分"，导致 GDP、固定资产投资等各项宏观数据以较大幅度向下调整，间接造成 2012—2017 年平均数据要素投资增速为负，不符合现实情况，故在回归模型中剔除辽宁省样本。

本节用于回归的实证模型基于对传统的柯布—道格拉斯（C—D）生产函数进行的改进，在实物资本和劳动这两大传统要素之外引入数据要素，将其转变为：

$$Y_{it}=A_{it}K_{it}^\alpha L_{it}^\beta D_{it}^\gamma \tag{5-6}$$

公式（5-6）中，Y_{it} 代表地区经济发展水平，用 i 地区在 t 年份的实际地区生产总值来表示，数据来源为国家统计局。K_{it} 为 i 地区

在 t 年份的实物资本存量，陈普和万科（2021）重新梳理了张军等（2004）对资本存量的算法，结合各省公布的固定资产折旧数据，改进了对中国各地区资本存量的估算。本节参考该文算法，得出2012—2017年各地区的实际实物资本存量。

需要特别指出的是，已有研究在计算资本存量时，用到的投资数据均为各年度的"固定资本形成总额"。国家统计局将该统计指标分解为有形固定资本形成总额和无形固定资本形成总额，其中无形固定资本形成总额就包括了计算机软件等获得的减处置。本节在计算数据库的投资价值时，参照2016版中国国民经济核算体系，使用"软件和信息技术服务业"中的固定资产投资额进行估计，这意味着资本存量 K_{it} 已经在很大程度上包含了本节数据要素中的数据载体部分，因此在分析对于经济增长的贡献与要素收入份额时，本节聚焦于生产数据的人力投资的占比[①]。L_{it} 为 i 地区在 t 年份的劳动力数量，用城镇单位就业人员数量来表示，数据来源于国家统计局；D_{it} 为 i 地区在 t 年份的数据要素存量，由式（5-4）和式（5-5）计算而来。

对等式（5-6）的两边同时取对数，得：

$$\ln(Y_{it}) = \ln(A_{it}) + \alpha\ln(K_{it}) + \beta\ln(L_{it}) + \gamma\ln(D_{it}) \quad (5-7)$$

假设规模报酬不变，$\alpha+\beta+\gamma=1$，等式（5-7）两边同时减去 $\ln(L_{it})$，可以得到：

$$\ln(Y_{it}) - \ln(L_{it}) = \ln(A_{it}) + \alpha\ln(K_{it}) + \beta\ln(L_{it}) + \gamma\ln(D_{it}) - (\alpha+\beta+\gamma)\ln(L_{it}) \quad (5-8)$$

---

① 2016版的中国国民经济核算体系，仿照2008年的SNA将数据库从计算机软件中分离出来作为并列的子类一同放在知识产权产品中进行统计。2008年的SNA将数据库定义为"以某种允许高效访问和使用数据的方式组织起来的数据文件"，它的成本包括以恰当的格式进行数据准备的费用、开发数据库的人力成本，但不包括获取或产生数据的费用，因此仅部分与数据生产的劳动力投资相关。又因为2016中国国民经济核算体系于2017年7月正式批复发布，因此不会影响本节在2012—2017年的经济增长分析中聚焦数据生产人力成本做法的合理性。

进一步化简整理，可以得到本节使用的回归方程：

$$\ln\left(\frac{Y_{it}}{L_{it}}\right) = \ln(A_{it}) + \alpha\ln\left(\frac{K_{it}}{L_{it}}\right) + \gamma\ln\left(\frac{D_{it}}{L_{it}}\right) + \lambda_t + \mu_i + \varepsilon_{it} \quad (5-9)$$

其中，λ_t 为年份虚拟变量，用于控制随时间变化而不随地区变化的固定效应；μ_i 为地区虚拟变量，用于控制随地区变化而不随时间变化的固定效应；ε_{it} 为随机扰动项。

此外，本节还参照已有研究，计算了数据要素的不同折旧率 δ_D，并对各个折旧率下的经济增长影响进行了验证，作为零折旧假设下该影响的稳健性检验。在计算固定资产的折旧率时，使用年限的假设尤为关键。加拿大统计局指出数据的有效使用年限应当基于企业将存储数据或利用存储数据来获取洞见的预期时间。由于目前使用的许多数据都是行为数据，因此可以假设这些数据只会在"一代"中保留其价值。一代通常被定义为孩子出生、成长、成年并开始有自己的孩子所需的时间。本节参照加拿大统计局的假设，将数据的使用年限设定为 25 年。

在已知使用年限计算固定资产折旧率的方法中，"平均年限法"是一种最常用的折旧方法（俞钟祺和马秀兰，2000）。该方法认为固定资产服务能力的降低在各年都是一致的，其价值仅随时间转移，而与实际使用情况无关。因此这种计算方式将固定资产的应计提折旧额均衡地分摊到固定资产预计使用寿命内，其每期的折旧额都是相等的（廖康礼和张永杰，2011）。根据公式"年折旧率=（1-残值率）/使用年限"可以计算出，平均年限法下的数据折旧率为 3.80%。

然而，郑世林和杨梦俊（2020）指出，数据库、软件等无形资产在摊销期内具有明显的"前期折旧较快，后期折旧慢"的特征，数据的折旧规律可能也是如此（例如，同样一套数据，在前期用于短期预测时，信息的有效性会快速折损；而在后期用于统计、实证等研究时，其所包含的信息会在长期内相对有效），这就与平均年限法的假设产生了冲突。为了解决这一问题，另一种被现有相关研究广泛采用的"几何效率递减"方法，假设资本品的相对效率在寿命期内每年以固定比率下降，也即资本品的重置率为常数，这意味着其折旧额的绝对量在逐年递减。可以证明的是，只有在几何效率递减的模式中，折旧率和重置率才是相同的（单豪杰，2008）。此外，几何效率递减的计算方式还自动包含了资本品对退役模式进行的调整（郭文等，2018），这在具备足够科学性的同时，也极大地简化了计算过程，因此被经合组织（OECD）和美国经济分析局（BEA）等广泛使用。采用该方法的计算公式为：

$$\delta_D = 1-(d)^{\frac{1}{T}} \tag{5-10}$$

其中，d 为残值率，T 为数据的使用年限。分别代入5%和25年的假设，得到几何效率递减方法下的数据折旧率为11.29%。

Abis & Veldkamp（2024）指出，对于实践来说，真正重要的不是数据折旧了多少，而是数据劳动力的产出折旧了多少。如果数据工作者所做的就是每次收集一个数据点并将其添加到数据集中，那么每条信息的折旧反映的就是折旧率。但数据工作者并不会完全像这样手工收集数据流，而是会将特定类型数据的收集过程自动化。在每个固定的时间间隔，他们的系统都会自动提取下一条数据，这意味着每一个数据劳动力生产的数据流都不会贬值。从这样的角度来看，数据要素的折旧仅包括硬件的损坏、数据联系的改变或软件更新的需要。基于此，假设数据要素资本的年折旧率为12%（月折旧率为1%）。

如表5-3中所示，前4列分别展示了零折旧、3.8%、11.29%、12%折旧率下双向固定效应的回归结果。

表 5-3　　　　　　　　　要素弹性系数的回归结果

	（1）	（2）	（3）	（4）	（5）
折旧率假设	0	3.8%	11.29%	12%	GMM 方法
人均资本系数	0.5592*** (12.85)	0.5621*** (12.87)	0.5657*** (12.86)	0.5659*** (12.86)	0.1916*** (2.74)
人均数据要素系数	0.1527*** (2.96)	0.1472*** (2.83)	0.1362** (2.55)	0.1351** (2.52)	0.1358*** (3.40)
常数项	0.7615*** (3.57)	0.8013*** (3.83)	0.8601*** (4.21)	0.8648*** (4.24)	2.0263*** (5.62)
观测值	180	180	180	180	150
R^2	0.9618	0.9616	0.9612	0.9612	0.9754

注：***、**和*分别表示在1%、5%和10%的水平上显著，括号内为 t 统计量（第5列为 z 统计量）。

表5-3中的第（1）列为零折旧假设下的基准回归结果，据此可以得到 α 和 γ 的值分别为0.56和0.15，进一步可以推算出 $\beta=1-\alpha-\gamma=0.29$。第（2）—（4）列分别展示了不同数据折旧率下的回归结果，结果显示数据要素对于经济增长的促进作用仍旧显著，数据要素的收入份额维持在13.51%—15.27%的水平，这一估计值反映了数据要素在初次收入分配中的占比。

从理论上讲，经济增长与数据要素存量之间可能存在反向因果的内生关系。一期滞后的数据要素存量，可能会形成"数据反馈循环"——更多的数据产生更多生产和交易活动，更频繁的经济活动又生成更多数据。这一机制影响当期数据要素存量，而当期经济增长则不可能影响到过去的数据要素。为了缓解这一内生性问题，本节选取一期滞后的数据要素存量，作为当期数据要素存量的工具变量，随后进行两步最优GMM估计，作为基准回归的稳健性检验，结果见表5-3第（5）列。实证结果显示，数据要素的弹性系数依然显著，内生性得到有效缓解。

在利润最大化条件下，各投入要素的实际价值应当等于其边际产出，结合本节的生产函数，可以得到如下关系：

$$MP_K K = \alpha A K^{\alpha-1} L^\beta D^\gamma K = \alpha Y \tag{5-11}$$

$$MP_L L = \beta A K^\alpha L^{\beta-1} D^\gamma L = \beta Y \tag{5-12}$$

$$MP_D D = \gamma A K^\alpha L^\beta D^{\gamma-1} D = \gamma Y \tag{5-13}$$

根据上述公式以及零折旧假设下的结果可以推算出，2012—2017年，我国实物资本投入、劳动力投入和数据要素投入的平均产出份额分别为55.92%、28.81%和15.27%。根据索洛的增长理论中经济增长的核算方程可以进一步计算出，2012—2017年，实物资本、劳动力和数据要素对经济增长的总贡献分别为51.37%、4.89%和17.75%。其中，数据要素对于经济增长的贡献占全部要素投入的贡献率为23.98%。对增长率进行逐年回归的结果显示，数据要素对中国各省份经济增长的贡献维持上升趋势，从一个侧面反映出数据要素在中国经济高质量发展中发挥了日益重要的作用。

第二节　数据要素赋能新质生产力形成

新质生产力是针对新时代新征程加快科技创新和推动高质量发展提出的重大命题，是以数字技术为代表的新一轮技术革命引致的生产力质的跃迁，已经成为推动高质量发展的内在要求和重要着力点。数据要素作为数字经济发展的关键要素和核心引擎。对于新质生产力形成产生重要影响。本节阐述新质生产力的技术—经济内涵，梳理数据要素作为新质生产力基础性要素的理论逻辑，进而提出数据要素赋能新质生产力形成的"技术—经济"模式。在作用机理方面，本节论述了数据要素发挥协同优化、复用增效和融合创新作用的含义及其赋能新质生产力形成的作用机理。

第五章　要素应用赋能数字经济高质量发展

一　理论基础

新质生产力的提出，为数据要素赋能经济社会高质量发展、更好发挥数字经济对经济发展的放大、叠加、倍增效应，提供了一条新的现实进路。2023年9月7日，习近平总书记在黑龙江考察期间首次提出"整合科技创新资源，引领发展战略性新兴产业和未来产业，加快形成新质生产力"[①]。2024年1月31日，习近平在中共中央政治局第十一次集体学习时强调，"发展新质生产力是推动高质量发展的内在要求和重要着力点，必须继续做好创新这篇大文章，推动新质生产力加快发展"[②]。世界百年未有之大变局加速演进，加快形成和发展新质生产力，有助于我国充分把握科技革命和产业变革的机遇，开辟发展新领域、塑造发展新动能、构筑竞争新优势。作为新一轮科技革命和产业变革的重要领域，数字经济能够助力关键性技术实现突破、发生质变，促进全要素生产率大幅提升，进而为推动新质生产力发展注入动力，其关键抓手正是数据要素的开发利用。

（一）新质生产力的技术—经济内涵

佩蕾丝在《技术革命与金融资本：泡沫与黄金时代的动力学》一书中提出，技术进步是推动经济发展的关键因素，不同历史时期的主导技术群和与之相适应的经济组织方式共同构成了特定的技术—经济范式。在一定程度上，技术—经济范式是关键技术创新催生的经济社会最佳实践形式，适用于洞察和阐释由新技术推动的经济结构和发展模式的变化。新质生产力是科技创新发挥主导作用的生产力，代表了一种全新的经济动力，具有非常丰富的技术—经济

[①] 习近平：《牢牢把握在国家发展大局中的战略定位　奋力开创黑龙江高质量发展新局面》，《人民日报》2023年9月9日第1版。

[②] 习近平：《加快发展新质生产力　扎实推进高质量发展》，《人民日报》2024年2月2日第1版。

内涵。

从技术角度，新质生产力是以数字技术为代表的新一轮技术革命引致的生产力质的跃迁。科学技术的革命性突破是催生新质生产力的关键动力（任保平和豆渊博，2024）。历史上每一次重大科学技术革新都促使当时的生产力水平发生了质的跃升（贾若祥等，2024），对劳动者、劳动对象和劳动资料的配置产生重大影响，形成与当时科学技术发展水平相适应的要素配置方式，实现了生产要素的创新性配置，进而推进了产业体系在不同科学技术发展水平间的深度转型升级，且上述影响在近几次科技革命中愈为明显。

第一次科技革命以蒸汽动力取代了人力和畜力，引发了纺织业的机械化和冶金工业的变革，标志着人类由农耕文明向工业文明的过渡，技术变革导致社会和经济结构发生变化，城市化水平提高，社会分工深化；第二次科技革命以电力取代了蒸汽动力，石油成为新能源，电力、化工、钢铁、铁路、汽车等重工业以及金融业开始发展，世界各国的交流更为频繁，全球化初现端倪；第三次科技革命是信息技术革命，以计算机和信息技术的发展和应用为主要特征，实现了生产生活的自动化、信息化和管理的现代化（马晓河，2021），引起生产力各要素的变革，经济结构发生重大变化；第四次科技革命是智能化革命，以数据和算法驱动的算力革命为主要特征，数据成为新的生产要素，大数据、人工智能、移动互联、云服务、物联网、区块链等数字技术与传统产业加速融合，实现了产业智能化、网络化和生态化（米加宁等，2024），更进一步地，生成式人工智能作为新一代人工智能技术为新质生产力的发展开辟了新的赛道（张夏恒和马妍，2024）。综上所述，新一代数字技术的突破性创新加速了生产方式的变革，创造出新的生产力发展形式，对新质生产力的形成具有重要的推动作用（杜传忠和李钰葳，2024）。

从经济角度，新质生产力已经成为推动高质量发展的内在要求和重要着力点。新质生产力以数字技术为支撑，是传统生产要素在数智化生产条件下、基于科学技术的持续创新与产业不断优化升级所衍生的生产力的新形势和新质态（杜传忠等，2023）。新质生产力具有高科技、高效能、高质量特征，以科技创新催生的新产业、新模式、新动能为核心要素，是符合新发展理念的先进生产力质态。新质生产力的发展反映了经济发展的新趋势，为高质量发展提供了强劲支撑。

首先，新质生产力通过推动科技创新范式的深刻变革，有效驱动科技创新。随着新一代信息通信技术加速迭代发展，逐步形成了以数据为新型生产要素、以算法为新型劳动工具、以算力为技术创新新型动力的科技创新范式（杜传忠等，2023）；通过科技创新范式的变革，能够显著降低创新的试错成本（戚聿东和肖旭，2020），提升创新效率，拓展创新边界，优化创新资源配置效率。

其次，新质生产力通过与传统要素融合升级，提升生产要素质量。新质生产力要求劳动者具备更高的素质和技能，以适应数字化、智能化的生产环境。在数字技术快速迭代和强力催化下，劳动者数字素养、创新能力和快速适应新技术的能力不断提升；新质生产力推动劳动资料的智能化，数字技术通过赋能传统工具和基础设施，实现劳动资料的智能化升级，能够提高生产效率并提升产品质量（权小锋和李闯，2022）；新质生产力的发展使得劳动对象不再局限于传统的物质资源，劳动者利用数字技术作为劳动手段，以数据、代码、图像、视频、音频等作为数字劳动对象，从而生成软件程序、数字刊物、数字影视作品等数字产品（邵彦敏和赵文瑄，2024）。

最后，新质生产力助推产业结构优化升级。新质生产力的发展需要进一步改造传统产业，培育壮大战略性新兴产业、前瞻布局谋划未来产业等代表科技创新和产业发展的前沿产业，能够为产业结构优化调整提供有力支撑。伴随新一轮科技革命的持续推进，"数据+算力+算法"成为助推产业结构持续升级的新动力（杜传忠等，2023），通过数智化赋能，促使数字技术与重要产业深度融合，加快实现传统产业的数字化、网络化、智能化转型，实现产业结构不断优化升级。

综上所述，新质生产力代表了技术革命驱动下经济发展动能的革命性变化，是生产力在"新"和"质"两方面的重大突破。

所谓"新"，是新的要素构成和经济表现。从要素构成的角度看，一方面，构成事物的要素在种类上有所增加，数据作为全新的生产要素，具有即时性、共享性、边际生产率递增等特征，为经济社会发展带来了新动能（孙宝文和欧阳日辉，2023）；另一方面，就生产力的三个构成要素而言，新质生产力包括新劳动者、新劳动资料和新劳动对象。其中，具有新技术使用能力、具备知识快速迭代能力的高素质劳动力构成了新劳动者，与新技术相匹配的各类数字化、自动化、智能化设备构成了新劳动资料，新材料、新物质和数据资源等作为关键的新劳动对象。值得注意的是，新劳动对象不仅包括物质形态的高端智能设备，还包括数据资源、生态环境资源等，体现了新质生产力的高科技、高效能、高质量和环境友好型等特征。从经济表现的角度看，"新"充分体现在创新的主导作用上，是以新技术、新经济、新业态为主要内涵的生产力（周文和许凌云，2023）。其中，新技术超越了传统意义上的技术创新，强调原创性、颠覆性科技创新；新经济强调基于创新的技术、知识及信息形成的新经济体系；新业态从数字产业化和产业数字化两方面出发，注重数字技术的产业化发展和数字技术推动传统产业的转型升级。

所谓"质"，是更高的生产潜质。数字技术具有广泛渗透性和高融合性特征，能够应用于社会、经济发展的各个领域，与多领域科学技术深度融合，不断催生新的技术领域和应用场景。关键性技术和原创性、颠覆性技术的突破为生产力发展提供了强劲的创新驱动力。数字技术与先进制造技术的深度融合，能够优化生产流程、管理方式，降低生产成本，全面提升生产效率和生产能力，推动生产过程向数字化、网络、智能化方向发展。

（二）数据要素是新质生产力形成的基础性要素

随着新兴数字技术的飞速发展和数字化转型的持续推进，全球数据规模呈指数级增长态势，数据的结构亦日趋多元和复杂，数据要素资源逐渐成为21世纪的"新石油"和"新金矿"。数据要素是数字技术与实体经济深度融合的关键驱动力，也是技术创新、模式创新和业态创新的重要载体，能够作为重要基础性要素在新质生产力的形成过程中发挥关键作用。

微观视角下，数据要素的开发应用对于推动关键核心技术颠覆性突破、实现生产要素创新性配置具有重要意义。数据要素的基本特征和技术—经济特征是其作用发挥的微观基础（蔡跃洲和马文君，2021）。基于虚拟替代性和多元共享性特征，数据要素能够参与产品生产的全过程，与企业业务流程融合，推动企业模式创新；基于智能即时性特征，数据要素能够赋能市场和政府主体智能决策，优化资源配置，提升资源配置效率；基于即时流动性和资源配置性特征，数据要素能够赋能以数据为核心要素的产业链进行激进性颠覆性创新，提升全产业链的价值（李海舰和赵丽，2021）。数据的流动、共享以及有效管理和利用，对于提高关键核心技术领域的竞争力至关重要（Akcigit & Liu，2016）。企业可以基于数据分析结果选用最优的生产技术提高产品质量，并获得规模更大、信息量更丰富的数据，进而形成良性反馈机制（Begenau et al.，2018）。

宏观视角下，数据要素与数字技术的有效结合能够大幅提升全要素生产率、促进产业深度转型升级、有效推进绿色发展潜力。一方面，部分现有文献考察了数据要素的直接效应，将数据作为生产要素引入内生增长模型，解释数据要素对经济增长的内生影响。与其他传统的经济资源不同，数据要素具有非竞争性，这使得数据的边际成本接近于零，导致了规模报酬递增的现象。随着数据使用规模的扩大，单位数据的成本会下降，进而带来社会整体收益的增加（Jones & Tonetti，2020）。在创新过程中，数字技术将数据"漂白"

为可以重复使用的新知识，这既能够避免数据在后续使用过程中产生的数据隐私问题，又能够显著促进长期经济增长（Cong et al., 2022）。上述论点还得到了实证层面的支撑，数据要素对经济增长的产出弹性和对经济增长率的贡献在2011年后明显超过之前阶段，成为中国经济增长的重要动能之一（刘涛雄等，2023）。除此之外，数据要素的非稀缺性和非消耗性有利于打破传统要素对于经济发展的制约，且数据要素积累越多，对其他要素的替代效应越强。借助各类数字技术的应用，数据可以促进其他要素的快速流动、科学整合和合理利用，减少不必要的要素和能源消耗，提高社会生产效率和水平，减少碳排放，实现绿色发展之路。另一方面，还有部分文献考察了数据要素的间接溢出效应。借助乘数效应，数据要素能够提升中间品的质量，进而推动经济增长，且这一效应随着数据要素应用程度的提升而愈发明显（杨俊等，2022）。数据不仅仅作为一种要素投入生产过程，还能够作为"黏合剂"，凭借其跨界融合性与其他传统要素结合，形成新的要素组合和要素结构，促进产业创新、产业关联与产业融合，并且在优化和升级传统产业的同时催生大量新业态（王谦和付晓东，2021）。

伴随着数字经济的深化发展，数据要素在新质生产力形成与发展过程中的重要性将进一步凸显。通过对大量数据的采集、存储、处理和分析，可以揭示经济活动的内在规律，为新质生产力的培育提供科学依据。在数据驱动下，企业可以更精准地识别市场需求，更有效地配置资源，更快速地推出创新产品，从而实现生产效率的大幅提升。数据要素还能为新质生产力的持续优化提供动力，通过持续的数据积累和分析，企业可以不断优化生产流程，提高产品质量，降低运营成本，实现可持续发展。在数字技术的持续进步以及与实体经济的融合程度不断加深的大背景下，数据要素的发展潜力将进一步被挖掘，未来数据要素将更加丰富和多样化，数据的处理和分析能力也将大幅提升。这将使得数据要素在新质生产力形成与发展中发挥的作用更加显著。

（三）数据要素赋能新质生产力形成的"技术—经济"框架

通过上文分析可知，数据要素通过与数字技术的有效结合赋能新质生产力形成。这一结合过程既是数字经济发展的核心驱动力（徐翔等，2022），也与新质生产力的技术—经济内涵天然契合。在这一分析的基础上，可以提出数据要素赋能新质生产力形成的"技术—经济"框架。

在技术层面，数字技术创新与使用以数据要素为基础资源，持续推动生产力质的跃迁。一方面，数据要素是数字技术创新的核心驱动力。数据的海量积累为新一代人工智能的发展提供了训练材料，使得算法能够通过模式识别和预测分析，实现智能化决策支持。数据的实时处理能力促进了物联网技术的创新，使得设备能够相互连接、交流和协作，推动了智能制造和智慧城市的建设。为了更充分地收集、挖掘和分析数据，5G、云计算、大数据等数字技术成为科技投资的重点对象。另一方面，数据要素是数字技术的使用对象，为数字技术使用提供了必要的信息和知识基础。各项数字技术依赖于大量的数据来进行模式识别、预测分析和智能决策。数据的质量和数量直接影响着数字技术的有效性与准确性。随着数据安全和隐私保护技术的进步，数据要素的使用也变得更加安全和可靠，这进一步增强了数字技术的可信度和普及度。

在经济层面，数据要素作为创新引擎驱动数字产业化和产业数字化，推动数字经济高质量发展。一方面，数据要素通过培育新业态和新模式促进数字产业化。数据要素催生了基于数据的新业态和商业模式，如共享经济、平台经济、按需服务等。这些新业态、新模式利用数据要素来匹配供需、优化资源分配，为用户带来更便捷、个性化的服务体验，同时也开辟了新的经济增长点。另一方面，数据要素通过决策优化和流程改进推动产业数字化。数据要素通过提供精确的市场分析和预测，帮助企业做出更加明智的商业决策。利

数字经济高质量发展

用大数据分析，企业能够洞察消费者行为，优化产品定位，制定有效的市场进入策略和定价策略。数据要素还支持企业对生产流程和供应链进行实时监控和优化。通过集成的数据系统，企业可以及时发现并解决生产瓶颈，优化库存管理，减少浪费，提高整体运营效率，引领传统产业向数字化、智能化的未来发展。

基于现有理论，数据要素能够促进科技创新尤其是数字技术创新在生产力发展中发挥主导作用，通过驱动数字产业化和产业数字化增强经济发展新动能，使得技术进步和经济发展实现良性循环，如图5-4所示。为了将这一潜力转化为现实的生产力，需要进一步明确数据要素赋能新质生产力形成的作用机理与实现路径。

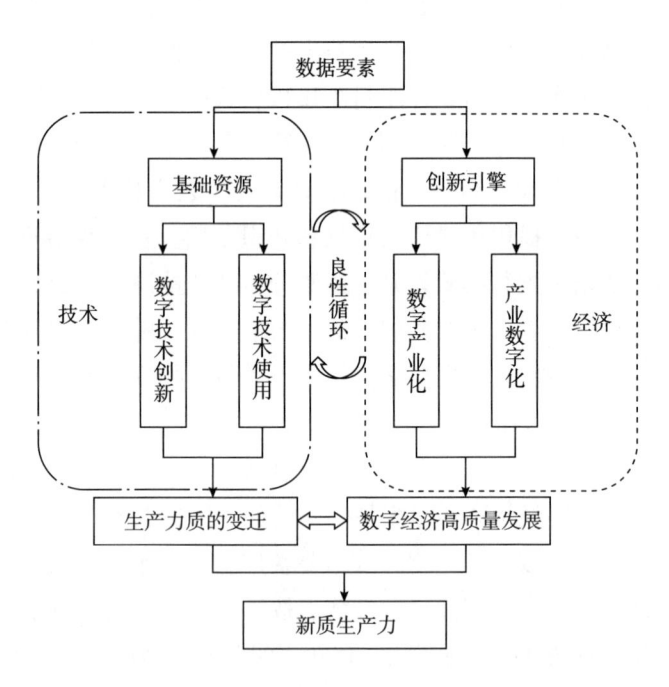

图5-4 数据要素赋能新质生产力形成的"技术—经济"框架

第五章　要素应用赋能数字经济高质量发展

二　作用机理

作为重要的基础性要素，数据要素发挥着基础资源和创新引擎这两类作用，能够通过协同优化、复用增效和融合创新三种作用机理发挥乘数效应，为新质生产力的形成提供不竭动力。其中，协同优化和复用增效这两种机理强调数据要素作为基础资源的重要作用，融合创新机理则体现了数据要素创新引擎作用的充分发挥。

（一）多要素协同优化生产运营流程

数据要素实现协同优化的核心在于利用数据的流动性和可加工性，促进各生产要素之间的高效配合与协同。这一过程中，数据要素凭借其非竞争性、可复制性、非排他性等特征，协同资本、劳动等传统生产要素，通过数据分析和数据挖掘，激发数据潜力，提升各类要素的协同效率，优化资源配置。以现代高端机器设备制造为例，基于所收集的生产过程中的各种数据，包括机器运行状态、工艺参数、产品质量等，系统能够分析出生产过程中的瓶颈和潜在问题，为改进生产流程提供依据。通过数据分析，可以更为准确地预测设备故障和维护需求，不仅减少了意外停机时间，还提升了劳动生产率。同时，通过分析客户使用数据和产品性能数据，系统还能够帮助研发团队精准识别出产品性能的关键影响因素，并据此优化设计。这种基于数据的迭代研发过程大大缩短了产品从概念到上市的时间。此外，数据驱动的智慧决策支持系统还可以帮助管理层优化资本投资，基于宏观经济因素、企业规模和成长性、财务状况、经营状况、管理层决策和市场环境等数据信息做出科学的投资决策。

总体上看，数据要素通过与传统要素协同联动，以数据流引领技术流、资金流、人才流、物资流，突破传统资源要素的约束，实现要素配置优化和转型升级，为新质生产力形成奠定要素基础。

其一，数据要素为企业智能化升级提供了数据支撑。数据作为引领智能新时代的关键驱动力，发挥着不可替代的作用，数据的质量和多样性对人工智能的发展至关重要，只有将丰富且高质量的数据投入人工智能的学习和训练过程，才可以不断优化人工智能的算法和模型。

其二，数据要素缓解了企业面临的融资约束难题。由于信息不对称问题，在低信任度下，金融机构难以精确判断企业未来的发展潜力以及潜在的经营风险，造成了企业融资难的问题（徐晓萍等，2021）。但数据要素填平了这种信息差。数据要素丰富了投资者的信息来源和信息类型，能够从海量的数据中有效获取反映企业全貌的软信息，更高效地匹配企业融资需求，缓解信息不对称导致的融资约束难题（张嘉伟等，2022）。

其三，数据要素促进了地区人才聚集。从前端效应来看，数据要素为研究人员提供了丰富的数据资源和创新机会，能够在很大程度上吸引研发人员的流入；从后端效应来看，数据要素引致的产业模式和发展业态的改变所产生的数字技能人才缺口，将倒逼城市完善数字人才培养体系，进而从数量和质量两个方面实现人才聚集。

其四，数据要素改善了企业库存管理。数据要素驱动的库存管理办法已经成为企业库存管理效率提升的关键。通过分析在线点击流数据，新型库存管理系统能够准确预测订单的倾向、数量和时间，使用从点击流数据中提取的需求信息，可以降低企业的库存持有率和缺货成本，进而提升企业的库存管理。

综上所述，通过对数据要素的有效利用、整合与分析，能够发挥数据要素的协同优化作用，实现不同生产要素的优化配置，从而提高整体生产效率和决策质量，促进新质生产力的形成。

（二）多场景多主体复用实现效率增长

数据要素复用增效机制的核心在于利用其非竞争性和可复制性，通过数据的共享和再利用，使得数据可以在不同企业和组织之间流通，并同时在多个领域创造价值，实现知识的传播和经验的复制。例如在生命科学领域，新药研发面临着研发周期长、成本高、失败率高等诸多挑战。英国 Sanger 研究所 Mathew J. Garnett 团队及其合作者系统性评估了 2025 种双药组合在 125 个细胞系中的治疗效果，并构建了目前世界上最大的开放数据库之一，为相关领域科研人员在克服耐药性、加强药物疗效、降低单药剂量毒性以及扩大药物适应症方面提供共享的资源。该数据库的建立促进了上述信息在不同科研机构之间的数据复用和知识流通，使得科研人员可以利用数据库进行更进一步地数据分析和药物组合探索并发挥其效能。比如，帮助科学家识别针对不同癌症亚型的药物组合，发现新的治疗靶点和药物作用机制，为临床试验提供数据支撑，并加速新药从理论到临床试验的进程等。

总体上看，通过数据要素的多场景应用、多主体复用，能够推动知识扩散、价值倍增，为新质生产力形成提供效率来源。

其一，数据要素复用能够深化知识存量。企业可以通过分析消费者在互联网平台上对新产品的点击数据，基于消费者行为针对新产品开展二次研发，且研发过程能够通过对数据的学习不断优化迭代。伴随着用户使用数据的积累，企业所能够掌握的用户使用信息更加广泛，企业可能经过创新的数次迭代，最终实现突破性创新（徐翔等，2023）。

其二，数据要素复用能够加速知识扩散，促进技术创新。相较于传统经济环境下知识扩散因市场分割、地方保护主义等因素制约而导致的不顺畅问题，在数字经济环境下，通过数字技术能够将知识转换为数据要素进行存储和传播。数据要素凭借其虚拟性、高流动性和无限复制性等物理特征，能够完全解决要素流通的物理性约束，使知识扩散摆脱时间和空间限制，实现知识在各地区、各生产部门的跨时空无磨损流动（戚聿东和刘欢欢，2020）。此外，各种类型的知识在数字经济环境中能够形成丰富的创新知识库，将显著降低知识传播成本和复制成本，帮助企业以较低成本获取创新要素（张永林，2016）。

综上所述，数据要素的复用不仅提升了数据要素本身的价值，还促进了跨地区、跨领域的合作与创新，促进知识传播和技术扩散，从而促进新质生产力的形成。

（三）跨界融合促进技术业态模式创新

融合创新是指通过数据要素的跨界融合和综合应用，推动不同领域、不同技术和不同产业之间的创新活动。这一路径强调数据在创新过程中的核心作用，通过多元数据融合，引发质变，创造新的生产工具和商业模式。以生物医药领域为例，预测蛋白质结构长期以来一直是一项非常困难的任务，是生物科学和药物研发领域的重要挑战之一。传统的实验室方法不仅耗费大量时间和资源，其准确性也受到限制。在过去60年中，科学家通过实验的方法共确定了约18万个蛋白质的结构。而数据要素与生物科学的跨界融合，为预测蛋白质结构创造了新的工具，形成了新业态，推动了科学范式迁移。谷歌旗下人工智能技术公司DeepMind开发的深度学习算法AlphaFold以数万个已知蛋白质结构数据为训练样本，进行大规模的自监督学习，最新版本的AlphaFold DB数据库已经扩展到能够预测超过2亿个蛋白质结构，基本上涵盖了整个蛋白质领域，解决了生物学半个世纪以来的重大挑战。蛋白质数据库的建立以及基于人工智能的蛋白质分析方法，也为后续的疾病疗法探索、疫苗设计等研究提供了全新的研究工具和资源。

总体上看，通过数据要素应用推动科学范式迁移，促进生产工具创新升级，能够催生新产业、新模式，为新质生产力形成提供创新动能。

其一，数据要素应用能够驱动研发模式的转变。传统的基于经验的创新研发模式存在研发投入大、周期长、风险高等问题。而基于数据的研发模式能够改善上述问题，数据要素应用能够促使企业基于对市场需求的准确预测研发新知识、新技术并应用于生产（Cong et al., 2022），进而降低研发投入成本，缩短研发周期，并且较好地控制研发风险（刘意等，2020）。举例来看，相较于传统的药物研发模式，医疗保健公司使用基于大数据进行预测建模的药物研发模式使得新药推向市场的时间平均缩短3—5年。

其二，数据要素能够强化企业与供应商及客户的关系。数据要素从加强信息共享和提升信任度两个方面强化企业与供应商及客户的关系（张任之，2023）。海量数据在不同主体间互联互通，为企业与供应商及客户之间构成开放共享和价值共创的供应链生态系统奠定了基础（陈剑和刘运辉，2021）。在此基础上，一方面，企业与供应链合作伙伴能够通过数据的实时交互和快速流动，实现供需两侧的精准对接，提高了不同主体间的协调决策水平，并加强不同主体间的密切合作（张任之，2023）；另一方面，基于企业与用户互动形成的大数据合作资产具有收益双边性特征（谢康等，2023），且由于企业与客户之间的交易能够被数据记录，这将极大地提升企业与客户之间的合作意愿和信任程度（李勇建和陈婷，2021）。

其三，数据要素能够通过产学研合作实现企业创新能力的提升。高校、科研机构与企业的产学研合作能够在技术创新要素供给上实现互补，整合各个主体的优质资源，推动数据要素的有效共享与衔接（陶卓等，2021）。数据要素的发展与应用，一方面提升了企业对于市场用户需求的感知能力，使得企业能够对市场用户的个性化需求进行刻画，形成更多的技术需求；另一方面提升了高校和科研机构对于市场技术需求的感知能力，能够修正其技术创新模式以契合企业需求，形成技术需求的有效供给，进而形成良好的产学研合作。

综上所述，数据要素驱动了研发模式的转变，推动了长期稳定的企业与供应商及客户关系的形成，激励了产学研合作，有助于促进生产工具创新升级，催生新产业、新模式，进而促进新质生产力的形成。

三 发展建议

作为新型生产要素，数据要素通过协同优化、复用增效和融合创新三种作用机理发挥乘数效应，为新质生产力的形成与发展提供不竭动力。数据要素通过与传统要素协同，以数据流引领技术流、资金流、人才流、物资流，突破传统资源要素的约束，实现要素配置优化和转型升级；通过数据要素的多场景应用、多主体复用，推动知识扩散、价值倍增，进而促进新质生产力的形成；通过数据要素应用推动科学范式迁移，促进生产工具创新升级，催生新产业、新模式。此外，本节还论述了数据要素通过推动技术革命性突破、生产要素创新性配置和产业深度转型升级形成新质生产力的三种实现路径。

基于本节分析，我们给出通过发展数据要素赋能新质生产力形成的如下建议。

第一，建立健全数据要素治理监督体系。数据治理是确保数据质量和数据安全的基础。政府应当制定和完善数据相关的法律法规，明确数据的所有权、使用权和交易权，同时规范数据的收集、存储、处理和共享流程。应当保障数据的合法合规使用，避免数据滥用和隐私泄露等问题，为企业和个人提供一个安全可靠的数据环境，提高数据要素流通使用效率。应尽快建立统一的数据保护法律框架，确保个人和企业的隐私权益得到保护。制定数据标准和格式规范，促进数据的互操作性和可移植性，降低数据整合的成本和难度。

第二，促进数据要素进一步开放和共享。数据的开放和共享能够促进数据资源的充分利用，加速创新和技术进步。首先，应当鼓励公共部门和企业开放数据资源，建立数据共享平台，促进跨部门、跨行业的数据流通和协同创新。政府应当更进一步开放公共数据资源，建立统一的公共数据开放平台，提供数据下载和 API 接口服务。其次，应当推动企业数据共享。通过政策引导和激励措施，鼓励企业之间进行数据共享，形成数据生态系统，促进产业链上下游的协同发展。最后，应当积极参与国际数据交流与合作，推动数据跨境流动，促进全球数据资源的共享和利用。

第三，加大对数据要素相关技术和人才培养的投入。数据技术和人才是数据要素转化为新质生产力的关键。政府应当加大对数据技术研发的投入，支持企业和研究机构开展前沿技术研究，同时加强数据相关人才的培养和引进。应为数据要素的安全、流通与应用技术研发提供专项资金支持，鼓励企业和研究机构开展大数据、人工智能、云计算等领域的技术研究和产品开发。与高等院校和职业培训机构合作，建立多层次、多类型的数据人才培养体系，培养数据科学家、数据分析师等专业人才。通过优惠政策和良好的工作环境，吸引国际顶尖的数据科学家和技术人才，提升国家在全球数据领域的竞争力。

第三节 数字产业集群促进绿色发展

数字产业集群是指以新发展理念为引领，从事数字产品制造、技术应用、服务开发、数据要素驱动的企业以及管理部门、服务机构、金融机构、中介机构等各类组织在特定地理空间或网络空间上集聚，围绕创新链、产业链、资金链和人才链相互融合与协同发展，形成彼此联结共生，竞争合作关系的正式或非正式组织群体。

数字产业集群的发展既有助于提高大国经济韧性，也有助于建设现代化产业体系，还有助于打造经济增长新引擎。本节关注现有研究中欠缺的一个分析视角：数字产业集群如何影响绿色发展。

一 问题提出

伴随着中国城市化和工业化进程的不断推进，中国经济取得了引人瞩目的成就。然而，与此同时，碳排放问题也日益严重。中国的经济、产业和能源结构对化石能源的依赖程度较高，这导致碳减排工作难以在短期内取得显著成效，因此碳减排的挑战已经变得迫在眉睫。根据世界银行数据，中国的碳排放总量在2005年正式超过美国，成为全球第一，并且此后仍保持着高速增长的趋势。截至2020年，中国的碳排放量约为美国的2.5倍。党的二十大报告提出，"推动绿色发展，促进人与自然和谐共生""尊重自然、顺应自然、保护自然，是全面建设社会主义现代化国家的内在要求。必须牢固树立和践行绿水青山就是金山银山的理念，站在人与自然和谐共生的高度谋划发展"。绿色发展是关系我国发展全局的重要理念，是突破资源环境瓶颈制约、转变发展方式、实现高质量发展的必然选择。

数字经济不仅是高质量发展阶段经济增长的重要引擎（赵涛等，2020），还具备一定的环境治理效果。与传统实体经济相比，数字经济提供的数字化产品和服务减少了对物质和能源的消耗。基于数据要素驱动的能源管理系统进一步提高了能源使用效率，提升产业低碳发展能力（冯子洋等，2023）。此外，数字经济的快速发展间接促进了绿色技术创新（郭丰等，2022）。数字经济具有良好的外部性质，使得数字产品具备一定的公共物品特征，其具有可再生性和重复利用特性（刘英基等，2023），提升了资源利用效率。数字经济不仅投入更为清洁的资源，而且通过优化和促进创新改善了现有的生产流程，并生产出更加环保的产品。因此，数字经济成为实现经济发展和解决碳排放问题的重要抓手。

随着数字产业的不断发展，相关从业人员和人才逐渐聚集，头部企业的技术创新吸引着中小企业的集聚，地方政府的扶持催生出独特的数字产业园区，产业协同发展也促使数字产业企业逐渐形成数字产业集群。在欧美发达地区，已经涌现出适合数字产业集群发展的条件（Fernandez-Escobedo & Cuevas-Vargas，2023），并出现了一批国际数字产业集群，如美国的硅谷、英国的剑桥科技园、芬兰的奥卢科技园和日本的东京湾区国际数字产业集群，这些集群已经取得了良好的成果。得益于中国数字经济蓬勃发展，本土数字产业集群也不断涌现，国内部分数字经济发达城市依托当地互联网头部企业，带领其他企业形成带有当地特色的数字产业集群，例如合肥依托科大讯飞打造智能语音产业集群，杭州凭借大华科技和海康威视打造数字安防产业集群。这些数字产业集群通过资源共享、创新合作和人才互动等方式，促进数字经济产业链的完整发展，并为碳减排提供了新的机遇。

二 理论基础

数字产业集聚对于碳排放可能存在正反两个方面的影响。一方面，由于数字经济迈入集群化发展阶段，集群化发展可以进一步发扬其原有的资源效率提升和绿色技术创新效果，进而降低当地乃至周边地区的碳排放；另一方面，产业过度集聚产生的"拥挤效应"可能会造成资源错配，引发能源过度消耗（何文举等，2019），同时，过度集聚导致的规模不经济问题会直接导致区域碳排放量的上升（Yu et al.，2022）。结合两方面影响，现阶段数字产业集群对碳排放的影响方向并不确定，需要进一步识别和分析。

数字产业集群一般定义为从事数字产品制造、技术应用、服务开发、数据要素驱动的企业以及相关配套供应商和机构在特定地理空间或互联网平台上集聚，围绕创新、产业、资金和人才链形成的群体（周海川等，2023）。数字产业集群以数字经济相关产业为主，通过数据、算法和平台等要素的相互作用，实现产业集聚和规模效应。数字产业集群是数字经济发展到特点阶段的产物，遵循一般产业集群特点，并且在更强调技术、算法、知识、数据等无形要素投入，对有型投入要素的依赖降低，例如能源和土地。数字产业集群的形成离不开政府的有效引导（王定祥等，2024）。一方面，构建数字产业集群作为完善数字经济发展体系的重要内容，是政府博弈竞争的高地；另一方面，政府配套相关政策能够为数字产业集群发展提供了良好环境（焦豪等，2024）。目前中国数字产业集群呈现东部领先、中西部崛起趋势，逐渐形成了京津冀、长三角、粤港澳大湾区"三足鼎立"的数字产业集群发展格局（殷利梅等，2024）。数字产业集群也被写入党的二十大报告，同时，打造具有国际竞争力的数字产业集群是中国在新一轮信息科技革命下的重要选择（安同良等，2023）。

数字经济对碳减排的推动作用已经被较多研究所认可（徐维祥等，2022），杨刚强等（2023）认为数字经济发展能够通过技术进步、能源利用效率和技术多样化来促进减碳排，王芳和董战峰（2023）认为数字经济主要通过降低能源利用强度实现碳减排，Zhang et al.（2022）则认为目前数字经济和碳排放呈现出 N 型关系，数字经济碳减排效应仅存在于合理区间内。数字产业集群作为数字经济发展到特定时期的产物，必然会继续发扬已有优势，通过降低化石能源消耗、推动数字技术创新和提升能源使用效率等方面进一步降低碳排放量。产业集聚过程中除了发挥和放大已有产业优势外，还会涌现出过度集聚和同质竞争，进而降低资源配置效率（胡蓓和朱朴义，2013），最终影响数字产业集群碳减排效果。目前数字产业集群仍处于发展初期，占据主导的应是碳减排效应，因此提出假说 H1：

H1：数字产业集群能够实现当地城市碳减排。

数字经济的重要特征在于信息传输打破了原有地理距离限制，增强了区域间经济活动的广度和深度，具有显著的空间溢出效应（赵涛等，2020）。数字产业集群作为数字经济发展到一定阶段的产物，能够借助互联网平台优势，在区域间形成协同效应（周海川等，2023），吸引周边地区相关产业进入集群的产业链，通过产业链促进上下游企业数字化转型（戴翔和杨双至，2022），最后发挥数字经济清洁、绿色和可持续优势（陈晓东和杨晓霞，2021），进而推动周边地区碳减排。因此除了对实现本地碳减排以外，数字产业集群还可以通过产业链效应和地理外溢减少周围地区碳排放，因此提出假说 H2：

H2：数字产业集群能够显著降低周边城市碳排放。

控制碳排放关键在于对化石能源的依赖程度，能源消耗与碳排放量息息相关，数字产业集群碳减排效果的重要部分则是优化现有能源使用情况。一方面，数字产业集群投入要素更清洁，大幅降低对能源的过度消耗（周晓辉等，2021）；另一方面，与传统投入要素不同，数据要素可以准确预测能源需求，优化能源调度，提高能源利用效率（斯丽娟，2023），数字产业通过降低对传统能源的依赖并提升能源依赖效率，最终降低当地碳排放量，因此能源利用强度是数字产业集群碳减排效果的重要中介。不仅如此，数字经济和数字产业还可以通过促进绿色创新意愿，从而提升绿色创新绩效（李小明等，2024），而绿色创新是实现碳减排的关键动力（胡鞍钢，2021），因此绿色技术创新也是数字产业集群碳减排效果的重要中介。基于上述分析，提出假说 H3a 和 H3b：

H3a：数字产业集群能够通过降低城市能源利用强度实现碳减排。

H3b：数字产业集群能够通过提升城市绿色技术创新实现碳减排。

基于以上假说，数字产业集群碳减排效果的框架如图 5-5 所示，其中包含了上述数字产业集群对当地碳排放和周围地区碳排放的影响，并包含了两个关键中介变量。

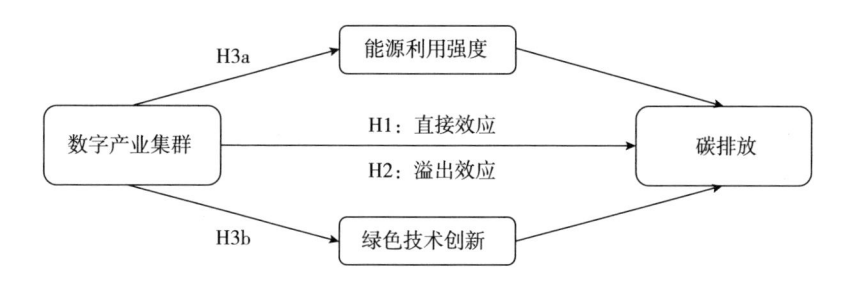

图 5-5 数字产业集群影响碳排放的理论框架

三 研究设计

本节收集2003—2019年中国城市层级数据作为研究样本。碳排放相关数据来自CEADs数据库。CEADs碳排放数据库考虑了17种化石燃料和47个社会经济部门的碳排放，综合评估了城市层级的碳排放数据，数字产业集群测算数据以及其他变量数据来自《中国城市统计年鉴》和《中国统计年鉴》等统计资料。

（一）变量选择

为全面测算数字产业集群水平的碳减排效果，本节选择碳排放量、碳排放强度和人均碳排放量3个指标综合代理当地碳排放情况，碳排放量衡量当地碳排放总量水平；碳排放强度考虑了经济规模差距，衡量每单位GDP碳排放量；人均碳排放量考虑了人口规模差距。参考韩峰和谢锐（2017）和任晓松等（2020）对碳排放相关变量设定，以上三个被解释变量均做取对数处理。

数字产业聚集水平是本节核心解释变量，度量产业集群水平常见指标有区位熵和EG指数等方法，EG指数相较于区位熵纳入了对企业规模差异的考量，虽然测算结果更为准确，不受企业规模差异影响，但对数据要求较高，需要企业层级数据（Ellison & Glaeser, 1997；Ellison et al., 2010；Cassey & Smith, 2014）。目前中国可用于测算数字产业集群的企业层级数据是中国工业企业数据库，但工业企业数据库时效性较差，目前可用的数据仅到2014年，现有样本难以有效覆盖数字经济高速发展期，现有工业企业数据样本周期也不能很好地描述数字产业发展，因此本节使用区位熵衡量当地数字产业集群水平。区位熵表达式见式（5-14）：

$$LQ_{ci} = \frac{E_{ci} E_c}{E_i} \quad (5\text{-}14)$$

式（5-14）中下标c表示城市，i表示行业，综合考虑数据可获得性的限制，本节采用信息传输、计算机服务和软件业作为数字产业的代理,该行业就业人数经常被用代理数字产业从业人数。区位熵由两个比值组成,分子是当地数字产业从业人数和当地就业人数的比值,计算了当地数字产业就业比例;分母是数字产业全国总从业人数和全国就业人数的比值,计算了全国数字产业就业比例;区位熵越大说明当地数字产业相较于全国平均水平越集聚,进而数字产业集群水平更高。

使用区位熵测算完数字产业集群水平后,在截面维度、时间维度和地理分布三个方面对测算结果进行展示,验证测算效果的有效性和准确性。首先是截面维度,对2019年排名前20地区进行展示,结果如表5-4所示。表5-4中的城市绝大多数均是直辖市、省会城市或副省级城市,部分地区例如呼和浩特和拉萨,这类城市从经济直觉出发并不是数字产业集群的主要地区,其排名较高的主要原因是区位熵采用比值而不是绝对值衡量,当地虽然数字经济发展并不高度发达,但是当地数字产业相对于本地其他行业表现更好,因此区位熵数值较高。

除了在截面维度进行展示,本节还从时间维度对数字产业聚集水平进行分析,得到图5-6,图5-6展示了两类不同类型城市的数字产业集群水平时间趋势,本节将直辖市、省会城市和副省级城市定义为大型城市,将其他城市定义为中小城市。图5-6中黑色圆圈实线代表大型城市平均数字产业集群水平走势,灰色方块实线代表中小城市平均数字产业聚集水平走势,从两条线的走势对比可以看到数字产业集群水平呈现差异化发展趋势,大型城市数字产业集群水平稳步上升,而中小城市在逐步下降。在2012年之前两类城市走势呈现同增同降趋势,但在2012年之后,大型城市数字产业集群水平上升则伴随着中小类型城市数字产业集群水平的下降,存在此消彼长态势。

表 5-4　　　　　　　　2019 年数字产业集群水平前 20 名

排名	地区	排名	地区
1	北京市	11	武汉市
2	南京市	12	石家庄市
3	大连市	13	成都市
4	杭州市	14	郑州市
5	深圳市	15	珠海市
6	上海市	16	呼和浩特市
7	广州市	17	兰州市
8	哈尔滨市	18	合肥市
9	西安市	19	许昌市
10	济南市	20	拉萨市

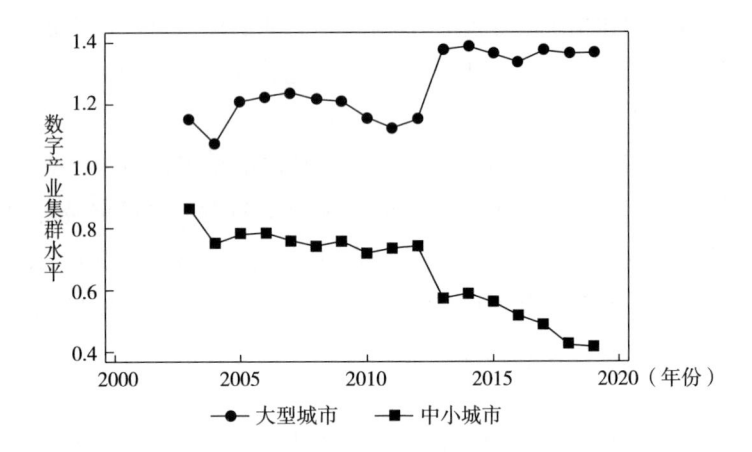

图 5-6　数字产业集群水平分组时间趋势

综合图 5-6 和表 5-4 的结果，可以看出数字产业集群水平从起初"百家争鸣"逐渐演变成了"几家独大"，说明数字产业具有马太效应，在发展过程中从业人员越发集中于头部城市，也说明数字产业头部城市对周边城市存在"虹吸效应"，尤其是体现在直辖市、副省级市和省会城市对周围中小城市数字产业集群发展的虹吸。

考虑到经济发展水平、产业结构、开放程度、人口密度、政府干预、城市化水平和科技水平是影响碳排放量的重要变量,并且这些变量可能影响数字产业集群水平,进而造成遗漏变量偏误,因此对上述变量进行控制,本节对经济类数值变量进行平减处理,以2003年为基期。

本节涉及的被解释变量、核心解释变量和控制变量的变量名称、含义和计算方式见表5-5所示,表5-5中包含有3个被解释变量,1个核心解释变量和8个控制变量。

表5-5　　　　　　　　　变量定义

变量	含义	计算方式
$LnEmission$	碳排放量	该地区当年碳排放量对数值
$LnEmission\_int$	碳排放强度	每单位GDP碳排放对数值
$LnPemission$	人均碳排放	人均碳排放对数值
LQ	数字产业集群水平	就业数据测算的区位熵
$Lnpgdp$	经济发展	人均GDP对数值
$Secondary\_ind$	工业发展水平	第二产业生产总值/总产值
$Tertiary\_ind$	服务业发展水平	第三产业生产总值/总产值
$Open$	开放程度	使用外资/生产总值
$Population\_den$	人口密度	每平方公里人口对数值
$Government$	政府干预程度	财政支出/生产总值
$City$	城市化水平	城镇人口/总人口
$Patent$	科技水平	专利授权量对数值

(二) 模型设定

为定量分析数字产业集群对当地碳排放的影响,验证前文提出的假说1,本节使用双向固定面板效应模型进行分析,模型设计见式(5-15):

$$Emission_{c,t} = \beta_0 + \beta_1 LQ_{c,t} + \theta X_{c,t} + \mu_c + \pi_t + \varepsilon_{c,t} \qquad (5-15)$$

式（5-15）中变量下标包含城市 c 和年份 t 两个维度，被解释变量为碳排放相关变量，包含有碳排放总量、碳排放强度和人均碳排放量3个变量；核心解释变量为数字产业区位熵得分，测算了当地数字产业集群水平；控制变量向量基于已有文献选取，包含经济发展、工业发展和服务业发展水平、开放程度、人口密度、政府干预程度、城市化和科技水平；城市固定效应和年份固定效应吸收了不随城市和年份变动的遗漏变量。式（5-15）中 β_1 捕捉到了数字产业集群水平对当地碳排放的影响，根据前文的理论分析和假说，预期显著小于0，数字产业集群有明显碳减排效果。

（三）描述性统计

CEADs 数据库对地级市碳排放量进行了科学估算，其综合考虑了碳排放过程，但是数据存在一定缺失情况。考虑到空间计量模型需要使用无缺失变量的强平衡面板进行回归，因此本节对缺失变量进行内插处理，对于仍然缺失数据的变量进行剔除处理，获得了92个城市2003—2019年的研究样本，样本量总共为1564，组成了不缺失变量的强平衡面板，表5-6是对应变量的描述性统计。

表5-6　　　　　　　　描述性统计

变量	样本量	均值	标准差	最小值	最大值
LnEmission	1564	3.438	0.897	0.482	6.031
LnEmission_int	1564	0.497	0.779	-1.806	3.282
LnPemission	1564	1.822	0.768	-0.895	4.415
LQ	1564	0.865	0.621	0.0300	4.780
Lnpgdp	1564	10.23	0.730	8.018	12.76
Secondary_ind	1564	48.09	9.598	16	82
Tertiary_ind	1564	42.15	10.34	14	84
Open	1564	2.928	2.635	0.0100	20.11

续表

变量	样本量	均值	标准差	最小值	最大值
Population_den	1564	6.199	0.665	4.180	7.882
Government	1564	13.04	5.603	4.125	50.03
City	1564	55.50	17.44	11	100
Patent	1564	8.967	1.646	1.099	13.22

表5-6展示了变量的样本量、均值、标准差、最小值和最大值，回归所用变量均使用了比例变量或采用对数化处理。从3个碳排放变量来看，标准差较大说明不同地区碳排放存在显著差异；此外，地区数字产业集群水平的均值小于1，并且数字产业集群水平标准差也较大，一方面说明大部分地区数字产业就业比例没有高于全国数字产业就业比例，另一方面也说明数字产业集群发展呈现很强的地理差异；工业和服务业发展情况则较为稳定，两者的均值也说明目前中国经济现状主力是工业和服务业，从控制变量的极值来看，研究样本在部分控制变量维度波动也较大，有必要进行控制。

四 实证结果

（一）基准结果

表5-7是对式（5-15）的回归估计结果，其中列（1）和列（2）的被解释变量是碳排放量，列（3）和列（4）被解释变量是碳排放强度，列（5）和列（6）的被解释变量是人均碳排放强度。综合6列结果，从系数方向来看，数字产业集群水平提升可以有效降低当地碳排放量、碳排放强度和人均碳排放量，说明数字产业集群对全方面实现碳减排目标具有重要作用；6列结果p值均小于0.01，统计显著性很高；从列（3）带有控制变量结果来看数字产业集群水平上升1个标准差，碳排放总量降低3.35%，碳排放强度降低5.22%，人均碳排放量降低5%，具有较强的经济显著性。

表 5-7　　数字产业集群的减碳效果

变量	(1) LnEmission	(2) LnEmission	(3) LnEmission_int	(4) LnEmission_int	(5) LnPemission	(6) LnPemission
LQ	-0.073*** (0.015)	-0.054*** (0.014)	-0.084*** (0.016)	-0.084*** (0.017)	-0.114*** (0.019)	-0.080*** (0.016)
$Lnpgdp$		0.160*** (0.059)		-0.383*** (0.057)		0.606*** (0.055)
$Secondary\_ind$		0.009*** (0.003)		0.007*** (0.003)		0.008*** (0.003)
$Tertiary\_ind$		0.003 (0.003)		0.007** (0.003)		0.005* (0.003)
$Open$		-0.011*** (0.004)		-0.007* (0.004)		-0.007 (0.004)
$Population\_den$		-0.013 (0.094)		-0.227 (0.145)		-0.189 (0.142)
$Government$		-0.006*** (0.002)		0.005** (0.002)		0.004* (0.002)
$City$		0.000 (0.001)		-0.001 (0.001)		-0.000 (0.001)
$Patent$		-0.011 (0.008)		-0.012 (0.008)		-0.014* (0.008)
$Constant$	3.501*** (0.014)	1.598* (0.930)	0.569*** (0.015)	5.371*** (0.134)	1.920*** (0.017)	-3.633*** (1.113)
控制变量	否	是	否	是	否	是
城市固定	是	是	是	是	是	是
时间固定	是	是	是	是	是	是
样本量	1564	1564	1564	1564	1564	1564
调整 R^2 值	0.943	0.945	0.916	0.921	0.908	0.922

注：括号里是稳健标准误，*$p<0.10$，**$p<0.05$，***$p<0.01$。以下各表相同。

表5-7中大部分控制变量的估计系数也与理论预期一致。经济、工业和服务业发展水平和碳排放量正向变动，但在碳排放强度层面，经济总量和碳排放强度反向变动，开放程度、人口密度、科技发展和碳排放量反向变动，政府干预与碳排放总量反向变动，但是与碳排放强度和人均碳排放量同向变动，在固定了人口密度后，城市化对碳排放的影响并不显著，方向也不确定，从调整R^2来看，式（5-15）设定方式和选取变量可以解释绝大多数碳排放的波动。

（二）内生性分析

对于式（5-15），本节控制了常见的控制变量和固定效应，对内生性问题有所缓解，但是仍可能存在其他共同原因会影响系数结果。例如，一个"有为"地方政府官员可以同时影响当地数字产业集群发展和碳排放水平，由于存在官员变动现象，所以该变量并不能被个体固定效应充分吸收，因此"有为"地方政府官员会导致式（5-15）中核心解释变量估计系数产生偏差。前文结果依然存在一定问题，因此需要使用工具变量进行修正。本节从地理数据和历史数据两个角度入手，采用两个工具变量对内生性问题进行缓解。

第一个工具变量从地理数据入手，方福前等（2023）认为，一个城市距离"八纵八横"光缆骨干网点城市越近，数字经济发展越好，并且该变量满足外部性条件，光缆是数字产业发展最关键的基础设施之一，因此本节使用该变量作为数字产业集群的工具变量进行回归。因为该地理数据衡量了每个地级市到光缆骨干城市的最近距离，是截面数据，在工具变量第一阶段中会被固定效应吸收，本节将截面的距离变量乘以时间趋势，转换为面板工具变量Distance，使用地理数据作为工具变量回归结果如表5-8所示。

表5-8中有4列估计结果，列（1）为工具变量的第一阶段，列（2）、列（3）和列（4）是工具变量修正后数字产业集群水平对碳排放总量、碳排放强度和人均碳排放量影响的回归结果。首先列（1）验证了前文的判断，距离"八纵八横"光缆骨干城市越远，数

字产业集群水平越差，并且稳健 LM 统计量和稳健 F 统计量表明不存在不可识别和弱工具变量问题。列（2）、列（3）和列（4）验证了经过地理信息工具变量处理后，数字产业集群的碳减排效果依然存在，并且相较于基准估计结果显著性更高，p 值均小于 0.01。

表 5-8　　距离八纵八横最短距离工具变量估计结果

变量	（1）LQ	（2）LnEmission	（3）LnEmission_int	（4）LnPemission
Distance	-0.029*** (0.002)			
LQ		-0.228*** (0.058)	-0.422*** (0.066)	-0.444*** (0.063)
Constant	4.838*** (1.242)			
稳健 LM 统计量	128.471	/	/	/
稳健 F 统计量	190.952	/	/	/
控制变量	是	是	是	是
城市固定	是	是	是	是
时间固定	是	是	是	是
样本量	1564	1564	1564	1564
调整 R^2 值	0.730	/	/	/

注：括号里是稳健标准误，*p<0.10，**p<0.05，***p<0.01。

除了地理数据外，本节还参考黄群慧等（2019）[①] 的做法，采用 1984 年邮局和电话数量作为数字产业集群水平的工具变量，邮局和电话是互联网起步的重要铺垫，邮局电话数量和之后的互联网经

[①]　黄群慧、余泳泽、张松林：《互联网发展与制造业生产率提升：内在机制与中国经验》，《中国工业经济》2019 年第 8 期。

济发展拥有很高的相关性，进而影响数字产业集群水平，并且该变量并不直接决定碳排放，因此是合适的工具变量。同样由于这两个工具变量为截面数据，给两个变量乘以随时间变动的互联网普及率变量，最终生成面板结构的工具变量 Post 和 Phone，得到估计结果如表 5-9 和表 5-10 所示。

表 5-9 所使用的工具变量是 1984 年的邮局数量，列（1）是第一阶段估计结果，证明历史邮局数量与当地数字产业集群水平具有正向关系，说明历史上邮电发展水平会为之后数字产业集群提供有效铺垫；并且稳健 LM 统计量和稳健 F 统计量证明没有不可识别和弱工具变量问题，其他 3 列结果也同样证明了数字产业集群水平能够显著实现碳减排效果。

表 5-10 结果与表 5-9 一致，当地历史电话数量和数字产业集群水平呈现显著的正向相关关系，同样说明历史上电话发展水平越高，之后数字产业集群水平也更高；稳健 LM 和 F 统计量同样验证了工具变量的有效性，列（2）、列（3）和列（4）估计结果也证明了数字产业集群水平有非常显著的碳减排效果。本节通过扩充样本量、滞后核心解释变量、多种工具变量方法进行了稳健性分析，均通过检验，证明了基准估计结果的稳健性，验证了假说 1。

表 5-9　　　　　1984 年邮局数量工具变量估计结果

变量	（1） LQ	（2） $LnEmission$	（3） $LnEmission\_int$	（4） $LnPemission$
$Post$	0.156*** (0.033)			
LQ		-0.389*** (0.122)	-0.666*** (0.147)	-0.736*** (0.152)
$Constant$	1.551 (1.619)			

续表

变量	(1) LQ	(2) LnEmission	(3) LnEmission_int	(4) LnPemission
稳健 LM 统计量	31.038	/	/	/
稳健 F 统计量	22.381	/	/	/
控制变量	是	是	是	是
城市固定	是	是	是	是
时间固定	是	是	是	是
样本量	1564	1564	1564	1564
调整 R^2 值	0.701	/	/	/

注：括号里是稳健标准误，*p<0.10，**p<0.05，***p<0.01。

表 5-10　　　　　1984 年电话数量工具变量估计结果

变量	(1) LQ	(2) LnEmission	(3) LnEmission_int	(4) LnPemission
Phone	0.104*** (0.014)			
LQ		-0.261*** (0.047)	-0.409*** (0.067)	-0.411*** (0.064)
Constant	0.658 (1.533)			
稳健 LM 统计量	37.625	/	/	/
稳健 F 统计量	52.940	/	/	/
控制变量	是	是	是	是
城市固定	是	是	是	是
时间固定	是	是	是	是
样本量	1564	1564	1564	1564
调整 R^2 值	0.724	/	/	/

注：括号里是稳健标准误，*p<0.10，**p<0.05，***p<0.01。

(三) 空间计量

碳排放污染问题具有非常显著的空间外部性（韩峰和谢锐，2017）。碳排放往往在部分地区产生集聚，以2019年为例，山东、河北、江苏、内蒙古和广东，这五个地区碳排放量占全国的1/3以上，而排名后五的地区只占不到5%，呈现巨大差异，高碳排放和低碳排放城市在特定区域呈现集聚，最终表现为高高集聚和低低集聚现象。因此更进一步采用空间计量模型进行分析。在引入空间计量模型设定前，首先介绍本节使用的空间权重矩阵以及相应的模型检验。

空间计量模型估计结果和权重设定息息相关，因此本节构建了两个空间权重矩阵。权重矩阵设计方面考虑到研究数据缺失较为严重，经典的邻接矩阵会产生很多没有邻居的孤岛地区，进而导致构建出的空间权重矩阵为稀疏矩阵，因此采用反距离矩阵来刻画个体的邻近程度，矩阵设定见式（5-16）所示：

$$W_{ij}^d = \begin{cases} 0, & i=j \\ \dfrac{1}{d_{ij}}, & i \neq j \end{cases} \tag{5-16}$$

式（5-16）刻画研究样本的地理相依性，d_{ij}表示i地和j地的地理距离，表示空间权重矩阵中对应元素，反距离矩阵应用较广的原因在于直观，地理距离越近，权重越大，能够很好地衡量碳排放污染泄漏问题。考虑到数字产业集群不仅依托地理距离连接，更多依靠经济距离连接，尤其在数字产业发展中起到关键作用的数字人才资源，一线城市数字产业从业人员在决定流动时，更少地会选择周围城市，而是首要选择其他经济发达的一线城市或省会。地理距离适合刻画碳排放问题，数字产业集聚问题则更适合经济距离，因此更进一步使用经济引力矩阵，矩阵设定见式（5-17）：

$$W_{ij}^g = \begin{cases} 0, & i=j \\ \dfrac{PGDP_i \times PGDP_j}{d_{ij}^2}, & i \neq j \end{cases} \quad (5\text{-}17)$$

式（5-17）中分子是 i 地和 j 地人均 GDP 数值乘积，使用研究样本内 17 年的人均 GDP 进行平均处理，分母是两地距离平方。式（3）单纯刻画了个体间的地理连接，式（5-17）则在式（5-16）的基础上更进一步考虑了经济距离的连接，全面刻画了样本间的相依关系，式（5-17）中两地距离越近，两地经济越发达，空间权重对应的权重则更大。

设定完矩阵后，对碳排放量的空间集聚进行检验。以下检验均以碳排放量对数值为分析对象，使用经济引力矩阵。得到莫兰检验结果如表5-11所示，研究样本内 17 年的莫兰指数均显著大于 0，17 年中 Z 统计量对应的 p 值远小于 0.01，表明碳排放量呈现明显的高高集聚和低低集聚现象，需要使用空间计量模型进行建模分析。

表5-11　　　　　碳排放量2003—2019年莫兰指数

年份	莫兰指数	Z统计量	年份	莫兰指数	Z统计量
2003	0.157	3.833	2012	0.219	5.269
2004	0.173	4.222	2013	0.219	5.263
2005	0.197	4.758	2014	0.228	5.460
2006	0.204	4.911	2015	0.231	5.546
2007	0.210	5.055	2016	0.206	4.983
2008	0.226	5.409	2017	0.189	4.593
2009	0.218	5.238	2018	0.164	4.026
2010	0.213	5.119	2019	0.182	4.430
2011	0.202	4.885	/	/	/

经过 LM 检验、LR 检验、Wald 检验和 Hausman 检验结果，本节

使用双向固定空间杜宾模型可以更好地估计研究样本,具体设定见式(5-18):

$$Emission_{c,t} = \alpha_0 + \rho \sum_j W_{c,j} Emission_{c,t} + \alpha_1 LQ_{c,t} +$$
$$\alpha_2 \sum_j W_{c,j} LQ_{c,t} + \gamma X_{c,t} +$$
$$\delta \sum_j W_{c,j} X_{c,t} + \mu_c + \pi_t + \varepsilon_{c,t} \quad (5-18)$$

式(5-18)和式(5-15)的差别在于引入了空间滞后变量,分别包含被解释变量、核心解释变量和控制变量的空间滞后项,$W_{c,j}$是空间权重矩阵中对应表示地区c和地区j的元素,有式(5-16)和式(5-17)两种计算方式,本节所使用的两种空间权重矩阵均经过行标准化处理。

碳排放问题在地理纬度上存在明显的高高集群和低低集群现象,需要引入空间计量模型进行实证分析。空间计量估计结果与空间权重矩阵设定密切相关,因此本节选择两个空间权重矩阵分别进行回归,首先是使用反距离矩阵,反距离矩阵刻画了研究样本的地理距离,对分析碳排放等污染问题至关重要,表5-12是相应估计结果。

表5-12的被解释变量设定与表5-7一致,依然包含了3个碳排放变量,并且保留了有无控制变量的对比,相比于表5-7添加了其他地区数字产业集群水平对本地碳排放量的影响系数、空间自回归系数、特定误差标准差、直接效应、间接效应和总效应估计值。从影响系数方向和显著性来看,当地数字产业集群水平上升能够显著降低当地的碳排放量、碳排放强度和人均碳排放量,和前文估计结果一致;此外可以形成良性的外溢效应,即当地数字产业集群水平提升可以显著降低周边地区的碳排放量,形成区域共同减碳;此外直接效应、间接效应估计结果也证明了前面的观点,验证了假说1和假说2,从总效应来看,数字产业集群能够显著实现碳减排效果。

表 5-12　　　　　反距离矩阵下数字产业集群的减碳效果

变量	（1）LnEmission	（2）LnEmission	（3）LnEmission_int	（4）LnEmission_int	（5）LnPemission	（6）LnPemission
LQ	-0.066*** (0.016)	-0.046*** (0.016)	-0.072*** (0.016)	-0.075*** (0.016)	-0.112*** (0.017)	-0.076*** (0.016)
$W*LQ$	-0.297*** (0.097)	-0.344*** (0.101)	-0.280*** (0.100)	-0.184* (0.105)	-0.028 (0.103)	-0.211** (0.103)
Rho	0.105 (0.127)	0.150 (0.125)	0.522*** (0.088)	0.411*** (0.100)	0.272** (0.116)	0.110 (0.124)
Sigma2_e	0.042*** (0.002)	0.041*** (0.001)	0.046*** (0.002)	0.044*** (0.002)	0.050*** (0.002)	0.042*** (0.002)
Direct	-0.066*** (0.016)	-0.047*** (0.016)	-0.078*** (0.017)	-0.077*** (0.016)	-0.112*** (0.017)	-0.077*** (0.016)
Indirect	-0.354*** (0.112)	-0.411*** (0.130)	-0.700*** (0.235)	-0.359* (0.187)	-0.094 (0.143)	-0.244** (0.123)
Total	-0.420*** (0.112)	-0.458*** (0.129)	-0.778*** (0.237)	-0.436** (0.187)	-0.206 (0.144)	-0.320*** (0.122)
控制变量	否	是	否	是	否	是
城市固定	是	是	是	是	是	是
时间固定	是	是	是	是	是	是
样本量	1564	1564	1564	1564	1564	1564
R^2 值	0.007	0.215	0.011	0.304	0.011	0.298

注：括号里是稳健标准误，*p<0.10，**p<0.05，***p<0.01。

表 5-13 使用了经济引力矩阵作为空间权重矩阵对模型（5）进行了回归，变量设定与表 5-12 一致，经济引力矩阵相较于反距离矩阵更进一步纳入了对经济距离的考量，综合考量了地理距离和经济距离对刻画样本之间联系的贡献。表 5-13 的结果相较于表 5-12 显著性更强，除个别系数外，其他变量对应系数均显著，说明在使用

经济引力矩阵后,数字产业集群水平可以更好地解释碳减排效果。

结合表5-12和表5-13两个空间计量模型估计结果来看,数字产业集群不仅可以实现本地区碳减排,还可以带动周边地区共同减碳,实现区域协同碳减排,并最终在全国范围内实现碳减排,助力"双碳"目标实现。

表5-13 经济引力矩阵下数字产业集群的减碳效果

变量	(1) LnEmission	(2) LnEmission	(3) LnEmission_int	(4) LnEmission_int	(5) LnPemission	(6) LnPemission
LQ	-0.071*** (0.015)	-0.052*** (0.015)	-0.080*** (0.016)	-0.080*** (0.016)	-0.116*** (0.017)	-0.081*** (0.016)
W*LQ	-0.078* (0.041)	-0.100** (0.042)	-0.127*** (0.043)	-0.075* (0.044)	-0.020 (0.044)	-0.070 (0.043)
Rho	0.155*** (0.058)	0.161*** (0.057)	0.340*** (0.050)	0.278*** (0.052)	0.236*** (0.051)	0.120** (0.052)
Sigma2_e	0.042*** (0.002)	0.040*** (0.001)	0.045*** (0.002)	0.043*** (0.002)	0.049*** (0.002)	0.042*** (0.001)
Direct	-0.072*** (0.016)	-0.053*** (0.016)	-0.085*** (0.017)	-0.082*** (0.016)	-0.117*** (0.017)	-0.081*** (0.016)
Indirect	-0.108** (0.048)	-0.126** (0.051)	-0.234*** (0.064)	-0.130** (0.060)	-0.065 (0.057)	-0.087* (0.049)
Total	-0.180*** (0.051)	-0.179*** (0.053)	-0.318*** (0.069)	-0.212*** (0.063)	-0.182*** (0.061)	-0.168*** (0.051)
控制变量	否	是	否	是	否	是
城市固定	是	是	是	是	是	是
时间固定	是	是	是	是	是	是
样本量	1564	1564	1564	1564	1564	1564
R^2值	0.007	0.215	0.011	0.304	0.011	0.298

注:括号里是稳健标准误,* p<0.10,** p<0.05,*** p<0.01。

（四）机制分析

接下来分析数字产业聚集水平影响碳排放过程中的中介变量，首先验证假说 H3a，即能源利用强度是数字产业集群碳减排效果的中介。本节重点检验数字产业集群和中介变量之间的联系，中介变量与碳排放之间的关系已被前人研究所验证。能源利用强度受到城市层级数据可获得性的限制，采用每单位 GDP 用电量衡量（王贤彬和杨超群，2024），估计结果见表 5-14 所示。

表 5-14 中有两个被解释变量，更综合地衡量了城市层级能源利用强度，$Energy\_int$ 是使用全社会用电量计算的能源强度，$Energy\_int1$ 是使用工业用电量计算的能源强度。表 5-14 中列（1）和列（2）被解释变量是全社会用电量计算的能源强度，列（3）和列（4）被解释变量是工业用电量计算的能源强度，列（1）和列（3）不包含控制变量，列（2）和列（4）含有控制变量，4 列结果均显著为负，p 值远小于 0.01，综合来看数字产业集群对降低当地能源利用强度有重要推动作用，验证了前文的假说 H3a。

表 5-14　　　　　数字产业集群对能源利用强度的影响

变量	(1) $Energy\_int$	(2) $Energy\_int$	(3) $Energy\_int1$	(4) $Energy\_int1$
LQ	-0.013*** (0.003)	-0.012*** (0.003)	-0.011*** (0.002)	-0.009*** (0.002)
Constant	0.090*** (0.003)	-0.088 (0.232)	0.064*** (0.002)	-0.091 (0.178)
控制变量	否	是	否	是
城市固定	是	是	是	是
时间固定	是	是	是	是
样本量	1564	1564	1564	1564
调整 R^2 值	0.768	0.770	0.789	0.791

注：括号里是稳健标准误，＊$p<0.10$，＊＊$p<0.05$，＊＊＊$p<0.01$。

接下来是验证假说3b,即绿色技术创新在数字产业集群影响碳排放中的中介作用,使用绿色专利申请量和绿色专利发明数量分别作为数字技术创新的代理变量,估计结果如表5-15所示。

表5-15中列(1)和列(2)被解释变量为绿色专利申请量,列(3)和列(4)被解释变量为绿色发明专利申请量,4列结果全部为显著的正向系数,p值均小于0.01,验证了数字产业集群对促进当地绿色技术创新的正向影响。

表5-14和表5-15估计结果验证了假说H3a和H3b,补充了数字产业集群影响碳排放的链条。从当期碳排放结果出发,降低能源利用强度是控制碳排放见效最快的方法之一;从未来碳排放结果出发,绿色技术创新带来的能源效率提升乃至能源结构革命是实现"双碳"目标的重要抓手;因此数字产业集群不论是在当下,还是在未来,都对控制碳排放起到举足轻重的作用,是未来实现"双碳"目标的重要支撑。

表5-15　　　　　数字产业集群对绿色技术创新的影响

变量	(1) *GreenPatent*	(2) *GreenPatent*	(3) *GreenInvention*	(4) *GreenInvention*
LQ	0.186*** (0.039)	0.165*** (0.033)	0.113*** (0.024)	0.101*** (0.020)
Constant	-0.045 (0.034)	-0.962 (2.494)	-0.034* (0.021)	-0.630 (1.260)
控制变量	否	是	否	是
城市固定	是	是	是	是
时间固定	是	是	是	是
样本量	1564	1564	1564	1564
调整R^2值	0.643	0.689	0.640	0.679

注:括号里是稳健标准误,*p<0.10,**p<0.05,***p<0.01。

(五) 异质性分析

为了进一步厘清数字产业集群降低碳排放的效果，本节从地理分布、碳排放情况、数字产业集群水平和城市规模四个方面进行异质性分析。首先是在地理分布方面，中国东部地区和非东部地区在经济发展、人才储备、基础设施建设等各个方面均存在巨大差异，因此首先检验东部和非东部地区数字产业集群减碳效果的异质性。根据城市是否在东部地区将样本区分为两部分，估计结果见表5-16所示。

表5-16　　　　　　　非东部地区和东部分组估计

变量	非东部地区			东部地区		
	(1) LnEmission	(2) LnEmission_int	(3) LnPemission	(4) LnEmission	(5) LnEmission_int	(6) LnPemission
LQ	−0.006 (0.020)	−0.007 (0.021)	−0.014 (0.020)	−0.053** (0.021)	−0.086*** (0.023)	−0.079*** (0.022)
Constant	0.952 (1.463)	5.249*** (1.644)	−3.432** (1.524)	0.754 (1.201)	4.298*** (1.048)	−3.919*** (1.063)
控制变量	是	是	是	是	是	是
城市固定	是	是	是	是	是	是
时间固定	是	是	是	是	是	是
样本量	714	714	714	850	850	850
调整 R^2 值	0.942	0.943	0.946	0.949	0.900	0.894

注：括号里是稳健标准误，*p<0.10，**p<0.05，***p<0.01。

表5-16列（1）、列（2）和列（3）是非东部地区样本回归结果，3列均为含有控制变量估计结果，列（4）、列（5）和列（6）是东部地区回归结果。从6列结果对比发现，系数方向均为负向，但东部地区数字产业集群水平的减碳效果更大也更显著，非东部地区数字产业集群减碳效果较小，并且统计显著性较低，没有通过显著性检验。表5-16估计结果说明东部地区的经济发展、基础设

施和人才储备等优势是实现数字产业集群碳减排效果的重要基础。

表5-17是根据地区碳排放总量的中位数进行分组回归的结果，将样本分割为低排放地区和高排放地区，列（1）、列（2）和列（3）是低排放地区样本回归结果，3列均为含有控制变量，列（4）、列（5）和列（6）是高排放地区回归结果，同样也都含有控制变量。从6列结果来看，系数方向说明数字产业集群有碳减排效果，并且主要作用于低排放地区，对于高排放地区的作用效果十分有限，数字产业集群减碳效果可以进一步作用于已经实现较好减排的地区，对于碳减排攻坚地区仍存在困难。

表5-17 低排放和高排放地区分组估计

变量	低排放地区			高排放地区		
	（1）	（2）	（3）	（4）	（5）	（6）
	LnEmission	*LnEmission_int*	*LnPemission*	*LnEmission*	*LnEmission_int*	*LnPemission*
LQ	-0.101***	-0.136***	-0.113***	-0.009	-0.023	-0.028
	(0.032)	(0.032)	(0.031)	(0.015)	(0.018)	(0.017)
Constant	-0.455	5.850***	-3.175**	2.737**	3.970***	-4.473***
	(1.499)	(1.516)	(1.561)	(1.103)	(1.405)	(1.342)
控制变量	是	是	是	是	是	是
城市固定	是	是	是	是	是	是
时间固定	是	是	是	是	是	是
样本量	776	776	776	776	776	776
调整R^2值	0.873	0.914	0.893	0.904	0.957	0.929

注：括号里是稳健标准误，*p<0.10，**p<0.05，***p<0.01。

接下来根据当地数字产业集群发展情况对样本进行分割，讨论数字产业集群碳减排效果的异质性，参考郑江淮等（2023）做法，将区位熵大于1的地区定义为数字产业集群的显性优势地区，从区位熵公式来看，式（1）大于1表明该地数字产业从业人员比例高于全国，说明其拥有显性优势。根据有无显性优势进行分组的回归结果如表5-18所示。

表5-18是根据地区数字产业集聚是否含有显性优势进行分组回归的结果，列（1）、列（2）和列（3）是无显性优势地区样本回归结果，列（4）、列（5）和列（6）是显性优势回归结果，同样也都含有控制变量。与之前结果类似，6列结果从系数方向来看数字产业集群具有显著碳减排效果，碳减排效果在没有显性优势地区的效果更好、显著性更好，这说明数字产业集群的碳减排效果可以很好地作用于数字产业发展初期；在迈入更发达时期后，进一步集聚而成的数字产业集群碳减排效果并不显著，这部分结果与前文提到的产业集群拥挤效应相呼应（何文举等，2019），说明过度集聚产生的数字产业集群存在资源错配现象，降低了数字产业集群碳减排效果。

表5-18　　　　　　非显性优势和显性优势分组回归

变量	非显性优势地区			显性优势地区		
	（1） $LnEmission$	（2） $LnEmission\_int$	（3） $LnPemission$	（4） $LnEmission$	（5） $LnEmission\_int$	（6） $LnPemission$
LQ	-0.168*** (0.051)	-0.172*** (0.051)	-0.173*** (0.051)	-0.012 (0.021)	-0.025 (0.023)	-0.021 (0.022)
$Constant$	1.979 (1.266)	5.931*** (1.260)	-3.147** (1.265)	0.507 (1.688)	4.554*** (1.698)	-3.574** (1.620)
控制变量	是	是	是	是	是	是
城市固定	是	是	是	是	是	是
时间固定	是	是	是	是	是	是
样本量	1133	1133	1133	417	417	417
调整R^2值	0.941	0.928	0.931	0.968	0.929	0.926

注：括号里是稳健标准误，*p<0.10，**p<0.05，***p<0.01。

最后，将样本区分为中小城市和大型城市，大型城市为直辖市、副省级市和省会城市，大型城市往往拥有更雄厚的财政收入和更高的行政职权，因此大型城市和中小城市数字产业集群碳减排效果必然存在差异。估计结果如表5-19所示。

表5-19中列（1）、列（2）和列（3）是中小城市样本回归结果，列（4）、列（5）和列（6）是大型城市回归结果。表5-19估计结果和表5-18相似，说明数字产业集群碳减排效果更好作用于中小城市，而不是大型城市。

表 5-19　　　　　　中小城市和大型城市分组回归

变量	中小城市			大型城市		
	（1） LnEmission	（2） LnEmission_int	（3） LnPemission	（4） LnEmission	（5） LnEmission_int	（6） LnPemission
LQ	-0.082*** (0.031)	-0.096*** (0.032)	-0.085*** (0.031)	-0.001 (0.017)	-0.001 (0.018)	-0.001 (0.017)
Constant	0.760 (1.547)	5.464*** (1.508)	-3.647** (1.511)	-0.625 (1.813)	0.650 (1.994)	-7.517*** (1.843)
控制变量	是	是	是	是	是	是
城市固定	是	是	是	是	是	是
时间固定	是	是	是	是	是	是
样本量	1105	1105	1105	459	459	459
调整 R^2 值	0.931	0.911	0.925	0.954	0.939	0.923

注：括号里是稳健标准误，* $p<0.10$，** $p<0.05$，*** $p<0.01$。

五　政策建议

基于本节研究结果，可以提供以下三条政策思路与建议。

第一，加大力度支持数字产业集群发展。数字产业集群作为数字经济发展的产物，不仅是经济发展的重要推动力量，还为实现"双碳"目标提供有力支撑。数字产业集群通过提供数字化解决方案和创新技术，为维持经济发展、降低能源利用强度、提升绿色技术创新和降低碳排放作出了重要贡献。因此，需要进一步加大对数字产业集群的政策支持力度。除了常见的资金支持、优惠税收政策和培养相关人才等措施外，政府还应进一步推进公共数据授权使用的基础制度建设。通过建立健全公共数据共享平台、高性能计算平台与程序算法培训平台，扩大数据、算力和算法等数字产业关键要素的有效供给，能够进一步赋能现有数字经济发展。这将有助于推动数字产业集群的进一步发展，加速数字化转型，提高资源利用效率，降低碳排放。

第二，重点支持中小城市数字产业集群发展。目前，中国的数字产业集群发展呈现差异化的趋势，大型城市数字产业集群的发展虽然较快，但已逐渐出现拥挤效应，碳减排效果并不明显。相比之下，中小城市数字产业集群在碳减排方面表现出明显的效果。为了解决中小城市数字产业集群发展缓慢的问题，政府可以采取相关措施。一方面，在中小城市建立数字产业孵化基地，提供基础设施和支持服务，吸引和培育创新型数字企业。另一方面，鼓励企业进行关键数字技术创新和新型数字市场拓展，提升中小城市数字产业的竞争力和活力。

第三，加强数字产业集群发展的城市间合作与协调。针对数字产业集群中存在的马太效应，政府应加强城市间数字产业集群发展的分工合作，促进资源共享和产业互补。通过加强合作与协调，可以避免过度竞争和资源浪费，实现优势互补、协同发展的局面。此外，政府还需要针对目前数字产业集群优势地区的碳减排效果不显著进行调整。通过疏解部分数字企业到周边中小城市，促进区域间产业集群发展的协调和平衡。这样的调整将有助于减轻大型城市数字产业集群的压力，提高整体数字产业集群的碳减排效果。总之，通过加大支持力度、促进中小城市数字产业集群发展以及加强合作与协调，可以进一步推动数字产业集群的可持续发展，实现经济发展与碳减排的双重目标。政府在制定相关政策和推动措施时应注重平衡各方利益,确保数字产业集群的发展同时具备经济效益和环境效益,进一步推动数字经济的可持续健康发展。

在本节的研究基础上,后续研究可围绕以下两点展开:第一,受限于工业企业数据库的有效性,本节没有使用工企数据库和 EG 指数方法,后续可以尝试使用该数据库和 EG 指数方法来测算数字产业集群,并深入研究对时效性依赖程度更低的经典问题;第二,受限于城市层级数据可获得性的限制,本节采用信息传输、计算机服务和软件业作为数字产业的代理,虽然是现有研究的常规做法,但可能并没有很好在工业制造业维度对数字产业集群进行捕捉和刻画,因此在后续研究中可以深入挖掘合适的数字产业代理变量。

第六章　数实融合推动数字经济高质量发展

第四章和第五章分别从技术维度和要素维度阐释了数字经济发展的实现路径，基于这两个维度的分析仍未跳出新古典生产函数的分析逻辑。数字经济与实体经济深度融合（简称"数实融合"）通过构建现代化经济体系，实现了对传统产业进行全方位、全角度、全链条的改造，提供了探索数字经济高质量发展的全新维度。

数字经济和实体经济深度融合的过程，既是数字技术不断向实体经济的研发、生产、销售、流通环节渗透融合，创新生产方式和商业模式，重塑产业组织形态与制造流程，推动全要素生产率持续提升以及培育新业态新模式的过程，也是数字技术受特定需求场景拉动，不断迭代演进甚至萌生出适应性技术和相应产业部门的过程。本章探讨了数实融合的三条具体渠道：推动消费升级、提高供给质量与促进供需平衡，为开拓数字经济高质量发展的第三条实现路径提供理论支撑。

第一节　数实融合推动消费升级

一　消费者需求特征变化

数字经济与实体经济的融合促进了消费升级，互联网和其他信息技术的进步升级促使线上消费迅猛发展，催生了以在线购物、电商直播、在线教育等为代表的消费新业态、新模式，成为引领消费扩容升级的新亮点。根据国家统计局数据，2023年中国网上零售额达 15.4 万亿元，连续 11 年稳居全球第一，如图 6-1 所示。2023 年网上实物商品零售额已经占到社会消费品零售总额的 27.6%。2024 年第一季度，全国网上零售额 3.3 万亿元，同比增长 12.4%。网络消费成为驱动消费的重要支撑。

统计数据难以充分显示数实融合对总体消费需求的拉动作用。在线消费对消费总额影响的研究可以总结为两种。

一种是线上消费和线下实体店消费渠道之间存在替代效应，网络化并没有扩大消费者的需求。消费者倾向于使用一种渠道进行搜索，使用另一种渠道进行购买。他们既会在互联网上寻找发现最符合其需求的产品之后去实体店确认产品信息并购买，也会在实体店确定所需要的产品后转而在网上进行购买（Verhoef et al., 2007; Neslin et al., 2014; Flavián et al., 2016; Singh & Basu, 2023）。

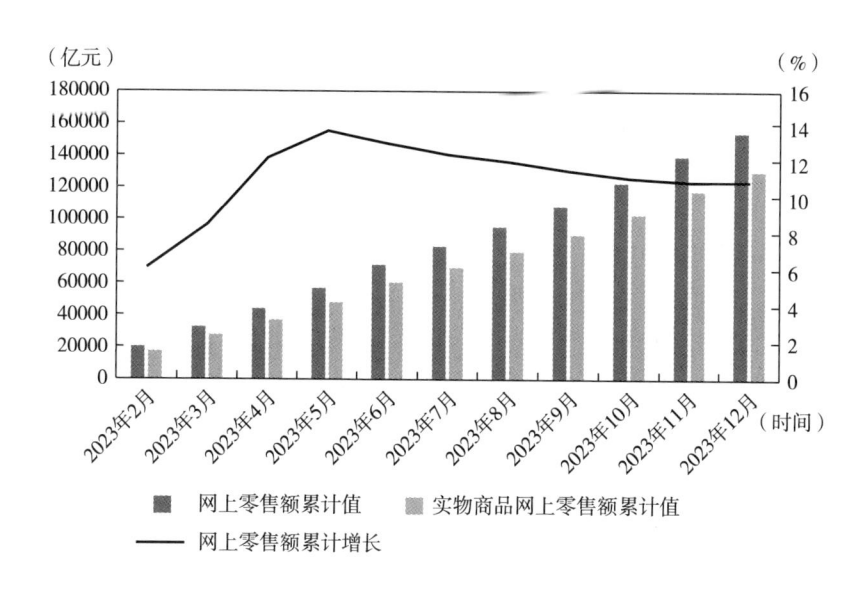

图 6-1 消费品网上零售额及同比增速

资料来源：根据国家统计局资料整理而得。

另一种是线上消费额外创造了需求。如数字支付可以增加消费者的交易效用，促进心理账户的有意调整，导致家庭更多的计划外消费。利用线上线下的协同效应也可以促进产品销售的增长，使消费者和销售者共赢。游戏充值、网站会员等网络虚拟产品服务也产生了新的消费增长点。

数字经济背景下的消费者需求特征不同于传统经济形态，集中表现在商品个性化、需求长尾化、消费社群化和内容数字化这四个方面。

（一）商品个性化

在传统经济中，受限于厂商的生产状况，消费者只能在有限的产品中进行最优决策。进入数字经济时代，互联网平台不仅拉近了消费者与厂商的距离，也为消费者在互联网上定制生产、获取个性化商品提供了渠道。生产效率和生产柔性的提高更使消费者在基本需求得到满足条件下的个性化成为可能。

数字技术的飞速发展为商品个性化提供了强大的支撑。随着大数据、人工智能、云计算等技术的应用，企业能够更加精准地捕捉和分析消费者的个性化需求。这些技术使得产品的设计、生产和营销过程更加灵活和智能化，从而能够快速响应市场变化，满足消费者对个性化商品的追求。例如，通过数据分析，企业可以识别出特定消费者群体的偏好，进而开发出符合这些偏好的产品特性和功能。此外，3D打印等先进制造技术的发展，进一步降低了个性化定制的成本，使得消费者能够以合理的价格获得定制化的商品。

消费者行为的变化也是推动商品个性化发展的重要因素。在数字经济时代，消费者更加注重个性化和体验，他们不再满足于标准化、大众化的产品，而是追求能够展示个人品位和身份的商品。社交媒体的普及进一步放大了这种趋势，因为人们可以通过分享自己的个性化商品来获得认同和满足感。这种消费者行为的变化促使企业不断创新，提供更加多样化和个性化的产品和服务，以吸引和留住消费者。

市场结构的演变也为商品个性化的发展提供了条件。数字经济时代的市场竞争日益激烈，企业为了在竞争中脱颖而出，必须寻找差异化的竞争优势。个性化商品和服务正是实现差异化的重要途径之一。此外，随着电子商务平台的兴起，中小企业和个体创业者也能够通过网络平台展示和销售自己的个性化商品，这不仅拓宽了消费者的选择范围，也为商品个性化的发展提供了更广阔的空间。

（二）需求长尾化

与此同时，以互联网、大数据为代表的数字技术降低了搜寻成本，意味着消费者更容易搜寻到稀缺和利基产品，从而产生长尾效应。低搜索成本还意味着，如果产品都是纵向差异化的，那么同质性的消费者会在哪一件产品是最好的上面达成一致（Goldfarb & Tucker, 2019），长尾需求也能得到充分满足。

需求长尾化的出现，得益于互联网的普及和电子商务的发展，使得消费者能够轻松访问和购买到全球各地的产品和服务。在线平台的海量商品信息和便捷的搜索工具，让消费者能够发现并满足他们独特的需求，即使是那些小众或非主流的产品也能够找到自己的市场。长尾理论的提出者克里斯·安德森指出，当存储和分销的边际成本降低到接近零时，非主流产品的市场总和可以与少数热门产品的市场相媲美。这促使企业开始重视那些曾经被忽视的细分市场，从而推动了需求长尾化的发展。

（三）消费社群化

数字经济下技术的进步和社交模式的创新极大地便利了消费群体以兴趣、共同关心的话题为纽带形成集群的过程，处于同一兴趣群体的消费者更信任、偏好群体中所推荐的商品，也更容易产生对相关商品的购买行为。

数字经济的发展极大地促进了信息的流动和交流，使得消费者能够更加便捷地聚集在一起，形成基于共同兴趣、价值观或消费偏好的社群。这些社群通常通过社交媒体、论坛、博客等在线平台进行交流和互动，分享信息、观点和经验。社群成员之间的互动不仅加强了他们对品牌和产品的忠诚度，而且也促进了口碑营销和推荐购买行为，从而形成了一种社群化的消费者行为模式。这种社群化的消费模式使得消费者在购买决策过程中更加依赖于社群内部的推荐和评价，而不仅仅是传统广告或商家的宣传。

可以观察到许多成功的品牌和企业已经利用消费社群化的特征来推动其业务的发展。例如，苹果公司通过其忠实的"果粉"社群，成功地建立了一个强大的品牌忠诚度。苹果的产品设计和用户体验满足了消费者对个性化和创新的追求，而"果粉"社群则通过在线论坛、社交媒体等渠道分享使用体验和技巧，形成了一种强大的社群文化，这不仅增强了苹果品牌的市场影响力，也促进了产品的口碑传播。另一个例子是运动品牌耐克，它通过建立跑步社群Nike+，鼓励用户分享跑步数据和经验，提供个性化的训练计划和建议，成功地将消费者转变为品牌的传播者和忠实粉丝。

（四）内容数字化

内容数字化是指信息、娱乐、服务等消费内容通过数字技术进行编码、存储和传输的过程。在数字经济中，消费者越来越倾向于通过数字平台获取和消费内容。这种趋势的出现，得益于互联网技术的快速发展和智能设备的普及。数字内容的易于获取、存储和分享的特性，使得消费者能够随时随地访问他们感兴趣的内容。此外，数字内容的互动性和个性化定制能力，也极大地满足了消费者对参与度和个性化体验的需求。例如，数字音乐和视频流媒体服务允许用户根据自己的喜好来选择和播放内容，而在线教育平台则提供了丰富的个性化学习资源和路径。

内容数字化特征的另一个重要体现是数字内容的创新和多样化。数字技术的发展使得内容创作者能够以更低的成本和更高的效率来创作和分发他们的作品。这不仅促进了内容的创新，也使得小众和细分市场的内容得以被发掘和传播。数字内容的多样化为消费者提供了更广泛的选择，同时也为企业开拓新的市场和收入来源提供了机会。

具体案例方面，我们可以观察到 Netflix 和 Spotify 是数字内容数字化特征的典型代表。Netflix 通过其流媒体服务平台，提供了大量的电影、电视剧和原创内容，消费者可以根据个人喜好随时随地进行观看。Netflix 的成功在于其强大的内容推荐算法，能够根据用户的观看历史和偏好来推荐内容，极大地提升了用户体验和满意度。另一个例子是 Spotify，作为一个音乐流媒体服务，它通过分析用户的听歌习惯和偏好，提供个性化的播放列表和音乐推荐，从而吸引了数亿用户。Spotify 还为独立音乐人提供了一个展示和分发他们作品的平台，促进了音乐内容的多样化和创新。

二 数字消费的分析范式

从经济学角度看，消费者在做决策的过程中会权衡其成本和收益，并希望可以最小化投入（如时间、精力、金钱、风险等）、最大化收益（如功能性价值、享乐价值等）。关于数字经济条件下居民提升数字消费需求的动机，有三种相关的理论研究范式：完全理性的经济理性模型范式、有限理性的行为经济学范式与消费者价值理论范式。

（一）经济理性模型范式

经济理性模型范式中，数字经济下个体的收入仍与消费，尤其是互联网消费存在正向关系。高收入的消费者时间的机会成本会更高，因此他们在线消费的目的更多是节省时间；低收入者在线消费的目的则是节省金钱。因此，高收入者通过互联网在线消费节省时间的信念与消费行为之间的正向关系高于低收入者，低收入者通过互联网在线消费节省金钱的信念与消费行为之间的正向关系高于高收入者。

经济理性模型假定消费者在有限的信息和资源下，会做出最大化自身效用的消费决策。数字经济通过提供更加丰富、透明和即时的信息，极大地提高了消费者获取产品信息的效率。在线平台能够展示大量的商品信息、价格比较、用户评价等，使得消费者能够更加全面地了解产品特性和市场情况，从而做出更加理性的消费选择。此外，数字支付和物流技术的发展也降低了交易成本，提高了交易的便利性，进一步促进了消费者的在线消费行为。例如，通过比较不同电商平台上的价格和评价，消费者可以更加容易地找到性价比最高的商品，实现效用最大化。

数字经济的发展也促使企业调整其运营策略，以适应消费者行为的变化。企业需要更加关注消费者的需求和偏好，通过数据分析来优化产品设计、定价策略和营销活动。同时，企业也需要利用数字技术来提高供应链的透明度和响应速度，以满足消费者对快速交付和高质量服务的期望。例如，通过社交媒体和在线社区，企业可以更好地与消费者进行互动，收集消费者的反馈和建议，从而不断改进产品和服务。此外，企业还可以通过数字营销工具，如搜索引擎优化、社交媒体广告等，来提高品牌知名度和吸引潜在消费者。

数字经济的发展改变了传统的市场结构，形成了以平台为中心的新兴市场格局。在线平台通过聚集大量的买卖双方，创造了规模经济和网络效应，这不仅降低了交易成本，也提高了市场效率。在这种市场结构下，消费者可以享受到更加多样化的商品和服务选择，同时，平台的算法推荐系统也能够根据消费者的偏好和行为模式，提供个性化的产品和服务推荐，从而提高消费者的满意度和忠诚度。例如，亚马逊和阿里巴巴等电商平台通过构建庞大的在线市场，为消费者提供了一站式的购物体验，同时也通过数据分析和个性化推荐，提高了消费者的购买转化率。

（二）行为经济学范式

根据行为经济学范式，由于人不能做到完全理性，消费者在网

第六章　数实融合推动数字经济高质量发展

上搜索成本（时间花费）和收益（节省的金钱）之间进行权衡时将不再以客观的经济收益为标准，而是只比较两种成本的相对重要性。低收入者对"时间就是金钱"的信念比较弱，他们更倾向于把互联网看作一种娱乐方式，互联网消费主要是为了节省金钱，在搜寻商品时愿意花费较多的搜索时间；高收入者对"时间就是金钱"的信念比较强，互联网消费的主要目的是节省时间并愿为此花费较多的金钱。

行为经济学认为消费者的决策过程并非总是完全理性的，而是受到认知能力和信息处理能力的限制。在数字经济时代，尽管消费者可以访问到海量的信息，但这种信息的过载往往会导致决策困难，即所谓的"选择悖论"。消费者在面对过多的选择时，可能会感到焦虑和不确定，从而影响其购买决策。然而，数字平台通过算法推荐、个性化定制等功能，帮助消费者缩小选择范围，简化决策过程。例如，通过用户历史行为和偏好分析，电商平台能够推荐最符合用户需求的商品，减少消费者的搜索成本，提高决策效率。

数字经济的发展也加剧了消费者信息处理的局限性。由于消费者在处理信息时存在认知偏差，如确认偏误、过度自信等，这可能导致他们在在线消费时做出非最优选择。例如，消费者可能会过分依赖于产品的正面评价，而忽视了潜在的风险。为了应对这一问题，数字平台开始引入更多的用户生成内容，如详细的用户评价、比较工具和社区讨论，以帮助消费者更全面地评估产品。这些措施有助于消费者克服认知偏差，做出更加理性的消费决策。

行为经济学范式也可以解释线上消费中的代际差异现象：年轻人对新事物的接受度高，线上消费的学习操作成本低，他们认为网购可以节省更多金钱，会更愿意在网上消费；年纪较大的人由于对新信息和通信技术的接受较慢，一些网站的设计对他们也不是很友好，使用互联网的成本会更高，因而不会持有与年轻人相同的理念。有研究发现，数字经济的发展对老年人的消费升级也有显著促进作用，老年人还可以通过数字消费提高认知功能，加强与社会的联系从而防止孤独，获取更好的物质支持。政府、社会应共同引导老年人主动接触互联网、提高老年人的数字素养，使他们可以更好地享受数字红利，跨越数字鸿沟，实现数字包容。

数字经济的发展还为理解消费者行为提供了新的视角和工具。行为经济学强调了行为偏差在决策过程中的作用，而数字经济提供了大量的用户数据，使得企业和研究者能够更深入地分析和理解这些行为偏差。通过大数据分析，企业可以识别消费者的购买模式、偏好变化和行为趋势，从而设计出更符合消费者实际需求的产品和服务。此外，数字经济还促进了行为干预措施的发展，如通过提醒、激励和反馈机制来引导消费者做出更理性的消费选择。

(三) 消费者价值理论范式

消费者价值理论范式认为消费者购物的目的是寻找功能性价值和享乐价值，这意味着他们在网络消费时会花费更多的时间去搜寻产品以获得高的价值享受。重视享乐价值的消费者会更喜欢网上消费的乐趣，网上消费与怀有享乐的信念具有更强的正向关系。在这一范式下，影响消费者需求的不再只有物质价值，还有精神价值。可以在传统数字消费领域基础上，创新数字产品和服务供给，积极探索融合性数字服务新业态新模式，构建更加完整的数字经济产品和服务生态，打造数字消费新亮点。

数字经济为消费者价值的创造提供了新的可能性。消费者价值理论认为，消费者购买产品或服务是为了满足其需求和欲望，获得价值。在数字经济时代，消费者可以通过在线平台获得更加多样化和个性化的商品和服务，这些商品和服务往往能够更好地满足消费者的特定需求。例如，数字内容和服务，如在线音乐、视频、教育和游戏，可以根据消费者的偏好和使用习惯进行定制，从而提供更高的消费者价值。此外，数字技术还使得消费者能够通过社交媒体和在线社区参与到产品的设计和改进过程中，这种参与感和共创价值的过程也增加了消费者的价值感知。

数字经济改变了消费者价值的传递方式。传统的价值传递依赖于物理产品和面对面的服务,而数字经济则使得价值可以通过数字化的方式进行传递。在线平台和移动应用使得消费者可以随时随地访问和获取价值,无论是通过电子商务购买实物商品,还是通过订阅服务获取数字内容。这种即时性和便利性大大提高了消费者的价值感知。同时,数字支付和物流技术的发展也降低了交易成本,使得消费者能够以更低的价格获得更高的价值。此外,数字经济还通过提供透明的价格信息和用户评价,增强了消费者对价值的信任和满意度。

数字经济对消费者价值的实现也产生了重要影响。消费者价值的实现不仅仅取决于产品或服务本身的质量和性能,还取决于消费者的使用体验和感知。在数字经济中,消费者的使用体验可以通过数据分析和用户反馈得到持续的优化。企业可以利用大数据和人工智能技术来分析消费者的使用行为和偏好,从而提供更加个性化和高质量的服务。例如,在线零售商可以根据消费者的购买历史和浏览行为推荐相关商品,提高购物体验。同时,数字经济还通过提供在线客服和社区支持,增强了消费者的服务体验和满意度。消费者可以通过在线渠道快速获得帮助和解决方案,这种及时性和互动性也提高了消费者的价值实现。

三 促进消费升级的政策措施

促进消费升级的政策措施需要综合考虑供给和需求两侧的因素,创造一个有利的消费环境。在供给侧,政府可以采取各种激励措施,鼓励企业投资于数字产品和服务的研发与创新,降低企业成本,提高供给质量,确保消费者能够便捷、高效地获取数字服务;在需求侧,政府应推动数字教育和培训,提高公众数字素养,增强消费者对数字产品和服务的认知与使用能力,从而激发消费需求。通过供求两侧的政策措施,可以有效促进数字消费的增长,推动数字经济高质量发展。

(一) 供给侧措施

1. 技术创新与研发支持

首先,政府和相关机构应加大对基础数字技术研究的投入。数字技术是数字消费的基石,只有不断地创新和完善基础技术,才能为数字消费提供更多可能性。同时,需要鼓励企业和研究机构开展应用技术的研发,将基础研究成果转化为实际的产品和服务。这包括开发更加智能化、个性化、实时化的数字消费平台,以及更加安全、便捷的在线支付系统等。通过这种方式,可以提高数字消费的体验,增加消费者满意度和忠诚度。

其次,为了促进技术创新与研发,需要建立一个健康的创新生态系统。这包括搭建合作平台,促进企业、高校、研究机构以及其他组织之间的交流与合作。政府可以通过提供资金支持、税收优惠等措施,激励各方参与到数字消费相关的创新项目中来。此外,还可以建立创新孵化器和加速器,为初创企业和创新团队提供必要的资源与指导,帮助他们快速成长。通过这样的合作和交流,可以加速新技术的推广应用,推动数字消费市场的快速发展。

最后,技术创新与研发离不开高素质人才的支持。政府和教育机构应当加强对数字技术人才的培养,设置相关的课程和专业,提供实践机会,吸引更多年轻人投身于数字技术的研究和开发。加强知识产权保护也是激励创新的关键。政府需要制定和执行严格的知识产权法律法规,确保创新者的权益得到保护,从而鼓励更多的企业和个人投入数字消费技术创新与研发中。只有确保创新成果能够得到合理的回报,才能持续推动数字消费领域的技术进步和产业升级。

2. 数字基础设施建设

第一,要为消费升级提供强有力的支持,就必须加强网络基础设施建设。首先，要提升宽带网络的覆盖范围和速度，确保消费者无论身处何地都能享受到稳定、高速的互联网服务。同时，要积极推进5G网络的建设和商用，利用其高速率、低延迟的特性，为数字消费带来更加流畅和丰富的体验。此外，还需要加大对数据中心、云计算平台等基础设施的投资，为数字消费提供强大的数据存储和计算能力。这些基础设施的完善将为数字消费的快速发展奠定坚实的基础。

第二，物联网和智慧城市是数字基础设施建设的重要方向。建设智慧城市，可以通过集成各种智能系统和服务，提高城市管理的效率和居民生活的便利性。例如，智能交通系统可以减少交通拥堵，智能电网可以提高能源利用效率，智能医疗系统可以提供更好的医疗服务。物联网技术的应用则可以实现物品的智能连接和数据交换，为消费者提供更加个性化和智能化的产品和服务。通过这些技术的应用，可以极大地提升数字消费的质量和效率。

第三，数字支付和安全体系的优化是数字基础设施建设的关键组成部分。数字支付系统的便捷性和安全性，直接影响消费者的支付体验和信心。因此，需要不断完善电子支付、移动支付等数字支付工具，提供更加安全、便捷的支付服务。同时，要加强网络安全防护，保护消费者的个人信息和交易安全，防止网络诈骗和数据泄露等风险。通过建立健全的数字支付和安全体系，可以为数字消费提供更加可靠的保障，增强消费者的信任和满意度。

（二）需求侧措施

1. 实施消费激励政策

实施消费激励政策是推动数字消费发展的重要手段，它能够直接刺激消费者的购买欲望，促进数字产品和服务的消费。

首先，政府可以通过提供财政补贴和税收优惠来降低消费者购买数字产品和服务的成本。例如，对于购买智能家居设备、在线教育课程、电子书籍等数字消费品的个人或家庭，政府可以提供一定额度的补贴或者直接的价格折扣。此外,对于数字服务提供商,如电子商务平台、在线内容提供商等,政府可以给予一定期限内的税费减免,降低其运营成本,从而鼓励它们提供更优惠的价格给消费者。这些措施不仅能够提高消费者的购买力,还能够促进数字产品和服务的创新与多样化。

其次,政府可以联合企业开展各类促销活动,通过限时折扣、优惠券发放、抽奖活动等方式,激发消费者的购买热情。此类活动可以在特定的时间节点进行,如节假日、纪念日等,以吸引更多的消费者参与。同时,政府还可以通过建立专门的消费节,如"数字生活节""智能产品体验周",集中展示数字消费的最新趋势和产品,提供体验区和互动环节,让消费者亲身感受数字消费的便利和乐趣,从而增强其消费意愿。

最后,为了确保消费者能够充分利用数字消费的便利,政府需要通过教育和培训提升公众的数字素养。通过提供基础的互联网使用教育、网络安全知识普及、电子支付操作指南等,政府可以帮助消费者更好地适应数字化的生活方式。同时,政府还需要加强网络安全和个人信息保护,建立消费者信任的数字消费环境。通过制定严格的数据保护法规,加强对数字服务提供商的监管,确保消费者的权益不受侵害,从而提高消费者对数字消费的信心和满意度。

2. 创新数字服务消费场景

创新数字服务消费场景是推动消费升级的关键策略,它能够为消费者提供更加丰富、便捷的数字体验,从而激发消费潜力、提升消费质量。

第一,政府应鼓励企业采用先进的信息技术,如人工智能、大数据分析等,来提供更加个性化的数字消费体验。各级政府可以设立专项基金,支持企业开发能够根据消费者行为和偏好提供定制化服务的平台与应用。例如,通过智能推荐系统,电子商务平台能够向消费者推荐他们可能感兴趣的商品,而在线内容平台则能够提供个性化的新闻、视频和音乐推荐。此外，政府还可以推动企业利用增强现实（AR）和虚拟现实（VR）技术，为消费者提供沉浸式的购物和娱乐体验，从而提升数字服务的消费吸引力。

第二，政府可以通过推广数字支付和便捷服务来创新数字服务消费场景。通过提供税收优惠、补贴等激励措施，政府可以鼓励商家采用移动支付、电子发票等数字支付工具，以降低交易成本、提高交易效率。同时，政府可以推动公共服务领域的数字化转型，如电子政务、在线医疗服务等，使民众能够更方便地获取公共服务。此外，政府还可以通过建立统一的数字服务平台，整合各类服务资源，为消费者提供一站式的便捷服务，从而促进数字服务消费的增长。

3. 内外贸联动满足多元化需求

通过内外贸联动满足多元化需求是促进消费升级的重要策略，它有助于拓宽市场范围、丰富商品和服务种类，从而满足消费者的多样化需求。

第一，政府可以通过支持跨境电商平台的发展，促进国内外市场的联动。通过提供税收优惠、简化海关流程、优化物流配送等措施，可以降低跨境电商的运营成本和时间，使国内消费者能够更方便地购买到国外的优质商品与服务。同时，这也有助于国内企业拓展国际市场，将本土产品和服务推向全球消费者。通过跨境电商平台，消费者可以享受到更广泛的商品选择，同时企业也能够根据国际市场的需求调整产品策略，提升竞争力。

第二，加强国际合作与交流是促进内外贸联动的关键。政府可以与其他国家签订自由贸易协定、电子商务合作协议等，推动贸易和数据流动的自由化与便利化。通过国际合作，可以促进标准和规则的统一，降低贸易壁垒，增加国内外企业之间的互动和合作机会。此外，政府还可以支持企业参加国际展会、交流会等活动，加强与国际市场的联系，了解国际消费者的需求和偏好，从而更好地满足多元化的市场需求。

第二节　数实融合提高供给质量

一　生产供给新特征

在数字经济中，消费和生产、需求和供给之间的关系更加紧密。生产本身是要素消费的过程，消费又是劳动力再生产的过程。数字经济下，生产供给也有了不同于传统经济的新特征，具体体现为规模经济、范围经济、基于价值共创的创新体系、虚拟和柔性生产。

（一）规模经济

规模经济是生产过程中技术条件不变，产品的平均成本随着产品产量增加而降低的一种现象。规模经济被认为是生产过程中的专用资产、沉没成本、专业化分工等造成的。理论上，企业可以将规模调整到长期平均成本的最低点以实现规模经济，但是由于企业内部组织交易成本、外部风险和不确定性等因素的限制，企业的平均生产成本往往是先降后升，这也意味着工业时代的企业规模无法无限扩大。

数字经济中的规模经济主要体现在固定成本与可变成本的分离上。与传统产业相比，数字产品和服务的固定成本（如研发、设计、软件开发等）相对较高，但一旦开发完成，其复制和分发的边际成本几乎为零。这意味着，随着生产规模的扩大，单位产品的成本会显著降低。例如，软件开发完成后，每增加一个用户，其成本增加微乎其微，这使得数字产品能够以极低的边际成本迅速扩散，实现规模经济。此外，数字平台的网络效应也进一步强化了规模经济，即平台的价值随着用户数量的增加而增加，吸引更多的用户加入，形成正向循环。

数字经济中的规模经济还体现在数据的积累和利用上。数据是数字经济中的关键生产要素,随着生产规模的扩大,企业能够收集和积累更多的用户数据。这些数据可以用于优化产品设计、提高服务质量、预测市场趋势、制定营销策略等,从而降低成本、提高效率、增加竞争力。例如,通过分析用户行为数据,企业可以更加准确地预测产品需求,减少库存成本;通过个性化推荐算法,企业可以提高用户的购买转化率,增加收入。因此,数据的积累和利用是数字经济规模经济的重要来源。

数字经济中的规模经济还表现在技术创新和应用的加速上。数字技术的快速发展和广泛应用,使得企业能够通过技术创新来降低成本、提高效率、创造新的商业模式。随着生产规模的扩大,企业有更多的资源投入研发和创新中,推动技术的不断进步。同时,规模经济也为新技术的应用提供了条件,使得企业能够快速推广新技术,实现规模效益。例如,云计算、大数据、人工智能等技术的应用,不仅提高了生产效率,降低了运营成本,也为企业提供了一系列新的商业模式和服务。

(二) 范围经济

范围经济是企业达到一定规模后,利用其现有设备、渠道生产更多样的产品反而会降低产品平均成本的一种状况。范围经济对生产过程中的灵活性、各要素的协调性有着较高要求,工业经济下消费者的需求并没有如今这般多元化、个性化,生产侧也就没有转变的动力,范围经济实际在20世纪并没有得到很大重视。进入数字经济时代,这两种效应可以通过网络外部性扩大网络用户规模,通过数字技术和新生产要素的渗透性、协同性、共享性而实现。海量的用户资源带来了差异化的需求,范围经济的重要性也逐渐凸显出来。

数字经济的特性使得企业能够通过共享数字基础设施和平台来实现范围经济。与传统经济中生产多种产品需要大量不同的物理资产不同,数字经济中的企业可以通过单一的数字平台来提供多样化的服务和产品。例如,一个在线市场可以同时销售电子产品、服装和家居用品，而无须为每种产品建立单独的销售渠道。这种共享平台的模式降低了进入新市场的成本，提高了资源的利用效率，使得企业能够以较低的成本提供更广泛的产品和服务。

（三）价值共创的创新体系

在价值共创的创新体系下，生产者和消费者不再泾渭分明，由简单的买卖关系转变为合作共赢关系。如企业通过对消费者大数据的利用，使研发决策从依靠人的经验判断转变为依靠人与数据的结合，从而实现产品的研发创新，消费者相当于通过数据化的方式参与研发，其需求也能得到更好的满足（肖静华等，2018）。

价值共创的创新体系在数字经济中表现为开放和协作的平台模式。与传统的封闭式创新不同，数字经济中的企业倾向于构建开放的平台，邀请消费者、开发者、创业者和其他合作伙伴参与到产品或服务的设计、开发和改进过程中。这种开放的创新体系能够充分利用外部资源和创意，加速产品和服务的创新速度，提高创新的质量和效率。例如，开源软件项目允许全球的开发者共同参与代码的编写和优化，这种协作不仅加速了软件的开发，也提高了软件的稳定性和安全性。

价值共创的创新体系强调了用户参与和用户体验的重要性。在数字经济中，消费者的反馈和建议被视为产品和服务改进的重要资源。企业通过社交媒体、在线论坛、用户反馈系统等渠道与消费者进行互动，收集消费者的意见和建议，并将其转化为产品和服务的改进措施。这种以用户为中心的创新体系不仅能够提高消费者的满意度和忠诚度，也能够为企业带来新的商业机会和竞争优势。例如，许多消费电子产品公司通过在线社区收集用户对新产品的反馈，并根据反馈进行产品迭代，这种以用户为中心的创新方式极大地提升了产品的市场竞争力。

价值共创的创新体系还体现在生态系统的构建上。数字经济中的企业越来越重视构建和维护一个健康的生态系统，其中包括供应

第六章 数实融合推动数字经济高质量发展

商、分销商、服务提供商、开发者和其他合作伙伴。通过构建生态系统，企业不仅能够整合各方的资源和能力，还能够共同开发新的市场机会和商业模式。这种生态系统的构建有助于企业实现资源共享、风险共担和利益共赢，提高整个生态系统的竞争力和创新能力。例如，华为公司的鸿蒙生态系统不仅包括了华为公司自身，还包括了数百万的开发者、服务提供商和用户，这种生态系统的构建使得华为公司能够持续推出创新的产品，并保持其在市场中的领导地位。

（四）虚拟生产和柔性生产

虚拟生产是企业面对瞬息万变的市场环境，利用 ICT 技术组建竞争与合作并存的动态联盟，围绕各自的核心竞争力开展生产活动、将一些不重要的业务外包的一种生产模式。虚拟生产允许企业以较低的成本快速测试市场反应，灵活调整产品特性，满足个性化和多样化的消费者需求。例如，数字游戏公司可以在没有物理库存的情况下，通过在线平台发布和更新游戏内容，根据玩家反馈进行实时调整。此外，虚拟生产还减少了对物理资源的依赖，有助于提高资源利用效率和环境可持续性。

柔性生产是企业以计算机集成、网络技术、数据库等技术为依托来实现多品种、小批量的生产方式。这种以高新技术为基础的弹性生产方式可以提高企业的应变能力，不断满足用户的需求。在数字经济中，消费者需求的多变性和个性化要求生产过程具有更高的灵活性和适应性。柔性生产通过模块化设计、自动化技术和智能供应链管理，使得生产过程可以根据需求的变化进行快速调整。这种生产方式不仅提高了生产效率，还降低了生产成本和库存风险。例如，服装行业的一些企业通过采用柔性生产线，能够根据季节性趋势和消费者偏好的变化，快速调整服装设计和生产计划。

虚拟生产和柔性生产在数字经济中的结合，为企业提供了强大的竞争优势。虚拟生产通过数字化手段降低了市场进入门槛，而柔性生产则通过提高生产系统的适应性，使得企业能够快速适应市场

223

变化。这种结合使得企业能够在保持成本效益的同时，提供高度个性化和定制化的产品和服务。例如，一些在线教育平台通过虚拟生产提供定制化的学习内容，并通过柔性生产快速调整课程设置，以满足不同学习者的需求。这种生产供给的新特征不仅提高了企业的市场竞争力，也为消费者带来了更多的选择和更好的体验。

上述四个供给新特征，在当前我国需求侧增长动能略显乏力、供给侧结构性改革的背景下，有助于消除传统经济供给的痛点。随着以大数据和云计算等新技术为代表的数字经济的发展，随着人与人、人与物、物与物之间互联互通的不断加强，数字经济已经延伸到实体经济并与之融合形成新的生产力。

二　作用机制

基于已有文献，数实融合促进供给升级的机制有三种，分别是产业融合、产业协同和产业集群。本节对这三类机制分别进行介绍。

（一）产业融合机制

Rosenberg（1963）提出，产业融合的研究始于技术融合。但是技术融合并不一定带来产业融合，产业融合必须实现技术融合、业务融合、市场融合最后才能完成产业融合的整个过程（胡汉晖和邢华，2003）。

黄汉权（2018）指出，产业融合通过产业渗透、交叉和重组等方式，引发了产业功能形态、组织方式和商业模式的变革，推动了产业转型升级和附加值提升，培育了新的经济增长点、塑造了国际竞争新优势。产业渗透主要是高新技术及其相关产业向其他产业的渗透、融合，这也是数字经济不同于农业、工业经济的一大特征。如互联网、大数据技术向传统零售、运输业、餐饮业渗透产生的电商、快递物流、外卖行业，人工智能、5G技术向传统医疗、金融行业渗透融合生成的智慧医疗、智能金融，以及人们日常所用的办公软件、电子邮件、数据文件等。产业交叉表现为产业之间的互补和延伸，一般发生在高科技产业的产业链自然延伸的部分，体现为服务业与第一产业、第二产业的边际模糊化，阿里巴巴、腾讯等企业的跨界经营。产业重组大多发生在具有紧密联系的产业之间，表现为以数字技术为纽带的、产业链的上下游产业的重组融合，融合后生产的新产品表现出数字化、智能化和网络化的发展趋势。

产业融合还促进了创新和创业，为产业升级提供了源源不断的动力。数字化技术的普及，降低了创业的门槛，激发了社会的创新活力。例如，云计算和大数据平台为创业者提供了强大的数据分析和计算能力，帮助他们快速验证商业模式，优化产品和服务。同时，数字化工具如3D打印、虚拟现实等，为产品设计和开发提供了新的可能性，加速了创新成果的转化。此外，政策支持和资本投入也为数实融合下的产业升级提供了良好的外部环境。

（二）产业协同机制

产业协同是企业内部各部门的协同、产业内不同企业之间的协同、产业间产业行为主体的协同，达到1+1>2的效果。企业协同方面，像"浪潮云+智能化"企业协同平台为企业提供数字化、社交化的协同工作方式，以云计算技术提高服务水平，赋予最新的人工智能、物联网、区块链能力，打造敏捷、扁平、高效的企业组织。产业行为主体协同中，企业与消费者存在协同演化过程，企业在这协同演化过程中经历了基础的搭建和学习、数字发展、智能制造三个阶段，消费者则在这一过程中经历了从价值附加到价值增值再到价值共创的演化路线（李煜华等，2022）。

在产业协同的框架下，各产业之间可以通过共享信息、技术、人才和资本等资源，减少重复投资和浪费，实现资源的最大化利用。例如，制造业可以与信息技术产业协同，利用先进的信息技术提高生产效率和产品质量；农业可以与生物技术产业协同，通过生物技术改良作物品种，提高产量和抗风险能力。这种跨产业的资源共享和优势互补，有助于各产业突破发展瓶颈，实现供给能力的提升。

产业协同还能够提高整个产业链的竞争力和应对市场变化的能力。在全球化和市场竞争日益激烈的背景下，产业协同可以帮助企业更好地应对外部冲击，增强产业链的稳定性和灵活性。通过协同合作，企业可以快速响应市场需求变化，调整生产计划和供应链管理，提高产品和服务的适应性。此外，产业协同还有助于形成产业集群，通过集群内的紧密合作和知识溢出，促进企业创新和提升竞争力。

除了企业间的协同外，企业与科研单位也可以形成协同效应，科技加快了信息流动、降低了制造业的研发和交易成本，为企业创新提供服务和支持；企业则为科学技术的创新提供需求和突破点，从而实现了从独立创新向协同创新的转变，降低了研发费用，缩短了研发周期，规避了研发风险，促进了人才的自由流动。

（三）产业集群机制

产业集群是相关企业聚集在一个特定的区域或空间（数字经济下，空间不再局限于物理空间，也可以是网络虚拟空间），优势互补、分工合作，共同成就一个产业，最终做大做强的现象，产业集群主要是要素、效率驱动。中国有很多产业集群做大做强的案例，比如中国古代的苏州刺绣，以及改革开放以来浙江义乌的无缝针织服装产业集群，北京中关村高新技术产业集群等。产业集群一般会经历数量扩张期、质量提升期与研发与品牌创新期三个时期（阮建青等，2014）。早期的产业集群往往依托自身原有的资源禀赋优势与产业天然基础，依托政策优势或要素成本优势推动形成一定规模的集群。但随着济发展阶段和产业结构变化，一方面，资源、人口、投资等传统要素约束矛盾更加突出；另一方面，仅仅依靠传统要素难以进一步提升集群产出效率，也无法形成新的竞争优势。为提升竞争力，需要提升产业集群质量，以技术升级和创新为牵引，实现要素驱动向效率驱动转变。

产业集群通过地理邻近性促进了知识和技术的快速传播。在集群内部，企业之间通过频繁的交流与合作，能够共享最新的市场信息、技术动态和经营策略。这种知识的溢出效应加速了创新的产生和应用，提高了整个集群的技术能力和生产效率。例如，硅谷的高科技产业集群就因其内部企业间的紧密合作和知识共享而闻名，这不仅促进了单个企业的创新，也推动了整个区域的技术进步和产业升级。

产业集群还通过提供专业化的供应商和服务网络，增强了企业的供应链效率和响应市场的能力。集群内的企业可以方便地获得高质量的原材料、零部件和专业服务，这不仅降低了生产成本，也提高了产品的质量。同时，集群内的服务机构，如研发中心、设计工作室、咨询公司等，为企业提供了强有力的外部支持，帮助企业快速适应市场变化，及时调整生产和经营策略。这种专业化的服务网络，是集群促进供给升级的重要支撑。

数字产业作为典型的技术和知识密集型产业，具有明显的知识溢出效应，数字经济相关的应用灵活性和高渗透性会使得数字产业的先进技术相较于其他高科技行业更容易逐渐向外扩散，其他行业可以以较低的成本享受这些先进技术。网络平台、数字技术、数据资源的虚拟特征可以跨越现实世界的时空限制，组织调配闲置的设备、资源、人才进行生产，实现要素最大化利用。数据、信息、技术等生产要素的扩大运用和高效使用将作为推动集群变革发展的关键要素和最重要资源，最终提升集群的创新力和生产力，如北京市海淀区中国数字产业集群、上海市徐汇区人工智能战略性新兴产业集群、辽宁省大连市高端工业软件创新型产业集群等。

第三节　数实融合促进供需平衡

在市场经济中，生产扩张速度往往快于消费扩张速度，导致产能过剩；某一范围内需求的改变往往不能及时传导到生产端，导致有效供给不足。这时需要有效发挥政府的作用去解决供给与需求不匹配的结构性矛盾。随着数字经济的高速发展，数字经济与实体经济的融合改变了消费和生产，也扩宽了供给与需求之间的信息渠道，缓解了供需间信息不对称和信息不完全，有助于需求端与供给端及时、高效地进行信息反馈与链接，为供给与需求之间实现更高水平的动态平衡提供了新的渠道，这些渠道包括平台经济、共享经济以及数据要素市场，等等。其中，平台经济是数字经济的关键产业组织形式，共享经济已经成为极具潜力的数字经济新业态，数据要素市场则是中国数字经济发展的重要实践。

一　平台经济

学界对数字经济中的平台企业如何促进供需匹配进行了一系列研究，对于平台经济如何促进供需平衡的理解最为成熟。

（一）平台业务模式

平台业务模式有两类独特的核心资源：平台规模和数据资源（吴义爽等，2022）。基于平台的网络外部性特征，平台规模越大，吸引的用户就越多，用户的增加会造成平台规模的进一步扩大。同时，海量用户带来的信息数据有助于企业精准掌握用户偏好、创造更多用户价值、维持更优的客户关系。这种正反馈会造成"赢家通吃"的局面，使得后来者更难进入市场。面对网络规模劣势和进入壁垒等不利条件，"拼多多"是后来者进入的一个成功案例，在淘宝、京东等电商平台竞争白热化的情况下，"拼多多"短短两年半的时间内就成为中国电子商务领域领先企业之一。其迅猛趋势的背后离不开新型平台业务模式——通过社交渠道来分享、沟通形成的社交电商模式。这说明，数字经济下的第一批平台企业虽然可以享受到第一波红利，却不意味着后来进入的企业没有机会，平台身份、价值主张、关键业务范围、技术应用等不同方面的差异都可以是后发者的切入点。

（二）平台企业价格结构

Parker & Van Alstyne（2005）在研究垄断平台的定价策略时，

假设平台用户需求随价格线性变化并取决于另一边市场所销售的商品数量,将价格结构定义为网络外部性系数的函数,还同时分析了生产商进入其产品的互补品或替代品市场的激励动机。普遍认为,平台可以对各方用户收取不同的价格并通过价格影响用户规模、交易量以实现利润最大化。当平台交易双方一定能够达成匹配时,定价结构与双方需求弹性有关（Rochet & Tirole, 2003）。如果把平台两边定价看成一个总和,那么该定价服从标准的勒纳定价原则,两边定价之比恰好就是两边所对应的需求弹性系数之比。在电商平台方面,汪旭晖和张其林（2015）基于阿里巴巴集团进行了案例分析,发现平台型网络市场的平台定价远较双边市场定价复杂——涌现型市场的平台定价经历了免费定价向歧视性定价的演化过程,单边市场演化型与多平台扩展型市场还可以有其他的定价形式,如京东商城通过发展自营 B2C 保证买家规模基础,基于客户资源分享向卖家索取费用等。

（三）平台的竞争模型与竞争策略

平台的信息搜索技术有着线下市场无法比拟的市场效率,理论上平台内更加接近统一的完全竞争市场（孙震等,2021）。同时,不同平台间也存在竞争,平台间竞争的一个经典问题是用户的"多重注册"现象。基于此,研究者提出了很多平台竞争策略,如服务差异化、客户差异化、重视多重注册行为等。服务和客户差异化方面,刘征驰等（2022）聚焦社交媒体平台竞争,提出"流量分发"这一社交媒体平台的重要竞争手段,发现随着市场成熟度上升和商业化进程加快,平台用户主体将从"创作者"转变为"观看者",平台逐渐从"去中心化社交"进化为"中心化媒体"。多重注册方面,孙震等（2021）认为平台消费者由于消费习惯、平台服务、平台信誉等多方面会产生对平台的黏性,不会因为其他平台的出现而轻易改变购买渠道。但也有用户不会只用单一的平台,因为平台往往是低进入门槛的,这给用户货比三家、做出最优决策提供可能,由此也可能产生平台不正当竞争行为,如部分平台企业的"二选一"。

二 共享经济

共享经济是一种新兴的经济模式,它通过技术平台将闲置资源与需求方进行有效匹配,从而促进资源的最大化利用和供需平衡。

(一)经济效应

首先,共享经济通过优化资源配置,提高了资源的使用效率。在传统的经济模式中,许多资源如房屋、车辆和设备等可能存在闲置或未充分利用的情况。共享经济平台通过连接拥有这些资源的供应方和需要这些资源的需求方,使得这些资源能够被更广泛和更频繁地使用。例如,共享住宿平台允许房主出租他们的空闲房间,而共享出行服务则允许车主在不使用车辆时将其出租。这种资源的共享不仅满足了消费者的需求,也减少了资源浪费,实现了供需之间的更有效匹配。此外,共享经济还改变了传统的所有权观念,使用权的临时转移成为资源利用的新方式,这种从"拥有权"到"使用权"的转变,对经济行为和市场结构产生了深远影响。

其次,共享经济对市场结构和企业竞争策略的影响也是经济学家关注的焦点。共享经济平台通常具有网络外部性,即平台的价值随着用户数量的增加而增加,这导致市场容易出现"赢者通吃"的局面。经济学家们研究了共享经济平台如何通过规模经济和网络效应,形成市场优势,并对传统行业产生冲击。同时,共享经济还催生了新的商业模式和企业形态,如平台企业、微创业等,这些新兴主体如何影响市场结构和竞争策略,也是经济学研究的重要内容。

再次,共享经济通过提供灵活的供给响应,增强了市场的适应性和弹性。在面对需求波动时,共享经济平台能够快速调整资源的供给量,以适应市场的变化。例如,在旅游高峰期,共享住宿平台可以通过增加房源的供给来满足游客的住宿需求;在交通高峰时段,共享出行服务可以通过调动更多的车辆来缓解交通压力。这种灵活

第六章 数实融合推动数字经济高质量发展

的供给响应机制，有助于缓解供需矛盾，实现市场的动态平衡。

最后，共享经济通过促进消费者参与和反馈，推动了产品和服务的持续改进。共享经济平台通常具有较高的透明度和互动性，消费者可以直接评价和反馈他们对共享资源的使用体验。这种直接的消费者参与不仅有助于提高服务质量，也为企业提供了宝贵的市场信息和消费者洞察，从而指导他们优化产品和服务。此外，共享经济还鼓励了消费者之间的社区互动和互助，这种社区的力量有助于形成更加稳定和可持续的供需关系。

（二）发展历程

共享经济在中国的兴起可以追溯到21世纪初，随着互联网的普及和移动支付技术的发展，共享经济开始在中国萌芽。2010年后，随着智能手机的普及和4G网络的建设，共享经济模式迎来了快速发展期。以滴滴出行为代表的网约车服务，通过整合私家车资源，为公众提供了便捷的出行选择，迅速占领市场。同时，共享单车如摩拜和ofo等企业，以其绿色出行的理念和便捷的使用方式，在短时间内吸引了大量用户，成为城市街头的一道亮丽风景。这些共享经济模式的成功，不仅解决了城市交通拥堵和环境污染问题，也为中国共享经济的发展奠定了坚实基础。

其次，共享经济在中国的发展得到了政府的大力支持和社会的广泛认可。中国政府在"十三五"规划中明确提出，要积极发展共享经济，推动经济结构优化升级。在政策的推动下，共享经济迅速渗透到住宿、办公、教育等多个领域。例如，共享住宿平台如途家和小猪短租，为旅行者提供了多样化的住宿选择；共享办公空间如优客工场和氪空间，为创业者和自由职业者提供了灵活的工作环境。这些共享经济模式不仅满足了人们多样化的生活需求，也促进了资源的高效利用和社会的可持续发展。

共享经济在中国的发展也面临着一系列挑战。随着市场的快速发展，一些问题逐渐显现，如平台监管不足、用户隐私泄露、资源

231

过度集中等。2018年以来，中国政府加强了对共享经济领域的监管，出台了一系列政策，规范市场秩序，保护消费者权益。例如，针对共享单车行业出现的押金难退问题，政府出台了相关规定，要求企业加强资金管理，保障用户权益。同时，共享经济企业也开始加强自我管理，提高服务质量，探索可持续发展的商业模式。经过一系列的调整和优化，共享经济正在逐步走向成熟，成为中国经济社会发展的重要组成部分。

综上所述，共享经济在中国经历了从起步、快速发展到逐步成熟的过程。它不仅改变了人们的生活方式，也促进了经济结构的优化和升级。随着技术的不断进步和政策环境的完善，共享经济有望在中国实现更加健康和可持续的发展。

（三）前景展望

共享经济在中国下一阶段的发展前景广阔，但也充满挑战。

首先，技术创新将继续推动共享经济的发展。随着大数据、人工智能、物联网等新技术的应用，共享经济平台将能够更有效地匹配供需，提高资源配置的效率。例如，通过大数据分析，平台可以更准确地预测需求变化，优化资源分配；人工智能技术的应用，可以提高服务的个性化和智能化水平，提升用户体验。此外，区块链技术在共享经济中的应用，有望解决信任问题，提高交易的透明度和安全性。技术的创新和应用，将为共享经济的发展提供强大的动力。

其次，政策环境的不断完善将为共享经济的发展提供良好的外部条件。中国政府已经认识到共享经济在促进经济发展、资源节约和环境保护方面的重要作用，并出台了一系列政策予以支持。2017年以来，国家政府不断出台政策促进我国共享经济市场，2017年《关于促进分享经济发展的指导性意见》进一步取消或放宽资源提供者市场准入条件限制等要求，为分享经济发展打造公平竞争的市场环境。2018年《关于做好引导和规范共享经济健康良性发展有关工作的通知》强调抓紧研究建立针对共享经济等新业态新模式的部门协调机制,构建信息互换、执法互助的综合监管机制,打造线上线下结合、部门区域协同的现代化治理体系。2021年发布的《"十四五"数字经济发展规划》表示引导支持平台企业加强数据、产品、内容等资源整合共享,扩大协同办公、互联网医疗等在线服务覆盖面。深化共享经济在生活服务领域的应用,拓展创新、生产、供应链等资源共享新空间。2022年12月,《扩大内需战略规划纲要(2022—2035)》强调打造共享生产新动力,鼓励企业开放平台资源,充分挖掘闲置存量资源应用潜力。鼓励制造业企业探索共享制造的商业模式和适用场景。顺应网络、信息等技术进步趋势,支持和引导新的生活和消费方式健康发展。随着政策环境的进一步完善,共享经济将在规范中发展,在发展中规范。政府将加强监管,规范市场秩序,保护消费者权益;同时,也将出台更多激励措施,鼓励企业创新,推动共享经济的发展。政策的支持和引导,将为共享经济的健康发展提供有力的保障。

最后,共享经济在中国的发展前景也取决于市场需求和社会观念的变化。随着人们生活水平的提高和消费观念的变化,越来越多的人开始接受和参与共享经济。人们更加注重资源的节约和环境的保护,更加追求个性化、灵活化的消费方式。这种市场需求的变化,将为共享经济的发展提供广阔的空间。同时,共享经济的发展也需要社会观念的支持。随着共享经济理念的普及,人们将更加认同共享、协作、共赢的价值观,这将为共享经济的发展创造良好的社会氛围。

三 数据要素市场

数据要素市场在促进数据供需平衡方面发挥着至关重要的作用。它通过提供一个规范化的平台,使得数据的供给方能够与需求方高效对接,从而实现数据资源的最优配置。在这个市场中,数据作为一种重要的生产要素，可以像商品和服务一样被买卖和交换，这不仅增加了数据的流动性，还提高了数据的使用效率。数据供需平衡的实现，有助于降低企业获取和分析数据的成本，加速数据驱动的决策制定过程，进而推动整个社会的创新和经济增长。数据要素市场还能够通过价格机制反映数据的稀缺性和价值，引导数据资源向更有效率的用途流动，实现数据的经济价值最大化。一个健全的数据要素市场还能够促进数据治理和隐私保护，确保数据交易的合法性和安全性，增强社会对数据交易的信任度，这对于构建一个健康、可持续的数据经济环境至关重要。

数据要素从生成到使用经历了从原始资源到数据要素再到信息知识的转化过程。也由此产生了数据要素的两类权利：资源持有权和加工使用权。由于数据内蕴藏的巨大经济价值，一些生产者还将数据要素打包加工成数据产品进行交易和流通，这时便产生了一项新的权利：产品经营权。这三项权利在现实中可能属于不同的主体，这就为数据相关的利益分配带来了挑战。

（一）"三权分置"数据产权制度

数据确权是对数据权内容、权属、权利体系和治理机制等做出明确规范的过程。通过明确划定权利保护范围和行为自由的边界，为他人提供合理的行为预期，有助于确保法律体系的稳定。由于数据要素具备的各种复杂属性，数据确权本身在理论和实践上都存在一定困难。为了充分释放数据要素价值，有必要搁置一些理论层面尚未解决的权属问题，以最小的制度成本推动数据要素的有效开发和合理利用。

2022年底，中共中央、国务院正式发布"数据二十条"，创造性地提出数据资源持有权、加工使用权和产品经营权分置式产权等制度设计思想，意在推动"三权分置"的中国特色数据产权制度的建设。"三权分置"重新定义了权益分配方式，引入数据"共同使用、共享收益"的理念，为激活数据要素的价值创造和实现提供了基础性的制度保障，逐步形成了中国特色的数据产权制度体系。

尽管"三权分置"为数据确权建立了基础性制度，但对于数据产权结构性分置的实践仍处于探索阶段，存在诸多不确定性，如不同类型数据的权利配置需求可能存在冲突，各数据相关方可能存在利益冲突等。为了解决这些问题，需要根据数据类型采取差异化的策略，充分考虑在开发利用、共享流通和价值挖掘方面的不同模式，因此建立数据分类分级确权机制成为至关重要的举措。

1. 具体做法

数据要素的"三权分置"是中国在数据产权制度方面的创新性探索，旨在更好地发挥数据作为生产要素的作用，促进数据的合规高效流通使用，并保障数据安全。目前来看，可以从以下五个方面推进数据要素"三权分置"。

第一，明确数据产权结构性分置。"三权分置"指的是将数据资源持有权、数据加工使用权、数据产品经营权进行分离，确立各自的权能和运行机制。这种结构性分置有助于明确各方在数据生产、流通、使用过程中的合法权利，为数据要素的市场化配置提供制度基础。

第二，推进数据产权登记。为了实现数据产权的明确界定和保护，需要探索数据产权登记新方式，建立健全数据登记机制。包括研究数据产权登记的具体操作流程、技术标准和法律效力，以及建立全国一体化的数据要素登记体系。

第三，促进数据要素流通和交易。在确保数据安全和个人隐私保护的前提下，推动数据要素的流通和交易。包括完善数据流通规则、构建交易制度体系、培育数据交易服务生态等，以促进数据要素的合规高效流通。

第四，建立健全数据要素收益分配制度。根据数据要素的特征，建立公平、高效、激励与规范相结合的数据价值分配机制。确保数据要素收益向数据价值和使用价值的创造者合理倾斜，平衡兼顾不同环节相关主体之间的利益分配。

第五,完善数据要素治理制度。构建政府、企业、社会多方协同的治理模式,明确各方主体的责任和义务,完善行业自律机制,规范市场发展秩序,形成有效市场和有为政府相结合的数据要素治理格局。

2. 主要难点

"三权分置"为数据确权提供了一个具备可操作性的行动指南。然而在现实推进中,仍然存在一些制度和技术上的困难,具体包括以下五个方面。

第一,数据定价和评估难。数据作为一种特殊资产,其价值评估和定价机制尚未完全成熟。如何建立一个公认的、科学的、动态的数据定价和评估体系,是实现数据要素市场化配置的关键。当前学术界对数据要素定价进行了较多理论探讨(熊巧琴和汤珂,2021),在实际操作中则主要由卖方基于市场上现存的同类或类似数据产品决定。

第二,数据流通和交易平台的建设。构建一个统一、开放、透明、高效的数据流通和交易平台,是实现数据要素市场化的重要基础设施保障。如何设计和运营这样的平台,以及如何避免数据孤岛和垄断现象,是实际操作中的难点。

第三,技术标准和互操作性。数据的标准化、格式化以及不同系统间的互操作性是数据流通的技术前提。如何制定统一的技术标准,并推动不同数据系统间的互联互通,是实现数据要素市场化的技术挑战。

第四,市场参与者的培育和教育。数据要素市场化需要大量了解数据价值、懂得数据交易规则的市场参与者。如何培育这样的市场主体,提高公众和企业对数据要素重要性的认识,是推广数据要素市场化的社会挑战。

第五,跨境数据流动的管理。随着全球化的发展,数据跨境流动日益频繁。如何在保护国家利益和个人隐私的同时促进数据的国际流通，是"三权分置"在国际层面上面临的严峻挑战。不同国家和地区的数据保护法律和隐私法规存在差异，这导致数据在跨境传输时面临合规性问题。跨境数据流动还可能涉及对个人隐私的保护和国家数据主权的问题。因此，要实现数据要素的"三权分置"，需要国内外政策的协调、国际合作的加强以及技术和标准的统一。

（二）理论基础

1. 信息经济学

信息经济学主要研究信息不对称、信号传递、激励机制等现实经济问题，对数据市场交易具有重要指导意义。

首先，在数据交易中，卖家和买家之间存在信息不对称，应通过有效的信息披露和质量保证机制来减少信息不对称、提高市场效率。其次，数据交易涉及信号传递设计。在数据市场中，卖方可以通过提供数据样本、第三方认证、用户评价等方式传递数据质量的信号，帮助买方更好地评估数据价值。这些信号有助于减少信息不对称，增加市场的透明度。最后，数据交易的激励机制设计需要基于信息经济学方法。合理的激励机制可以鼓励数据的提供者分享高质量的数据。例如，通过数据交易的收益分配机制，确保数据提供者能够获得与其数据价值相匹配的回报，从而激发数据市场的活力。

2. 价值理论

数据的价值取决于其对使用者的效用。价值理论在数据市场交易中的应用涉及如何评估数据的价值，包括成本法、收益法、市场法等评估方法的选择和应用。

第一，成本法。成本法是根据形成数据资产的成本进行评估的方法。它考虑的是数据资产的重置成本，即如果现在重新创建类似的数据资产所需的成本，并从中扣减因各种原因（如技术过时、市场竞争等）导致的贬值。成本法的优点是易于理解和计算，但它的局限性在于难以准确估计数据资产的贬值因素。且这种方法无法体现数据资产可能带来的未来收益。

第二，收益法。收益法是通过预估数据资产未来能够带来的收益来进行估值的方法。它是基于数据资产作为经营资产可以直接或间接产生收益的能力。收益法考虑的是数据资产未来现金流量的预测和折现值。收益法的优点是能够较为真实和准确地反映数据资产的价值，因为它直接关联到数据资产的经营收益。然而，这种方法的挑战在于如何确定合适的折现率以及预测未来收益的准确性。

第三，市场法。市场法是一种基于市场行情的数据资产评估方法。它通过比较市场上类似数据资产的交易价格和特征来评估数据资产的价值。市场法的核心在于找到足够多的可比交易案例，并根据这些案例的价格调整来确定被评估数据资产的价值。市场法的优点在于其客观性和高效性，因为它直接利用市场交易数据来评估价值。但是，这种方法的前提条件是存在公开且活跃的交易市场，以及有足够的交易案例作为参考。

可以看出，成本法、收益法和市场法各有优势和局限性，适用于不同的评估场景。每种方法都有其优势和局限性，选择哪种方法取决于数据资产的特性、市场条件、可用信息和评估目的。在实际操作中，评估者可能需要结合多种方法来综合评估数据资产的价值。

3. 数据定价

数据定价是数据交易的核心环节，是根据数据的质量、稀缺性、时效性、独特性等因素来确定数据的价值。数据定价是一个复杂的过程，涉及对于数据的成本、质量、市场需求、供应情况以及数据本身可能产生的收益等多种因素的考察，目前公认的可选定价方法包括以下四种。

第一，成本导向定价。成本导向定价是基于数据生产、收集、处理和维护的成本来设定价格。这种方法考虑了数据的获取成本、存储成本、处理成本以及其他相关成本，并在此基础上添加一定的利润率来确定数据的价格。

第二，市场导向定价。市场导向定价是根据市场上类似数据产品的定价以及竞争对手的定价策略来设定数据价格。这种方法需要对市场进行深入分析，了解市场供需关系、竞争对手的定价以及客户的支付意愿。

第三，需求导向定价。需求导向定价是根据客户对数据的需求和价值感知来设定价格。这种方法强调了客户的主观评价，可能涉及对客户支付意愿的调查和分析，以及对不同客户群体的差异化定价。

第四，拍卖定价。拍卖定价是通过拍卖机制来确定数据价格，适用于独一无二或具有高度竞争性的数据资产。拍卖可以是公开的，也可以是私下的，通过竞价过程来发现数据的市场价值。

4. 隐私经济学

隐私经济学关注个人数据的隐私属性与其商业价值之间的平衡。在数据市场交易中，个人数据通常具有较高的商业价值，但同时也涉及敏感的隐私问题。在数据市场中，个人信息的供给方通常是个人用户，而需求方则是希望利用这些数据进行分析和商业应用的企业。个人用户在决定是否提供个人信息时，会权衡隐私保护与获取服务或优惠之间的利弊。企业则需要考虑数据的收集成本、潜在价值以及可能引发的隐私风险。隐私经济学提供了一套理论框架，用以评估个人数据的隐私风险和相应的经济价值，帮助制定合理的数据收集、处理和交易的价格。例如，通过隐私经济学的分析，企业可以决定为收集某类个人数据支付的价格，同时确保遵守数据保护法规，并考虑到消费者的隐私偏好。

隐私经济学还涉及数据交易机制的设计，包括如何建立信任、如何确保数据的合法合规使用，以及如何分配数据交易产生的收益。在数据市场中，隐私经济学的原则可以用来设计激励相容的机制，鼓励数据所有者、数据处理者和数据使用者在保护隐私的同时，实现数据的最大化利用。

(三) 国内实践

2013年，贵州省提出发展大数据战略，贵阳作为省会城市，开始积极布局大数据产业。这一战略背景下，贵阳大数据交易所（简称：贵交所）应运而生，旨在推动政府数据公开、行业数据价值发现，并通过技术手段规范大数据交易，驱动贵州乃至全国大数据产业发展。2014年12月31日，贵交所经贵州省政府批准成立，成为全国乃至全球第一家以大数据命名的交易所。2015年4月14日，贵交所正式挂牌运营。

在成立初期，贵交所承担着推动大数据产业发展的重要使命。2015年，贵交所参与了国家大数据战略顶层设计，并在挂牌运营当日成功撮合了国内第一笔大数据交易。同年，贵交所还与深圳一家物流贸易企业签署了1000万元/年的数据采购框架协议，成为当时国内最大一笔大数据交易。

尽管贵交所在成立初期取得了一定成绩，但在实际运营中也面临诸多挑战，包括数据确权、数据定价、数据交易等市场化、流通机制设计方面的问题，以及技术跟不上、数据量不足等问题。据报道，贵交所的业务在一段时间内几乎陷入停滞状态。在数据逐渐被认定为数字经济发展的关键生产要素后，贵交所又迎来了新的发展机遇。总体来看，贵交所的发展历史反映了中国大数据交易市场从起步到探索的过程，以及在实践中遇到的挑战和积极的改革努力。

"数据二十条"提出以来，中国数据交易市场迎来了快速发展，主要体现在以下五个方面。

第一，市场规模快速增长。信通院数据显示，2021年和2022年中国数据交易市场规模分别为463.0亿元和876.8亿元，呈现出快速增长的趋势。这一增长反映了数据交易市场的活跃度和数据作为生产要素的经济价值正在被逐步释放。

第二，数据交易机构数量增加。2023年新建数据交易场所7家，目前国内数据交易场所已超过80家，其中近30家是由省级以上政府提出推进建设的。这些机构的建立为数据交易提供了平台和机制,促进了数据流通和交易的规范化、市场化。

第三,市场集聚效应显现。随着数据交易机构的增加,数据交易市场的集聚效应开始显现。大数据企业和专业数据人才的数量也在稳步增长,信通院数据显示,截至2023年底,全国共有大数据企业6万余家,专业数据人才30余万人。

第四,政策和法规支持加强。"数据二十条"的出台为数据交易市场提供了坚实的政策基础和制度保障,2023年中国各省市发布数据要素相关政策文件超过40份,场内外数据交易继续推进。政策措施的坚实有效,体现了中国特色的制度优势,为数据交易市场的健康发展提供了指导和支持。

第五,数据交易环境优化。在"数据二十条"的指导下,中国数据交易市场在交易规模、交易类型、交易环境等方面都得到了显著优化。市场规则体系逐渐完善,数据交易的合规性和效率不断提高。

虽然当前全国各地已经建设了众多数据交易场所,但尚未形成一体协同、多级联动的市场流通交易体系,特别是国家级数据交易所缺失,不利于大规模数据跨域流通,影响全国统一数据要素市场建设。为解决以下这些问题,需要围绕数据市场交易进行更加全面的顶层设计。

第一,数据交易市场各自为政。时至今日,全国各地根据自身需要自发性建立了诸多数据交易场所,但全国性的数据交易市场尚未建立,且数据交易呈现出场内场外天壤之别的现象。2015年,贵阳大数据交易所挂牌运营;2021年,北京国际大数据交易所和上海数据交易中心相继成立。据统计,截至2023年底,全国各地由政府发起、主导或批复的数据交易场所已有40多家。同时,全国各地数据交易场所根据本地的情况制定自己的交易规则和制度,形成了各自为政的局面,同一批数据在不同的数据交易市场中交易价格天差地别。

第二，数据交易确权困难重重。为了使数据能够像其他生产要素一样在市场上进行便捷自由的交易，就需要确立明确的权属关系。由于数据交易权益归属认定的复杂性，数据交易确权面临着困境。数据本身具有可复制性、多归属性、非竞争性、可共享性等特征，相同的数据可能同时被消费者、经营者、政府等多元主体持有，难以明确数据交易权益的实际归属者。尽管"数据二十条"提出对数据产权进行结构性分置处理的原则，但在实践中仍然困难重重。数据交易确权作为数据交易的基石，如果权属不明将制约数据交易市场的建立和发展。

第三，数据交易合规难以保障。随着数据交易的不断发展，数据交易的合规性日益凸显，数据交易的主体、数据产品、数据交易过程等各个环节都需要符合合规性要求。但是，数据交易的购买方往往缺乏足够的技术水平和专业能力对数据是否合规进行审查，而使用不合规的数据可能会给购买方埋下隐患。在实践中，涉及个人数据、隐私相关数据的数据交易，尤其是场外一对一的数据交易，在缺少平台或第三方监督的情况下极易产生黑市数据交易等不合规交易的情况，也会给数据交易带来风险和挑战。

第四，数据交易质量参差不齐。随着数据交易的发展，随之而来的是大量且混乱、无序的数据，特别是数据普遍缺乏有效治理，不能提供持续、多源的、标准化的数据，进而妨碍数据正常交易。同时，现行数据交易中执行的标准不一致，导致数据格式混乱、数据质量较低，阻碍数据在市场上的流通。数据交易质量存在的现实问题主要包括两点：一是数据交易质量保障机制缺位，导致数据质量参差不齐，数据购买方试错成本高、交易风险大；二是不同数据交易机构的交易方式和程序不同，对数据质量要求不同，增加了数据交易成本，制约了数据流通的交易。

第五，数据交易监管政出多门。目前，对数据交易的监管主要是通过多政府部门条块监管，力量薄弱、职能分散。政府各监管部门之间互动不顺，存在管办不分、各自为政、重复监管等问题，对发生在数据交易环节中的机制不畅、政出多门、腐败频发等现象难以实施有效监管。政府监管部门对数据产品是否涉及隐私、国家安全、商业机密等监管不到位，对数据交易的安全性监管薄弱；对各地区数据交易市场规则、机制监管缺乏，致使不同交易所的规则不同，数据交易成本较大；对数据的跨境、跨地区跨行业交易的监管缺乏依据。

第三篇 政策思路篇

卓越的顶层设计是数字经济健康发展的根本保障。若要行稳致远，离不开有效的治理与科学的政策。本篇将系统探讨如何通过完善的数字经济治理为其发展保驾护航，如何以高水平的国际合作激发新动能，以及如何设计公共政策以应对技术冲击并促进社会公平。

第七章　数字经济治理保障数字经济高质量发展

对于数字经济的高效治理是实现数字经济高质量发展的关键因素。数字经济治理确保了数字经济创新活动的有序进行，为经济的长期繁荣和全面进步奠定了坚实基础。通过确立清晰的法规框架、加强市场监管、保护数据安全和个人隐私、促进公平竞争以及鼓励创新和技术进步，数字经济治理为数字经济的参与者创造了一个稳定可预测的环境。此外，良好的数字经济治理还能促进资源的高效配置，提高生产效率，降低交易成本，增强经济的包容性与可持续性。本章系统阐释了数字经济治理的必要性，梳理了进行数字经济治理的几种主要方法措施，重点探讨数字经济安全风险防控机制的建设思路。

第一节　数字经济治理的必要性

为不同于传统农业经济、工业经济的新经济形态，数字经济对传统经济学理论形成了挑战。建设中国特色社会主义经济学话语体系，通过经济学分析明确数字经济的治理方式，既是相关学科在数字经济时代发展的内在需要，也是把握数字经济方向性、规律性的客观需要（任保平和李婧瑜，2023）。

党的二十届三中全会提出，"要健全因地制宜发展新质生产力体制机制，健全促进实体经济和数字经济深度融合制度，完善发展服务业体制机制，健全现代化基础设施建设体制机制，健全提升产业链供应链韧性和安全水平制度。"数字技术与实体经济的深度融合正在深刻重塑现代经济社会形态，在数字经济蓬勃发展的同时，数字经济的监管和治理也已成为一个需要重视的问题。2022年，"数字经济治理"一词被首度写入国务院《政府工作报告》，并且在《"十四五"数字经济发展规划》中提出了"数字经济治理体系更加完善"的目标。作为经济治理现代化的重要组成部分，对于数字经济的治理工作是推动构建新发展格局、建设现代化经济体系、构筑国家竞争新优势的必然要求，也是推进国家治理体系和治理能力现代化的题中应有之义。

中国信息通信研究院发布的《中国数字经济发展白皮书（2017年）》对于数字经济治理进行较为系统的分析。这一报告将数字经济治理体系视为构筑数字经济发展的"四梁八柱"中的"四梁"之一。针对解决"治理主体是谁""治理主体间关系""用什么方法治理""保障治理有效运转"四大问题，该白皮书提出构建多元化、立体化的治理主体；构建边界清晰、分工协作、平衡互动的治理结构；构建运用大数据、云计算等数字技术的治理手段；构建政策、法律、监管"三位一体"的治理制度。从数字经济整体发展的角度，我们可以将这一新经济形态划分为要素层、组织层与结构层三个层次。其中，要素层的核心是数据这一数字经济时代的关键要素，组织层的核心是伴随数字经济发展而兴起壮大的平台企业，结构层则由建立在网络空间上的数字生态主导。对于数字经济的有效治理，也因而聚焦在对数据要素、平台经济以及数字生态的治理上。

一 数字经济发展的治理困境

数字经济具有数据规模庞大、创新创业活动活跃、线上线下高度融合、市场结构复杂、组织机构去中心化等一系列技术—经济特征，其生产模式、交易模式与消费模式均与传统经济存在巨大差别，传统经济治理越来越难以适应数字经济的治理需要。具体来说，在

第七章　数字经济治理保障数字经济高质量发展

数据要素、平台经济与数字生态这三个领域的治理过程中，均出现了传统经济治理难以解决的困境与挑战。

（一）数据治理困境

数据是数字经济时代最为重要的生产要素。数据要素的特殊性在于其是一种虚拟要素，需要大型存储设备或网络云空间作为数据载体，投入人力或人工智能算法进行分析，才能通过生成新的知识和数据产品，实现经济价值释放。与知识、技术和管理等现代要素相比，数据要素的特殊性在于其积累与消耗的过程更类似于物质资本。出于各种原因，相关机构或经济组织趋于尽可能地收集更多的数据，这中间易引发侵犯用户隐私问题，威胁到企业和个人的数据安全。数字经济发展的过程中，数据作为关键生产要素的价值不断被挖掘，与此同时，衍生出一系列监管问题，但提高数据的利用效率又需要丰富各类数据信息，因此亟须建立平衡两者之间关系的数据治理体系，在完善信息及隐私保护制度的基础上尽可能释放数据价值。

在目前来看，数据治理的法律和政策框架仍滞后于技术进步与新经济发展。随着大数据、人工智能和物联网等技术的快速发展，新的数据应用场景层出不穷，而现有的法律法规往往难以覆盖所有新兴的数据使用方式。例如，数据要素的跨境流动问题、算法透明度和可解释性问题及数据产权界定问题，都对现有法律框架带来较大挑战。此外，不同国家和地区在数据治理逻辑和治理手段上存在较大差异，这导致了国际法律冲突和监管套利问题，使得全球统一的数据治理标准难以形成。

数据隐私保护与数据利用之间的平衡是数据治理中的核心困境。一方面，公众对个人隐私保护的需求日益增长，要求企业严格遵守数据收集、处理和使用的规则；另一方面，数据的有效利用是推动经济发展、提高社会福祉的关键因素。如何在保护个人隐私和促进数据利用之间找到平衡点，是数据治理中的一大挑战。此外，数据泄露、滥用和盗窃等安全问题频发，增加了数据治理的难度，要求企业和政府投入更多资源进行数据安全防护。

数字技术层面的数据治理也面临着巨大挑战。随着数据量的爆炸性增长，如何确保数据质量和数据的可追溯性成为技术难题。数据的清洗、整合和分析需要高度专业化的技术，而这些技术的掌握和应用并不均衡。此外，数据治理还需要解决数据存储和处理的成本问题，尤其是在云服务和分布式计算环境中。如何在保障数据安全和隐私的同时，实现数据存储和处理的经济效益，是技术层面需要解决的问题。

除了数据要素自身的治理问题外，由于算法"黑箱"等问题尚未解决，基于经验数据驱动的决策容易造成数据歧视、数据鸿沟、数据安全等新型伦理治理难题。目前，我国数据要素伦理治理体系不完善，难以有效解决相关问题。一方面，针对数据要素带来的新型伦理问题的治理体系不健全。我国还未建立健全针对不同群体进行数据分类保护的体制机制，尚未明确数据要素从生产到使用等环节的权责关系，难以保证数据要素治理过程中的正当性和公平正义性。另一方面，数据驱动的决策具有内生安全风险。数据要素驱动的治理过程需要考虑多主体、多环境、多流程，且以体量庞大的数据作为支撑，微小的异常数据也可能会使得治理模型错误，导致基于数据得出的治理方案偏离正确方向。但囿于数据要素治理理论和技术水平的限制，目前还无法充分解决相应的内生性安全问题。

（二）平台治理困境

数字经济的发展助推了一批数字平台企业的产生，也伴生了一系列经济社会问题。数字平台，特别是头部平台是数字贸易中非常重要的市场组织，由于数字经济存在较强的网络外部性，在网络外部性的作用下，数字贸易领域很容易形成"赢者通吃"的局面。市场结构趋于垄断，成为数字平台经济发展的普遍现象。例如，一些平台利用巨大的流量资源和数据资源优势打压竞争对手，排斥市场竞争，损害公众利益。平台巨大的市场力量有可能会扭曲数字市场的正常发展，导致包括质量下降、增加第三方成本、负面创新等后果。此外，平台可以通过影响消费者行为，强化其垄断能力，还可以利用大数据和智能算法等技术手段，设计出具有成瘾性的数字产品，使消费者上瘾而一直使用该平台。市场垄断和成瘾技术的结合，会极大损害用户利益。

在数字经济的背景下，平台既是参与市场竞争的企业，又具备组织市场的职能。由于线上市场具有平台规模扩张速度成倍增加、消费者用户多归属、平台收集和分析数据的边际成本较小等特征，使部分数字企业滥用自身积聚的数据优势地位和极强的信息控制能力，不断发展壮大形成垄断势力，从而有偏向性地抑制其他竞争者参与市场竞争，催化平台经济呈现出明显的垄断趋势。

数字平台的跨界性质带来了监管挑战。数字平台往往不受传统地理边界的限制，它们的服务可以覆盖全球，这使得单一国家的监管政策难以完全适应。例如，一个国家的税务政策可能难以适用于跨国运营的数字平台，这导致了税收逃避和不公平竞争的问题。此外，不同国家和地区对于数据保护、隐私权、内容审查等方面的法律法规存在差异，这使得数字平台在全球化运营中必须应对多样化的法律环境，增加了合规成本和复杂性。同时，数字平台的规模和影响力日益增长，它们在某些领域甚至具备了市场支配地位，这引发了关于市场垄断和公平竞争的治理困境。

数字平台的内容管理和知识产权保护是治理中的另一个难题。数字平台为用户提供了内容分享和交流的空间，但这也带来了虚假信息、侵权行为，以及有害内容的传播等问题。平台需要投入大量资源来监控和过滤用户生成的内容，以维护网络环境的健康和秩序。然而，内容的海量和多样性使得这一任务极具挑战性。此外，知识产权的保护在数字环境中也变得更加复杂，版权侵犯、专利纠纷等问题频发，需要平台、权利人、监管机构之间建立有效的合作机制。

在业态治理层面，平台滥用市场支配地位等行为日益引起反垄断机构和学术界的重视，而治理的关键在于市场监管同数字时代特点相适应。数字经济时代的反垄断治理与传统反垄断治理不同，数字平台由于可以通过资本扩张、跨界混业经营而形成一个相对独立的系统，并自行制定交易规则、搭建交易场所、提供支付服务甚至监管个体行为。在这种情况下，在传统市场经济中所使用的治理手段不再有效，由此形成新的反垄断市场治理监管难点。

（三）生态治理困境

在数字经济时代，互联网技术的发展打破了人类活动的时间和空间限制，为人们提供了更加便利的信息散播方式和更加丰富的信息获取途径，信息发布方和信息接纳方呈现出多元化的趋势。但是网络信息良莠不齐，各种鱼目混珠的内容充斥着整个网络，虚假信息和不良内容的发布成本和获取门槛极低，使得这些有害信息在网络空间肆意横行，危害社会秩序。

以电子商务为代表的数字经济普遍具有跨区域交易的特征，存在各领域相互融合、各产品服务商不断融合创新的特点，逐渐形成不依托地理区域集聚的数字经济生态。现有的政府治理体系在职能设置上主要面向特定区域、特定领域，数字经济的发展对政府各职能部门的监管治理工作带来巨大挑战。比如，数字化进入金融领域，使得金融产品名目繁多，传统的金融监管是建立在非数字化信息基础之上的，且为事后监管，新型数字金融产品很容易游离在传统监管或管理范围之外，这对政府部门监管手段的跟进与更新提出了更高的要求。

数字经济生态的复杂性和动态性带来了治理上的挑战。数字生态系统由众多参与者组成，包括平台企业、供应商、消费者、监管机构等，它们之间的互动关系错综复杂。随着技术的快速发展，新的商业模式和服务不断涌现，这要求治理体系能够灵活适应快速变化的环境。然而，现有的治理结构往往较为僵化，难以及时响应新

第七章　数字经济治理保障数字经济高质量发展

兴的挑战，如新兴的金融科技（FinTech）对传统银行业务的冲击，以及共享经济对城市交通和房地产市场的影响，等等。此外，数字生态系统中的信息不对称问题也加剧了治理难度，平台企业掌握大量用户数据，而监管机构和消费者往往缺乏足够的信息来进行有效监督和决策。

数字经济生态治理还面临着技术创新与伦理、法律的相互协调问题。随着人工智能、大数据、区块链等技术的发展，新的产品和服务不断涌现，但同时也带来了伦理和法律上的争议。例如，算法决策的透明度和公平性问题，智能合约的法律效力问题，以及自动化和智能化技术对就业市场的影响等。这些问题要求治理体系不仅要跟上技术的步伐，还要预见和解决技术发展可能带来的社会问题。此外，数字生态系统的全球性特征要求国际协调和合作，以形成统一的治理标准和规则，避免监管套利和治理碎片化。

在当前数字经济发展水平下，我国对于数字经济与数字生态的规范主要还是以政府为主导的分部门监管，相关的监管理念和监管模式更新与新经济形态发展变化之间仍存在一定的滞后性，无法完整地监督治理数字生态。相比于传统的经济形态，数字经济通常会涉及数量庞大、种类各异的利益相关者，构成一个庞大的双边市场与网络化生态。这些数字经济利益相关者不仅跨领域、跨部门，而且诉求各异，存在着较大利益冲突。在这种情况下，传统的分部门归口监管难以有效实现统筹全局和对各主体利益的综合平衡，因此无法对于数字生态进行有效的综合治理。

二　数字经济治理的理论逻辑

（一）妥善处理好数据要素安全与应用的关系

数字经济的核心要素是数据要素，而数据要素呈现出以下两个典型特征：其一，数据要素的不可分割性。大数据的一个重要特征是多维度，这些维度包括用户信息、出行信息、支付信息，等等。

数据价值的发挥需要把不同维度的数据匹配起来，而对于数据的切割则会大幅降低数据的潜在价值。其二，数据的所有权和使用权分离问题。数据的所有权目前争议很大，数据的实际使用则基本由平台企业所垄断。数据要素的上述两个特征自然催生出如下问题：当将这些敏感的数据汇聚起来由平台企业所使用时，如何保证能够充分发挥这些数据的价值，并且在这一过程中如何保障数据安全？因此，数字经济治理亟须解决的第一对矛盾便是如何在实现数据价值化的同时，有效保障信息的安全性。

贯彻落实总体国家安全观，守住数据安全是数据要素流通交易的红线与底线，是开展数据流通交易的首要条件。要把打造安全可信的数据要素市场环境，作为数据要素治理与数据市场培育的优先任务。我国数据要素市场正处于蓬勃发展阶段，实施数据安全治理制度，必须统筹好安全和发展的关系。一方面，要强化数据安全主体责任意识，规范数据流通交易相关主体的数据安全能力，严格规范数据安全相关各方的安全主体责任，在数据采集汇聚、加工处理、流通交易、共享利用各环节，参与主体均应依法承担相应责任；另一方面，要坚持"宽进严管"原则，在规范市场安全监管和秩序规范的基础上促进数据共享开放，推动提高数据流通效率，加强对数据供给、流通、应用全过程中的一体化安全保障，构建数据来源可确认、使用范围可界定、流通过程可追溯，打造有序发展的数据交易市场体系。

（二）明确平台经济与传统经济的关键差异

对于传统经济来说，规模经济出现的原因在于企业生产中所付出的固定成本。企业扩大生产规模会降低产品的单位成本，从而提高生产效率。但从市场效率上看，企业规模的不断扩张则会加剧市场的垄断程度降低市场效率。这就是规模经济与市场效率之间的矛盾。

相较于传统经济，数字经济中规模效应的成因却有着明显的区别。数字经济中的典型代表——数字平台企业通常被认为是一种轻资产行业，也就是所需付出的固定成本相对较低，而占成本份额较高的则是人力、日常运维这些可变成本。因此，平台企业为了摊薄固定成本而扩大生产规模的动机并不明显。那么，数字平台企业短期内扩大自身规模的动机主要有两方面：一是网络效应，即用户在一个网络中所获得收益同这个网络的规模成正比，这意味着数字平台企业为了吸引用户，必须想方设法提升自身的规模；二是平台企业之间针对用户注意力的竞争，用户注意力主要体现在一段时间内能够吸引到的网络流量：流量越高，平台企业通过流量转化而来的需求也越高。因此，数字经济治理需要解决的第二对矛盾便是如何在限制数字平台企业垄断行为的同时，有效提升企业的创新能力。

平台企业在其发展初期往往规模小、风险高、利润低甚至长期亏损，但一旦跨过用户"临界点"步入正反馈阶段，便能够呈现指数级增长态势，因此无论是对市场准入、投资规模、价格的事前行政审批制，还是价格上限制、成本契约制、特许投标制、标尺竞争制等激励性监管，都难以适用于数字经济领域中的平台企业。目前，平台已经不是一个简单的市场组织，而是兼具行业协会和政府职能的新型基础设施和基础组织。因此，应当对其严格监管，在强化相关事前、事中管制的同时，相应调整与此相配套的事后管制，构建技术驱动型执法体系和司法体系。国家已经开始强调全面加强对平台经济的监管，这既是对国际趋势的把握，更是基于中国国情的考虑。平台的超规模扩张，严重威胁了中小微企业的生存，可能在竞争领域导致显失公平的结果。需要注意的一点是，为了实现精准监管和有效监管，需要对平台领域进行有效评估，不同的市场领域存在的问题并不一样，包括垄断问题、资本无序扩张问题、不正当竞争问题、隐私泄露问题，以及安全问题。需要明确相应问题后采用最适当的治理手段，实现促进数字经济发展的目的。

（三）营造开放健康安全的数字生态

近年来，数字技术创新和迭代速度明显加快，在提高社会生产力、优化资源配置等方面的作用日益凸显。营造良好数字生态，有利于充分激发数字技术的创新活力、要素潜能、发展空间，引领和驱动经济结构调整、产业发展升级、消费需求增长、治理格局优化，为加快建设数字经济、数字社会、数字政府提供良好环境和有力支撑。特别要看到，世界主要国家均把信息化作为国家战略重点和优先发展方向，通过优化数字生态加快推动数字化转型发展。我们必须主动适应数字化变革的时代潮流，掌握网信事业发展的历史主动，着力营造良好数字生态，打造数字优势、赢得发展先机。

加强数字生态建设，既要厚植创新创造的土壤，也要构建规范有序的环境。要始终把法治作为基础性手段，坚持促进发展和监管规范两手抓、两手都要硬，着力构建数字生态规则体系，全面提升数字生态治理能力，推动数字生态健康、有序、可持续发展。

提升数字生态治理能力的一个典型案例是面向网络环境的"清朗"系列专项行动。该行动由中国国家互联网信息办公室牵头，联合多个部门共同开展，旨在净化网络环境，保护公民个人信息安全，维护良好的网络秩序。通过这一行动，中国加强了对网络内容的监管，严厉打击网络谣言、暴力、侵权盗版等违法违规行为，同时推动网络平台落实实名制，强化用户信息保护。此外，"清朗"行动还鼓励公众参与监督，提高社会对网络环境治理的共识和参与度。通过一系列措施，中国在提升数字生态治理能力方面取得了显著成效，不仅保护了网民的合法权益，也为数字经济的健康发展提供了有力保障。

全世界共享同一个网络空间，营造数字生态的关键是推动完善网络空间国际规则。中国应坚持以联合国等重要国际机构为主渠道、以联合国宪章为基本原则，推动研究制定更加平衡地反映各方利益关切特别是广大发展中国家利益的网络空间国际规则。加强国家间数字生态领域政策协调，积极参与数据安全、数字货币、数字税等国际规则和数字技术标准制定，推动建立更加公正合理的互联网基础资源分配机制，实现网络空间资源共享、责任共担、合作共治。

第七章　数字经济治理保障数字经济高质量发展

第二节　数字经济治理的方法措施

健全完善数字经济治理体系是顺应治理主体多元化、对象复杂化、结构网络化、方式协同化、过程人性化、范围全球化变化的必然选择，也是创新治理理念和治理模式的必然要求（马潮江和单志广，2022）。数字经济治理对象范围涵盖数字经济全领域、全过程、全要素，包括数据资源、现代信息网络和信息通信技术融合应用等新技术经济形态，以及平台企业等主体、互联网服务等活动、制度规范等环境因素。本节主要探讨数字经济治理的主要内容与能力建设方式，并对各主要经济体数字经济治理现状进行梳理。

一　数字经济治理的主要内容

加强和完善数字经济治理，是一国数字经济发展行稳致远的关键举措。数字经济发展事关国家发展大局，数字经济治理体系建设是国家治理体系和治理能力现代化的新内容，加强和完善数字经济治理是促进数字社会稳定和谐的重要保障。数字经济治理的内涵相当丰富，包含各类监管手段和发展政策。而政府则是数字经济治理的主力军，通过"效""治"结合让新技术有为善为，不断完善数字经济治理体系，加强体制机制建设，意义十分重大。按照治理对象的不同，本节将数字经济治理划分为要素治理、行为治理与综合治理三个方面。

（一）要素治理

要素治理，指的是对于数字经济中出现的各种新要素（数据、信息、知识和人工智能，等等）的产生、传播、交易和分配过程进行治理，当前要素治理的重点是对于数据要素的治理工作。大数据作为近年来异军突起的新兴生产要素，在诞生之初就展现出极强的经济价值和极大的市场需求。与数据要素快速发展形成鲜明对比的，是数据要素市场管理的相对滞后。在组织运行体系方面，数据要素的收集、整理与使用仍由平台企业主导；在数据要素交易方面，大多数国家和地区尚未形成数据交易的有效机制；在数据要素使用方面，企业对于数据要素的使用受到的监管严重不足；在数据利益分配方面，提供原始数据的消费者，其权益和隐私却无法得到有效保护。因此，政府进行数据要素治理的重点，在于将数据要素的价值最大化的同时将其产生的经济利益公平地分配给利益相关者。

推进数据要素治理，首先需要确立清晰的数据权利框架。这包括明确数据所有权、使用权、收益权和处置权等，确保数据主体的权益得到保障。例如，个人数据的收集和使用应遵循"告知与同意"原则，即个人在充分了解其数据如何被使用的基础上，自愿授权。同时，数据控制者需要对个人数据的安全负责，防止数据泄露和滥用。此外，还需要建立数据分类管理制度，对不同类别的数据实施不同程度的保护措施，以适应其敏感性和重要性。

数据要素治理的推进需要强化数据安全和隐私保护。随着数据量的爆炸性增长，数据安全和隐私保护成为全球关注的焦点。这要求建立严格的数据保护法规，对数据处理活动进行规范，包括数据的收集、存储、处理、传输和销毁等各个环节。同时，需要加强数据安全技术的研发和应用，如加密技术、访问控制、数据泄露防护等，以提高数据的安全性。

数据要素治理的推进还需要促进数据的开放共享和高效流通。数据作为一种重要的生产要素，其价值在于流通和应用。因此，需要建立数据开放共享机制，鼓励公共数据的开放，促进数据资源的社会化利用。同时，需要建立数据交易市场，明确数据交易规则，促进数据的合法交易和高效流通。此外，还需要加强数据质量的管理，确保数据的准确性、完整性和可靠性，提高数据的应用价值。通过这些措施，可以充分发挥数据作为生产要素的作用，推动数字经济的发展和创新。

第七章　数字经济治理保障数字经济高质量发展

（二）行为治理

行为治理代指政府对于企业的各类经济行为、社会行为以及研发创新行为的治理。在数字经济环境下，企业的大量生产经营活动转移到线上虚拟的云空间中，这就无形中增加了监管难度。无论是企业对于用户信息与数据要素的收集和使用，对于自身市场势力与技术权力的发挥，还是对于大数据分析与智能算法的设计与应用，都需要各级政府的积极引导与有效监管，为市场主体营造良好的营商环境，保护用户尤其是消费者的合法权益。

推进行为治理，首先需要明确市场主体的责任和义务。这包括企业、消费者、政府等各类参与者在数字经济活动中应遵守的行为准则。例如，企业在提供数字产品或服务时，需要确保内容的真实性、合法性，保护消费者的合法权益，如隐私权、知情权和选择权。同时，企业还应承担起数据安全和用户个人信息保护的责任，防止数据泄露和滥用。政府则需要加强对数字市场的监管，制定和执行相关法律法规，打击违法违规行为，维护市场秩序。

行为治理的推进需要强化市场监管和反垄断政策。随着数字经济的发展，一些大型数字平台逐渐形成了市场支配地位，这可能导致市场垄断和不公平竞争。因此，需要加强市场监管，对市场主体的行为进行监督和约束，防止滥用市场支配地位。同时，需要完善反垄断政策，对垄断行为进行规制，促进市场竞争，保护消费者利益。此外，还需要加强对新兴数字业务模式的监管，如共享经济、平台经济等，确保这些新模式的健康有序发展。

行为治理的推进还需要加强消费者权益保护和提升消费者数字素养。消费者是数字经济的重要参与者，保护消费者权益是行为治理的重要组成部分。这需要建立和完善消费者权益保护机制，如消费者投诉处理机制、消费者教育和培训等。同时，需要加强对消费者个人信息的保护，防止个人信息泄露和滥用。此外，提升消费者的数字素养也是行为治理的重要方面，通过教育和培训，提高消费者识别网络诈骗、保护个人数据、安全使用数字产品和服务的能力。

（三）综合治理

综合治理是对于数据信息资源、现代信息网络、ICT融合应用，以及数字经济相关主体、活动与环境的整体性治理。而对于数字经济的综合治理，是数字时代宏观经济治理的重要内容。数字经济的综合治理需要更好地把握数字经济发展的形势、趋势和规律，以健全和完善数字经济治理体系为基本支撑，进一步推动数字技术与实体经济深度融合，协同推进数字产业化和产业数字化，促进数据关键要素价值释放，培育开放、创新、安全、协调、普惠的发展生态，不断提升广大人民群众对数字化发展的获得感、幸福感和满意度，有效保障全体人民共享数字经济的发展红利。

推进综合治理首先需要建立一个协调一致的政策制定和执行机制。这涉及政府的不同部门之间，以及政府与企业、社会组织和公众之间的合作。例如，需要建立一个由政府主导，企业、行业协会、消费者组织等多方参与的治理架构，共同制定和实施数字经济治理政策。这种架构能够确保政策的全面性，覆盖数字经济的各个领域和层面，同时也能够提高政策的适应性和灵活性，以应对快速变化的市场环境。

综合治理的推进需要依托于先进的技术手段，尤其是信息技术的应用。在数字经济中，数据的收集、分析和应用是治理的基础。因此，需要利用大数据、人工智能等技术提高治理的智能化水平，实现对市场动态的实时监控和对违规行为的快速响应。同时，通过技术手段加强网络安全防护，保障数据的安全和隐私保护。此外，技术还可以用于提高治理透明度，例如通过区块链技术确保交易的可追溯性和不可篡改性，增强公众对治理活动的信任。

综合治理的推进还需要强化法律法规的建设和完善，确保治理活动有法可依。这包括制定和更新与数字经济相关的法律法规，如电子商务法、数据保护法、网络安全法等，以覆盖新兴的商业模式和技术创新。法律法规的建设应旨在保护消费者权益、促进公平竞争、防止市场垄断，并鼓励创新和技术发展。同时，需要加强法律法规的国际协调，以适应数字经济的全球性特征，解决跨境数据流动、电子商务争端等问题。

二　数字经济治理的能力建设

（一）治理"三化"

如何提升一国政府的数字经济治理能力？张兆利（2022）提出，治理"三化"是建设切实可行的数字经济治理体系的关键举措。这里的"三化"分别代表治理法治化，治理精细化和治理自律化。

治理法治化是数字经济治理的第一防线。数字经济具有高创新性、强渗透性、广覆盖性等突出特点，在数字经济发展的过程中，如果说技术和创新是高速运转的"引擎"，那么法律和制度则是保证其能够行稳致远的"压舱石"。良好的法律规范可以有效规范数字经济行为，降低系统性风险，而活跃的数字经济则为法律规范的不断完善提供丰富的实践经验和物质场景，从而形成良性循环，这便是数字经济治理法治化的理论基础，同时，这也是中国、美国和欧洲等数字经济的领先经济体都在以高频率出台数字经济相关法律法规的原因。

治理精细化是数字经济治理的内在要求。在数字经济体系中，传统上分散且信息不对称的市场主体与消费者，以及产业链的上游与下游等都可以利用数字技术连接在一起，这既是一种生产力的飞跃，同时也是对治理能力的考验。数字经济参与主体中存在大量的中小企业、组织甚至是个人，每个微观个体的需求和偏好均千差万别，个体行为的异质性和不可预测性也明显增强，这就要求数字经济的治理必须是精细化的，能够最大限度地满足大量中小主体的个性化需求，同时治理标准也应能够涵盖其行为并获得正向反馈。例如，不同的智能手机用户会在使用手机 App 时选择不同的数据分享条款，对于那些隐私意识较强、有限度地分享自身数据的用户，对其的隐私保护就可以适当放松；而对于隐私意识较差，甚至可能不理解用户数据条款的用户（如中老年使用者），就需要监管者的介入才能有效保护其隐私安全。

治理自律化是数字经济治理的必达共识。主体自觉是良法善治的最终目标，也是数字经济治理的内在本质。发展数字经济，企业无疑是主体；但在强化数字经济治理方面，政府还应发挥更加积极的作用。政府的有效监管可以不断增强数字经济治理的主动性和自律性，使企业遵守市场竞争规则，而企业自觉接受监管、优化经营，便是数字经济治理的关键目标。也就是说，必须把自律化作为第一共识，将治理规范与秩序内化为每一个市场主体的自觉认知和自律要求。然而需要注意的一点是，治理自律化并非治理自由化。目前数字经济仍处于发展的早期，相应监管制度均不健全，市场主体钻治理"空子"的现象也时有发生，面对这些现象，监管者应积极作为，防微杜渐，不能坐等市场主体"弃暗投明"。

（二）治理创新

除了进行治理"三化"之外，数字经济治理能力的提升还依赖政府在多个方面的持续性创新。这些创新主要包括技术创新、政策创新和制度创新三种类型。

1. 技术创新

数字经济治理的技术创新指的是用先进数字技术监管数字经济，此类技术也被称为监管科技（Reg Tech）。监管科技于2015年发源于英国，在国际上被广泛应用于金融监管领域，例如使用人工智能对于违规直销、违法传销、虚假广告、仿冒站点、商标和专利侵权等违规违法市场行为进行实时监控。

通过技术创新，政府可以通过大数据分析来实现更精准的市场监管。大数据分析技术能够帮助政府和监管机构从海量的在线活动中提取有价值的信息，预测市场趋势，及时发现和响应市场中的异

第七章　数字经济治理保障数字经济高质量发展

常行为。例如，通过分析在线交易数据，监管机构能够监控不正当竞争行为，保护消费者免受欺诈和虚假宣传的侵害。此外，利用机器学习和人工智能技术，可以开发智能监管系统，这些系统能够自动检测违规内容，提高响应速度，降低人工监管的成本和工作量。

技术创新还包括利用区块链技术来增强数据的安全性和透明度。区块链提供了一种去中心化的数据存储和传输方式，能够确保数据的不可篡改性和完整性。在数字经济治理中，区块链可以用于确保交易记录的真实性，保护知识产权，以及增强供应链的透明度。例如，通过区块链技术，消费者可以追溯产品的来源，验证产品的真实性和质量，这有助于提升消费者信心和市场信任度。同时，区块链还能够用于智能合约的执行，自动执行合同条款，减少合同纠纷，提高交易效率。

技术创新还需要包括云计算和物联网技术在数字经济治理中的应用，以包括治理过程的灵活性和扩展性。云计算提供了弹性的计算资源，使政府和企业能够根据需求快速扩展或缩减资源，优化治理成本。物联网技术则通过连接物理设备和网络，实现了实时数据的收集和处理，为数字经济治理提供了更丰富的数据来源。例如，物联网可以用于监控环境质量、交通流量等，帮助政府进行城市规划和资源配置。同时，物联网还能够用于智能家居、智慧城市等新兴领域的治理，提高城市运行的效率和居民的生活质量。

2. 政策创新

数字经济治理的政策创新强调在传统的政策框架之外另辟蹊径，设计出新的专用于发展与监管数字经济的新政策。对于"数字税"和"机器人税"的征收、利用数字货币进行反洗钱监管等新措施都可以纳入政策创新的范畴。

政策创新需要构建一个灵活而前瞻性的法律框架。随着数字技术的发展，传统的经济活动和交易模式正在发生根本性变化，这就要求政策制定者不仅要对现有法规进行更新，还要预见未来可能出现的新情况，并制定相应的指导原则和法规。例如，为了促进数据要素的有效利用和保护，政策制定者可以创新数据治理政策，明确数据权利、数据共享和数据安全等方面的规则。此外，政策创新还应包括对新兴业态的监管，如共享经济、平台经济等，通过制定包容性的监管政策，既能保护消费者权益，又能为创新企业提供发展空间。

政策创新还体现在对传统政策工具的改进和新型政策工具的引入。例如，政府可以通过实施"监管沙盒"（Regulatory Sandbox）来测试新的政策和监管措施，这是一种在控制环境中对金融科技等新兴领域进行试验性监管的方法。通过监管沙盒，监管机构可以在不造成广泛影响的情况下，评估新政策的实际效果，并根据反馈进行调整。此外，政策创新还应包括对激励机制的创新，如通过税收优惠、财政补贴、政府采购等手段，鼓励企业和个人采用新技术，促进数字经济的发展。例如，通过开放政府数据（Open Government Data）政策，政府可以向公众和企业开放大量非敏感数据，这些数据可以用于开发新的服务和产品，提高公共决策的透明度和效率。

政策创新需要加强国际合作和协调。数字经济的全球性特征要求各国政府在政策制定时考虑跨国因素，通过国际合作来解决跨境数据流动、电子商务、网络安全等全球性问题。政策制定者可以通过参与国际组织和多边协议，共同制定国际标准和规则，促进全球数字经济的健康发展。同时，国际合作还应包括技术交流、信息共享和联合监管等方面，以应对数字经济中的全球性挑战。

3. 制度创新

数字经济治理的制度创新需要政府围绕数字经济的关键问题进行高屋建瓴的顶层设计，提出新的基础性制度或对现有制度进行大幅改革以适应数字经济发展要求。许多国家正在建立的数据要素交易制度就属于制度创新。

制度创新在数字经济治理中意味着要建立更加开放和包容的监

管体系。随着数字技术的不断演进，新的商业模式和市场参与者层出不穷，这要求监管体系能够适应快速变化的环境。为此，监管机构可以引入适应性监管（adaptive regulation）的概念，这种监管方式强调灵活性和迭代，允许在监管框架内进行试错和调整。

制度创新还应包括对知识产权保护体系的更新和完善。数字经济时代的知识产权保护面临着许多新挑战，包括版权保护、专利申请、商业秘密保护等。为了适应数字环境下的创新活动，需要对现有的知识产权法律进行更新，以更好地保护创作者和发明者的权益。同时，监管机构还需要与国际社会合作，协调不同国家的知识产权政策，以应对全球化背景下的知识产权保护问题。此外，制度创新还应考虑到小型企业和个人创作者的需求，为他们提供更加便捷和低成本的知识产权保护途径。

在数字经济的快速发展过程中，治理创新和技术进步互动共促、互为因果。数字经济发展既提升生产力水平，也促使生产关系进行调整。通过持续的技术创新、政策创新和制度创新，数字经济治理能力的显著提升将能成为数字经济发展的动力来源。

三 各主要经济体数字经济治理现状

（一）中国数字经济治理现状

中国数字经济治理现状是一个不断演进和完善的发展过程，体现了中国在推动数字经济发展中的积极作为和战略部署。

中国高度重视数字经济的发展，并将其作为国家战略的重要组成部分。在政策层面，中国政府出台了一系列指导性文件和规划，如《国家信息化发展战略纲要》和《"互联网+"行动指导意见》等，明确了数字经济发展的方向和重点。同时，中国政府还积极推动"互联网+""数据要素×"和"人工智能+"等一系列以数字技术和数字经济为发展目标的国家级行动计划，鼓励传统产业与互联网、大数据和人工智能深度融合，促进产业升级和经济结构优化。

在监管方面，中国加强了对数字经济领域的监管力度，如网络安全法、电子商务法等法律法规的实施，为数字经济的健康发展提供了法律保障。此外，中国还建立了较为完善的互联网内容管理体系，加强对网络信息内容的监管，维护网络空间的清朗。

创新和开放是中国数字经济治理的核心主题。在技术创新方面，中国大力推动5G、大数据、云计算、人工智能等新技术的研发和应用，促进数字经济的创新驱动发展。同时，中国还鼓励企业加大研发投入，支持创新型企业和平台经济的发展，培育新的增长点。在开放合作方面，中国积极参与数字经济国际合作，如加入世界贸易组织（WTO）电子商务谈判，推动区域全面经济伙伴关系协定（RCEP）等多边和区域贸易安排中的数字经济议题，推动构建开放型世界经济。此外，中国还通过"一带一路"倡议等平台，加强与共建国家在数字经济领域的合作，共享数字经济发展的机遇。

随着我国数字经济的快速发展，一些新的问题和挑战不断出现，如数据安全和隐私保护、平台经济的监管、数字鸿沟、网络安全等。为此，中国政府正不断完善相关政策和法规，加强监管能力建设，提高治理水平。例如，中国正在加强数据安全管理，制定相关法规，保护个人信息和重要数据；加强平台经济监管，促进公平竞争，保护消费者权益；推动数字基础设施建设，缩小数字鸿沟，提高全民数字素养；加强网络安全防护，提升网络安全保障能力。通过上述措施，中国正努力构建一个更加健康、有序、安全的数字经济环境。

（二）美国数字经济治理现状

美国的数字经济治理体系是一个结合了自由市场原则、创新驱动和严格监管的复杂体系。作为全球数字经济的重要引领者，美国的数字经济治理模式对全球数字治理具有重要影响与借鉴意义。

在整体上，美国数字经济治理强调市场机制和企业自律，这一选择与20世纪80年代以来美国经济政策的基本导向相契合。作为全球最大的数字红利既得者，美国拥有全球最大的数字经济规模、

第七章　数字经济治理保障数字经济高质量发展

最坚实的数字产业链和最多的超级数字平台。美国拥有成熟的市场经济体制和强大的数字产业集群，这些机制在推动技术创新和商业模式创新方面发挥着重要作用。美国政府倾向于通过制定基本规则和框架，而非直接干预，来促进市场的健康发展。例如，美国联邦贸易委员会（FTC）负责执行涉及消费者保护、反垄断和商业欺诈的法律，通过监管和执法来维护市场秩序。此外，美国还鼓励企业通过自我监管和行业自律来解决一些治理问题，如内容审核、数据隐私等。

美国在数字经济治理中注重鼓励创新和竞争。美国政府通过提供研发资金支持、税收优惠等措施，鼓励数字技术的研发和创新。同时，美国在数字经济领域实施较为宽松的市场准入政策，鼓励新企业的进入和市场竞争。美国的反垄断法律和政策也旨在维护市场竞争秩序，防止市场垄断和滥用市场支配地位。例如，美国司法部和联邦贸易委员会等机构会调查和起诉违反《反垄断法》的行为，以保护消费者利益和促进市场公平竞争。

随着美国数字经济的快速发展，一些新的问题和挑战不断出现，如数据安全和隐私保护、网络安全、平台责任、算法透明度等。美国政府和立法机构正通过更新和制定新的法律和政策来应对这些挑战。例如，加州消费者隐私法案（CCPA）的实施加强了对消费者个人信息的保护。此外，美国还在网络安全方面加强了立法和执法，如通过网络安全信息共享法案（CISA）来促进公私部门之间的信息共享，提高网络安全防护能力。同时，美国也在国际舞台上积极参与数字经济治理的讨论和合作，推动形成全球性的治理规则。

（三）欧盟数字经济治理现状

欧盟数字经济治理现状体现了其对强化监管、保护隐私和促进公平竞争的重视，旨在构建一个安全、透明和创新的数字市场环境。

欧盟在数字经济治理中特别强调个人隐私和数据保护。2018年，欧盟实施了《通用数据保护条例》（General Data Protection Regulation，英文简称GDPR），这是一项具有里程碑意义的法律，为个人数据保护设立了严格的标准。GDPR赋予了消费者更多控制自己数据的权利，并对企业如何处理个人数据提出了明确要求。违反GDPR的企业可能面临最高达到全球年收入4%的罚款，这促使企业在数据治理上采取更加谨慎、合规的做法。此外，欧盟还在积极推动数字服务税（Digital Services Tax），旨在对大型数字公司的收入征税，以实现税收公平。

欧盟致力于促进数字经济中的公平竞争和创新。2020年，欧盟委员会提出了《数字服务法》（Digital Services Act）和《数字市场法》（Digital Markets Act），旨在规范数字服务提供者的行为，特别是具有"看门人"（gatekeeper）地位的大型在线平台，确保市场公平竞争和创新。这些法律提案旨在解决虚假信息、非法内容、在线市场滥用等问题，同时限制大型平台可能的反竞争行为。欧盟还通过各种资金和政策支持，如"欧洲地平线"（Horizon Europe）计划，鼓励数字技术的研发和创新。

随着数字化转型的加速，欧盟需要解决跨境数据流动、人工智能伦理、网络安全等新兴问题。欧盟正通过加强国际合作，推动形成全球性的数字治理规则。例如，欧盟积极参与多边机构和国际论坛，如G7、G20和联合国等，推动全球数字治理的讨论和合作。同时，欧盟也在探索如何在保护隐私和促进创新之间找到平衡点，以及如何确保数字治理政策能够适应快速变化的技术环境。

（四）日本数字经济治理现状

日本政府高度重视数字经济的发展，并将其作为国家战略的核心部分。为了促进数字经济的增长，日本政府推出了"社会5.0"计划，旨在通过数字化转型实现社会的全面升级。这一计划强调利用物联网、大数据、人工智能等技术，推动工业、服务业和公共部门的创新。在政策层面，日本政府通过立法和政策支持，鼓励企业采用数字技术，提高生产效率和服务质量。例如，日本政府推出了

第七章 数字经济治理保障数字经济高质量发展

"数字治理2025"计划,明确了数字经济治理的基本原则和目标,包括数据治理、网络安全、人才培养等方面。此外,日本还积极参与国际合作,如加入《大阪轨道》等多边协议,推动数字经济的国际规则制定。

日本在数字经济治理中注重技术创新和人才培养。日本政府通过公共和私人部门的合作,投资于数字技术的研发,特别是在5G、人工智能、物联网等领域。日本还鼓励大学和研究机构与企业合作,加强产学研结合,促进技术创新和知识转移。在人才培养方面,日本政府推出了一系列措施,如改革教育体系,加强STEM教育,培养数字经济所需的专业人才。此外,日本还通过职业培训和终身学习项目,帮助劳动力适应数字化转型的需要。

在国际层面,日本积极参与世界贸易组织框架下的多边数字贸易治理,在多边或小多边层面构建数字经济治理联盟。2016—2019年,日本向WTO提交了16项与数字贸易相关的提案。2019年1月,日本与中美欧等其他75个WTO成员共同签署《关于电子商务的联合声明》,宣布启动WTO电子商务谈判。与此同时,日本政府提出"数据在可信任条件下自由流动"原则(DFFT),并借助担任二十国集团轮值主席国的契机与中、美等国家共同签署了《大阪数字经济宣言》。

需要注意的是,日本并不满足于仅仅参与数字贸易规则的讨论,而是谋求主导全球数字经济规则的制定。在多边层面,一是积极主张对发展中国家尤其是最不发达国家开展包括数字基础设施以及相关技术在内的援助,旨在通过缩小数字鸿沟,尽快使发展中国家能够接入全球数字经济活动,进而扩大日本的全球数字贸易市场。二是消除阻碍数字贸易发展的各种壁垒,从而使发展中国家进一步接受高水平数字贸易规则。在双边层面,日本一方面通过与欧盟互认"白名单"使自身在个人隐私数据保护方面达到全球领先水平,另一方面通过与美国签订数字贸易协定,在数字贸易自由化方面与美国保持一致，以尝试在全球数字经济规则制定中占据话语权。

第三节 数字经济安全风险防控

数字经济的安全风险防控是数字经济治理的关键组成部分，也是现有数字经济理论亟须研究的重要实践问题。数字经济的快速发展带来了诸多安全风险，包括数据泄露、网络攻击、信息诈骗和个人隐私侵犯等。有效的安全风险防控措施能够降低这些风险，保护消费者权益，维护市场秩序，为数字经济高质量发展保驾护航。在数字经济安全风险防控上，既依赖政府管制，也依赖企业自治与社会共治。

一 数字经济安全的重要性

（一）时代背景

近年来，以互联网、大数据、人工智能为核心的数字技术发展迅猛，以信息技术为代表的新一轮科技和产业革命正在萌发，数字经济发展的大幕已经拉开，成为全球广泛关注的重大课题。然而，伴随着数字技术的应用与数字经济的不断发展壮大，数字经济中的各类风险也不断形成、集聚、传导和深化，呈现出一些新的特征和变化趋势，如果说数字经济的技术风险更多地反映了日新月异的数字技术本身存在的一系列安全问题，那么数字经济的经济安全风险更容易集聚、传导更为迅速、对国民经济和社会治理的影响更为广泛。

数字经济作为现代经济体系的重要组成部分，其发展不仅关乎经济的增长和创新，更涉及广泛的社会、文化和政治领域。在数字经济中，数据是核心资产，信息流动是推动经济活动的关键。然而，随着技术的发展和应用的普及，数据泄露、网络攻击、隐私侵犯等安全问题日益凸显。没有安全稳定可靠的数字环境，就没有平稳健康的数字经济，也就谈不上经济社会的高质量发展，甚至在某些情况下，国家的主权、安全和发展利益也会受到损害。因此，发展数字经济，必须要把安全摆在突出位置。

数字经济安全是数字经济持续健康发展的重要保障。如今，在大数据、云计算环境下，数据的收集、传输、使用过程已暴露出严重的数据安全问题，平台治理、就业转型以及核心技术依赖进口等安全威胁，不仅与个人息息相关，也深刻影响到企事业单位和国家的方方面面。在个人层面上，个人隐私信息泄露已经十分常见，居民的数据保护意识正在逐渐觉醒；在企业层面上，大多数传统企业对数字化转型还处于"反应"阶段，单纯地提升技术和产品并不足以应对数字化转型带来的挑战，无论互联网公司还是普通企业都长期处在数据泄露的风险之中；在产业层面上，掌握核心技术、摆脱别国的技术制霸是维护中国信息产业安全的重中之重；在国家层面上，在新科技革命的冲击下保障庞大的易被自动化等高新科技替代的就业群体的正常生活，成为维护中国经济安全的重要议题。

（二）主要挑战

相对于以往的技术革命，数字经济安全问题影响巨大。数字技术与产业全面融合导致安全问题常态化，数字技术的深度应用使得安全隐患危害更大，数字技术的快速迭代使得安全风险更加难以应对。新型数字金融产品很容易游离在传统监管或管理范围之外，这对政府部门监管手段的跟进与更新提出了更高的要求。我国各地区的数字经济发展水平存在巨大差异，数字经济安全防护能力也差距巨大，这为建立全国统一高效的数字经济安全保障体系产生了极大的阻碍。

首先，在数字经济中，数据隐私和保护问题日益突出。随着数字经济的快速发展，大量的个人和企业数据被收集、存储和分析。这些数据中包含了敏感信息，如个人身份、财务状况和消费习惯等。数据泄露和滥用事件频发，给个人隐私和企业商业机密带来了巨大威胁。因此，如何确保数据的安全存储、传输和处理，防止数据被非法获取和使用,是数字经济安全面临的首要挑战。

其次,网络犯罪和欺诈行为不断升级也是一类重要的数字经济问题。数字经济的普及使得网络犯罪手段更加多样化和隐蔽化。黑客攻击、网络诈骗、勒索软件等犯罪活动不仅给企业和个人带来经济损失,还可能危及整个经济系统的稳定。此外,随着人工智能、区块链等技术的发展,犯罪分子可能会利用这些新技术进行更高级的犯罪活动,增加了数字经济安全的复杂性和不确定性。

一个典型的数字经济欺诈案例是"网络钓鱼攻击"。在这类案例中,欺诈者通过精心设计的电子邮件,冒充银行、在线支付平台或其他可信机构,诱使受害者点击链接或下载附件。这些链接通常会导向一个伪造的网站,要求受害者输入敏感信息,如用户名、密码、银行账户等。一旦受害者输入了这些信息,欺诈者就可以利用这些信息进行身份盗窃、非法转账或其他形式的犯罪活动。数字经济欺诈的另一个典型案例是"虚假在线购物平台"。在这类案例中,欺诈者创建看似正规的在线商店,销售各种商品,如电子产品、奢侈品等。这些平台通常会提供极具吸引力的价格和优惠,以吸引消费者。然而,一旦消费者下单并支付,他们就会发现自己购买的商品从未送达,或者收到的商品与描述严重不符,从而遭受巨大的经济损失。

最后,在数字经济与实体产业加速深度融合的背景下,更要谨慎提防技术与算法陷阱,注重信息系统防护,避免风险"泛在化"。随着数字技术与实体产业加速融合,产业数字化场景更加丰富。特别是涉及电力、水利、金融等国计民生的关键领域和重要行业,纷纷"联网""上云",导致风险点更多,一旦发生安全事件,将造成"牵一发而动全身",甚至"一失万无"的情况。同时,技术革新的高度依赖性,使风险更"未知化"。技术创新是数字经济持续发展的根本动力,它使得变化快于认知、未知大于已知。加之社会治理存在滞后性、被动性,使安全防范在一定程度上面临时间上的"真空期"和空间上的"灰色带"。例如,近年来基于区块链技术的安全事件高发,"技术+金融"攻击手段频现,这也为数字经济安全防控带来新的挑战。

二 数字经济安全的层次和类型

数字经济是20世纪末至21世纪初兴起的新经济模式,对于数字经济安全的研究也相对新颖。在研究数字经济安全问题时,已有研究大多基于产业安全、信息安全与金融系统性风险的测度方式,尝试给出数字经济安全测度指标体系。在对于数字经济安全的分析中,可以按照第二章提出的"技术—经济"分析框架将数字经济分为互联层、数据层、融合层、创新层和转型层五个层次,如表7-1所示,并分别针对这五个层次存在的安全风险问题构建指标,进而通过主成分分析等方法形成整体数字经济安全指数,从而对经济主体的数字经济安全状况进行评估。

表7-1　　　　数字经济层次及对应安全问题类型

数字经济层次	安全问题类型	安全问题实例
互联层安全	互联网络安全	网络攻击,DDoS攻击
数据层安全	数据技术安全	个人信息泄露,身份盗窃
	数据经济安全	数据盗窃,数据滥用
融合层安全	信息系统安全	员工泄密,系统漏洞
	企业数字安全	系统崩溃,数字声誉受损
创新层安全	创新发展安全	深度伪造,NFT诈骗
转型层安全	经济转型安全	安全投入不足,供应链攻击

资料来源:作者根据相关资料整理所得。

(一)互联层安全

互联网络安全问题是数字时代的核心挑战之一,它不仅关系到个人网络用户的网络体验,还涉及企业运营、国家安全乃至全球经济的稳定，是数字经济安全中最为基础的底层问题。

网络攻击的多样性与复杂性是互联网络安全面临的主要问题。随着技术的发展，网络攻击手段不断演变，从简单的病毒和恶意软件传播，到复杂的高级持续性威胁（APT）和零日漏洞攻击（zero-day），攻击者利用各种技术手段对网络系统进行渗透和破坏。这些攻击可能导致数据泄露、服务中断、财务损失甚至对关键基础设施造成严重损害。例如，勒索软件攻击通过加密受害者的数据，要求支付赎金以恢复访问，已经成为一种日益普遍的网络犯罪形式。

随着物联网设备的普及，攻击面进一步扩大，因为许多设备缺乏足够的安全保护措施，容易成为攻击的跳板。一个典型的例子是2016年发生的 Mirai 僵尸网络攻击事件。Mirai 是一种恶意软件，它利用了物联网设备中常见的默认或弱密码，感染并控制了全球数以百万计的设备，包括网络摄像头和数字视频录像机等。这些被感染的设备随后被用来发起分布式拒绝服务（DDoS）攻击，导致多个知名网站和服务如 Twitter、Netflix 和 Spotify，遭受了严重的服务中断。此次攻击揭示了物联网设备在安全性方面的脆弱性。许多设备在出厂时设置了默认密码，用户往往没有被提醒或指导去更改这些密码，或者密码更改过程过于复杂，导致用户忽视了这一步骤。此外，一些设备制造商在设计时没有充分考虑安全问题，使得设备容易受到攻击。攻击者可以利用这些漏洞，将物联网设备作为跳板，发起更大规模的网络攻击，或者将这些设备纳入僵尸网络，用于进一步的恶意活动。

网络安全意识和教育的不足也是导致网络安全问题的重要原因。许多用户和企业对网络安全的认识不足，缺乏必要的安全意识和知识，这使得他们容易成为网络攻击的目标。例如，用户可能会点击不明链接、下载可疑附件或忽视安全警告，导致恶意软件的感染。企业也可能因为忽视网络安全培训和意识提升，使得员工在面对网络钓鱼攻击时缺乏警惕。因此，提高公众和企业的网络安全意识，加强网络安全教育和培训,是提升整体网络安全防护能力的关键。

(二) 数据层安全

数字经济的数据层包含数据技术和数据经济两个维度。与之相对应的,数据技术安全和数据经济安全是数据层安全的两种主要类型。

数据技术安全问题主要关注数据在生命周期中的保护,包括数据的收集、存储、处理和传输。随着数字化转型的加速,从个人到企业,再到政府机构,都积累了大量的数据资产。这些数据资产的安全直接关系到组织的运营安全和声誉。数据泄露事件频发,不仅侵犯了个人隐私,还可能导致企业机密外泄,甚至威胁国家安全。例如,个人身份信息的泄露可能被用于身份盗窃,而企业敏感数据的泄露则可能被竞争对手利用,造成不公平竞争。确保数据在各个环节的安全,防止数据被未授权访问、篡改或破坏,是数据技术安全的核心任务。

数据经济安全问题则侧重于数据作为经济资源的管理和利用。在数字经济中,数据被视为新的"石油",是推动经济增长的关键因素。然而,数据的不当使用或滥用可能导致严重的经济问题。例如,数据垄断可能导致市场竞争力下降,消费者选择受限;数据滥用可能破坏市场公平,损害消费者权益;数据隐私权的侵犯可能削弱消费者对数字服务的信任。此外,随着数据跨境流动的增加,如何在保护个人隐私的同时促进数据的自由流动,成为国际经济合作中的一个重要议题。

(三) 融合层安全

信息系统安全问题和企业数字安全问题是数字时代企业运营中面临的两个关键挑战。这两个问题紧密相连,对于企业进行数实融合的效率提升造成负面影响,不利于企业的稳定发展和提升市场竞争力。

信息系统安全问题和企业数字安全问题是数字时代企业运营中

面临的两个关键挑战，它们紧密相连，共同影响着企业的稳定发展和市场竞争力。信息系统安全问题主要涉及企业内部信息技术系统的保护，包括硬件、软件、数据以及网络等各个方面。随着信息技术的快速发展，企业信息系统日益复杂，安全漏洞和威胁也随之增加。主要表现包括：①网络攻击：企业信息系统可能面临来自外部的网络攻击，如恶意软件、病毒、蠕虫以及分布式拒绝服务（DDoS）攻击等；②内部威胁：内部员工的不当行为，如滥用权限、内部欺诈等，也可能对信息系统安全构成威胁；③数据泄露：未经授权的数据访问和泄露可能导致企业机密信息外泄，损害企业声誉和客户信任；④系统脆弱性：软件和硬件的缺陷可能被攻击者利用，导致系统被入侵或数据被篡改。

企业数字安全问题则更广泛地涉及企业在数字经济中的安全挑战，包括数据保护、知识产权、客户隐私以及品牌声誉等方面。在数字化转型的浪潮中，企业越来越依赖数字技术来推动业务增长和创新，因为数字技术提供了前所未有的效率和灵活性，能够通过数据分析、云计算、人工智能等手段优化业务流程、提高决策质量、增强客户体验，并开拓新的市场和商业模式。然而，随着业务流程和数据的数字化，企业也面临着新的安全挑战。网络攻击、数据泄露、系统故障等安全问题可能对企业的运营造成严重破坏，损害企业的声誉和财务状况。此外，随着技术的发展，安全威胁也在不断演变，变得更加复杂和难以预测。因此，企业在享受数字化带来的便利和机遇的同时，也需要投入相应的资源和努力，建立强大的网络安全体系，以确保业务的连续性和数据的安全，以应对数字化转型过程中可能出现的各种安全问题。

信息系统安全和企业数字安全之间存在密切的相互关系。信息系统安全是企业数字安全的基础，一个稳固的信息系统可以为企业提供强大的数据保护和业务连续性支持。反之，如果信息系统存在安全漏洞，不仅可能导致企业内部数据和资产的损失，还可能影响到企业的数字声誉和市场地位。例如，一次成功的网络攻击可能导致客户数据泄露，这不仅会损害企业的信息系统，还可能导致法律诉讼、罚款以及客户流失，从而对企业的数字业务造成严重影响。企业数字安全有赖于强大的信息系统安全，即企业必须确保其信息系统能够抵御外部攻击和内部威胁，以保护企业的数字资产和客户数据。

（四）创新层安全

随着数字技术的不断进步，云计算、大数据、物联网、人工智能等技术被广泛应用于各行各业，推动了传统产业的数字化转型。然而，技术融合创新也带来了新的安全挑战。一方面，数据量的激增使得数据管理和保护变得更加复杂，数据泄露和滥用的风险随之增加；另一方面，随着越来越多的设备和服务接入网络，使得网络攻击面逐步扩大，传统的安全防护措施难以适应新的安全需求。例如，物联网设备的安全性不足可能导致大规模的网络攻击，如 DDoS 攻击，影响整个网络基础设施的稳定运行。此外，人工智能等新兴技术的滥用也可能带来新的安全威胁，如深度伪造技术（Deepfake）可能被用于制造虚假信息，误导公众，甚至影响社会稳定。

除了技术创新上的安全问题外，数字经济的转型升级催生了许多新兴业态，如共享经济、平台经济、数字货币等。这些新兴业态在提供便利和创新的同时，也带来了新的安全问题。例如，共享经济平台需要处理大量的用户数据和交易信息，如何确保这些数据的安全和用户隐私的保护成为一个重要问题。平台经济的快速发展也带来了监管难题，如何确保平台的公平竞争和用户权益的保护，防止数据垄断和滥用，成为监管者需要面对的挑战。数字货币和区块链技术的发展虽然为金融行业带来了创新，但同时也带来了洗钱、欺诈等安全风险，需要建立相应的监管框架和安全机制。

(五) 转型层安全

数字经济的转型升级过程不仅涉及技术层面的变革，还涉及管理模式和企业文化的转变。在这个过程中，安全管理成为一个重要而复杂的挑战。首先，企业需要建立与数字经济发展相适应的安全管理体系，包括风险评估、安全策略制定、安全技术应用等。然而，许多企业在安全管理方面存在不足，如安全意识薄弱、安全投入不足、安全人才缺乏等。其次，随着业务的数字化和网络化，企业面临的安全威胁更加多样化和复杂化，传统的安全管理方法难以应对新的安全挑战。最后，随着企业规模的扩大和业务的全球化，如何在全球范围内实施统一的安全管理体系，也是一个难题。

数字经济时代的产业转型升级也面临着全球竞争和供应链安全问题。随着全球化的深入发展，企业的供应链越来越复杂和分散，涉及多个国家和地区。供应链中的任何一个环节出现问题，都可能对整个供应链造成影响，甚至影响到企业的运营和声誉。例如，供应链中的某个供应商遭受网络攻击，可能导致生产中断、交货延迟等问题。此外，随着国际贸易环境的变化，企业还需要应对贸易保护主义、地缘政治风险等外部因素，这些因素可能对企业的供应链安全和全球竞争力造成影响。因此，企业需要建立更加灵活和稳健的供应链管理体系，加强供应链的风险评估和管理，确保供应链的安全性和稳定性。

三 数字经济安全风险防控措施

数字经济安全层面，应把安全风险防控贯穿于数字经济发展全过程。本节基于数字经济安全涉及的三类不同主体（政府、企业与社会），探讨具体的风险防控措施。

(一) 政府主体

第一，建立全面的数字经济安全法规体系。政府应制定一系列法律法规，涵盖数据保护、网络安全、隐私权、知识产权等多个方面。这些法规应明确界定数据的所有权、使用权和保护责任,为数字经济的健康发展提供法律基础。同时,政府还应设立专门的监管机构,负责监督和执行这些法规,确保数字经济活动在合法合规的框架内进行。此外,政府还应加强对数字经济相关企业的监管,要求企业建立健全内部安全管理制度,提高企业对数据安全和网络安全的重视程度。

第二,加强数字经济安全技术的研发和应用。政府应投入资源,支持数字经济安全技术的研发和创新。通过技术创新,可以提高数据的安全性,增强对网络攻击的防御能力,降低数据泄露和滥用的风险。政府还应鼓励企业采用先进的安全技术,提高整个经济体系的抗风险能力。此外,政府还应加强与科研机构和高校的合作,推动产学研一体化,加快安全技术成果的转化和应用。

第三,构建数字经济安全教育和培训体系。政府应重视数字经济安全人才的培养和教育。通过设立专门的教育和培训项目,提高公众和企业员工的数字经济安全意识和技能。这不仅包括基本的网络安全知识,还包括数据保护、隐私权保护等方面的内容。政府还应鼓励企业和教育机构合作,共同开发适应数字经济发展需求的安全教育课程和培训项目。此外,政府还应加强对数字经济安全领域的研究,支持学术界和产业界开展深入的交流和合作,共同探索数字经济安全的前沿问题和解决方案。

第四,建立健全数字经济安全应急响应机制。政府部门应建立一套完善的数字经济安全应急响应机制,以应对各种突发的网络安全事件。这包括建立快速响应团队,制定应急预案,开展定期的安全演练等。通过建立健全的应急响应机制,可以提高政府和企业应对网络安全事件的能力,减少事件对数字经济的影响。此外,政府还应加强对网络安全事件的调查和分析,总结经验教训,不断完善应急响应机制。

第五,推动数字经济安全标准的制定和实施。政府应推动制定一系列数字经济安全标准，包括技术标准、管理标准、操作标准等。这些标准应与国际标准接轨，为数字经济的安全发展提供指导。政府还应鼓励企业和行业组织参与标准的制定和实施，确保标准的科学性和实用性。此外，政府还应加强对标准的监督检查，确保标准的严格执行。

（二）企业主体

第一，建立和完善企业内部的数字安全管理体系。应设立专门的数字安全部门，负责制定和执行数字安全政策，监督和评估企业数字资产的安全状况。这包括但不限于网络安全、数据保护、隐私权管理等。企业还应建立一套完善的安全事件响应机制，确保在发生安全事件时能够迅速有效地应对。此外，企业应定期进行安全审计和风险评估，及时发现潜在的安全问题，并采取相应的预防措施。企业还应加强与外部安全专家和机构的合作，获取最新的安全信息和技术支持，提高自身的安全防护能力。

第二，加强数字安全技术的研发和应用。互联网技术层面的防控是数字经济安全的基石。随着数字经济的蓬勃发展，网络攻击手段也在不断进化，因此，必须不断更新和升级安全技术来应对这些挑战。这包括但不限于使用先进的加密技术来保护互联网连接的安全，部署防火墙和入侵检测系统来防御外部攻击，以及利用机器学习和人工智能技术来识别和预防网络欺诈行为。此外，还需要加强系统的漏洞扫描和补丁管理，确保所有软件和系统的及时更新，以及尽快修复已知的安全漏洞。通过这些技术措施，可以大大提高数字经济的安全性，减少潜在的安全威胁。

第三，加强企业数字安全合规性管理。企业应严格遵守相关的法律法规和行业标准，确保数字经济活动的合法合规。这包括但不限于数据保护法、网络安全法、隐私权法等。企业还应建立合规性管理体系，定期进行合规性检查和评估，确保企业的数字经济活动符合法律法规的要求。此外，企业还应加强与监管机构的沟通和合作，及时了解和响应监管要求的变化，提高企业的合规性管理水平。

第四，加强数字安全伦理和责任。企业应树立数字安全伦理和责任意识，积极履行数字安全领域的社会责任。这包括保护用户的隐私权和数据安全，维护网络空间的秩序和安全，促进数字经济的健康发展等。企业还应建立伦理和责任管理体系，确保企业的数字经济活动符合伦理和责任的要求。此外，企业还应加强与社会各界的沟通和合作，共同推动数字安全伦理和责任的建设。

（三）社会主体

第一，社会群体应提升数字经济安全意识和能力。社会群体是数字经济活动的直接参与者，他们的安全意识和能力直接影响数字经济的安全状况。因此，社会群体应通过各种渠道，如教育、培训、媒体宣传等，提高对数字经济安全的认识和理解。同时，社会群体应积极参与数字安全知识的学习和培训，提高自身的安全防护能力。此外，社会群体还应树立正确的数字经济安全观念，遵守相关的法律法规，不参与任何可能危害数字经济安全的活动。

第二，行业协会应发挥引领和协调作用。行业协会作为行业内各企业的联合体，具有引领和协调行业发展的重要职责。在数字经济安全防控方面，行业协会应发挥以下作用：一是制定行业安全标准和规范，引导企业遵守和执行；二是组织行业内的安全培训和交流活动，提高企业的安全意识和能力；三是建立行业内的安全信息共享机制，及时传递安全信息和风险预警；四是代表行业与政府、监管机构沟通协调，反映行业诉求，争取政策支持；五是推动行业内的安全技术创新和应用，促进行业安全水平的提升。

第三，大众应积极参与数字经济安全防控。大众是数字经济安全防控的重要力量。首先，大众应提高自身的数字安全意识，了解和掌握基本的数字安全知识和技能，提高自我保护能力。其次，大众应积极参与数字经济安全防控的宣传教育活动，通过各种渠道传播数字安全知识，提高社会公众的安全意识。再次，大众应积极参与数字经济安全防控的监督和反馈，对发现的安全问题及时向有关部门反映，促进问题的解决。最后，大众应积极参与数字经济安全防控的社会监督，对企业和行业的安全行为进行监督，促进企业和行业的安全自律。

第四，应由政府部门牵头，建立社会群体、行业协会和大众参与的数字经济安全防控机制。政府应建立一套完善的机制，鼓励和引导社会群体、行业协会和大众参与数字经济安全防控。这包括：一是建立社会参与的激励机制，对积极参与数字经济安全防控的个人和组织给予表彰和奖励；二是建立社会参与的信息反馈机制，及时收集和处理社会群体、行业协会和大众的意见和建议；三是建立社会参与的监督机制，监督企业与行业的安全行为，促进行业安全、健康发展；四是建立社会参与的合作机制，鼓励社会群体、行业协会和大众与政府、企业等各方合作，共同推动数字经济安全防控工作。

第八章 国际合作助力数字经济高质量发展

数字经济既事关我国发展大局，也极大地拓展了国际经贸合作新空间。围绕数字经济积极开展双多边国际合作，是推动数字经济高质量发展、加快构建新发展格局的客观要求，也是我国积极参与全球经济治理体系变革、构建数字合作格局的重要举措（李涛和徐翔，2022）。通过与数字伙伴安全互通和合作开发数据资源，加强数字技术研发合作，参与数字技术国际标准制定，推动数字贸易领域扩大开放，有助于在国际上及时提出中国方案、发出中国声音，提高中国数字经济发展的全球竞争力。

第一节 数据跨境流动合作

数据领域的跨境流动合作对于现代经济和社会的发展至关重要。随着全球化的不断深入，数据已成为推动经济增长、创新和竞争力的关键资源。通过开展跨境数据流动合作，各国可以共享数据资源，促进信息交流与知识传播，增强国际的经济联系和科技合作。这不仅有助于提高生产效率和创新能力，还能帮助企业更好地了解全球市场，制定有效的商业策略。同时，跨境数据流动合作也有助于解决跨国公司面临的数据合规问题，确保数据安全和隐私保护，从而构建更加开放、透明和互信的国际环境。开展数据跨境流动合作，有利于强化我国数字经济高质量发展的要素基础。

一 理论基础

与其他生产要素相比，数据要素更容易进行跨境流动，主要有三个方面的原因。首先，数据具有非实体性，它不需要物理载体即可存储和传输，这使得数据可以几乎无成本地在互联网上瞬间跨越国界。其次，数据的边际成本接近于零，即复制和传输数据的成本极低，这促使数据在全球范围内被广泛共享和利用。最后，数据具有可重用性，同一数据集可以被不同的用户在不同时间和地点多次使用，而不会像传统生产要素那样因使用而消耗。现代信息技术，尤其是云计算和大数据技术的发展，极大地降低了数据存储、处理和分析的难度，增强了数据跨境流动的便利性。全球化的市场和经济活动对数据的需求日益增长，企业和政府机构为了提高效率、促进创新和增强竞争力，越来越依赖于数据的跨境流动。

数据要素的价值会随着流动不断增加，这就更加凸显了数据跨境流动的重要性。数据流通能够促进知识的积累和创新的产生，从而在全球范围内创造更多的经济和社会价值。数据作为一种非竞争性资源，对其的使用不会减少其他人使用的可能性，反而通过共享可以带来新的洞见和价值。当数据跨越国界时，它能够结合不同国家和地区的特定知识和技术，激发新的商业模式和服务创新。此外，数据的跨境流动有助于企业更好地理解全球市场和消费者需求，优化资源配置，提高生产效率和市场竞争力。同时，数据流动还促进了国际的合作与交流，有助于解决跨国问题，如疾病控制、环境保护等，这些合作往往能够带来超出单一国家范围的广泛利益。因此，数据的跨境流动不仅有助于数据本身的增值，还能够带动相关产业和整个经济体的发展，实现价值的倍增效应。

数据要素的跨境流动是数字贸易的重要组成部分。数据跨境流动使得企业能够跨越地理界线，获取关于市场趋势、消费者行为和全球供应链的实时信息，这对于制定有效的商业策略和优化运营至关重要。此外，数据的自由流通促进了个性化服务和产品的开发，满足了消费者对定制化和高质量服务的需求，从而推动了数字贸易的增长。数据还为跨境支付、物流跟踪、在线广告和数据分析等服务提供了基础，这些都是数字贸易不可或缺的环节。

全球价值链（Global Value Chains，英文简称 GVCs）已成为国际经济合作的重要模式，数据跨境流动是全球价值链的重要一环。数据作为现代经济中的关键投入，其跨境流动对于维持和优化全球价值链至关重要。全球价值链理论强调了生产过程的分解和地理分散，以及不同国家在特定环节的专业化。数据的自由流动可以促进信息的共享，降低交易成本，增强企业的竞争力，从而推动全球价值链的深化和扩展。此外，数据流动也与国际贸易理论紧密相关，数据作为一种新型的贸易商品，其跨境流动可以促进比较优势的发挥和全球资源的优化配置，促进数字经济的高质量发展。

二　主要问题

在数据跨境流动过程中，国家安全、企业利益与个人隐私都面临诸多风险，数据权属成为一个绕不过、避不开、必须解答的关键问题。经典产权理论指出，明晰的产权界定是市场交易的前提，而交易成本的存在可能导致市场失灵。在数据跨境流动的背景下，如何界定数据的所有权、使用权和控制权，成为亟待解决的问题。同时，由于数据的特殊性，其产权界定和保护面临诸多挑战，如数据的非竞争性和非排他性，以及数据隐私和安全的考虑。因此，需要通过国际合作，建立统一的数据产权保护标准和交易规则，降低交易成本，促进数据要素的有效流通。

近年来，由数据跨境流动引起的国际争端有增加趋势。2020 年 7 月 16 日，欧洲法院推翻了欧盟与美国 2016 年达成的"隐私盾"数据传输协议，要求全球企业必须停止在美国的服务器上存储欧盟居民的信息。2021 年 12 月 16 日，法国国家信息自由委员会要求美国 Clearview AI 公司停止收集和使用来自法国的数据。类似的数据跨境流动争端层出不穷，数据流通协议与共同开发机制的缺失导致数据要素的巨大价值难以被充分释放。与此同时，与美国、欧盟等发达经济体相比，我国在数据流动与隐私保护领域的相关立法与制度设计主要侧重于国内数据安全。如果不能尽快建立数据跨境流动的相关制度，我国将可能被边缘化为"数据孤岛"，失去数据要素资源流通与开发领域的主动权。

数据要素跨境流动合作面临着技术壁垒和网络基础设施差异的问题。技术壁垒可能源于国家安全的考虑，一些国家可能会限制敏感数据的跨境流动，以防止关键信息的外泄。此外，不同国家和地区的网络基础设施发展水平不一，一些发展中国家的网络基础设施相对落后，这限制了数据流通的速度和效率，导致数字鸿沟的出现和不断扩大。为了实现数据要素的有效跨境流动，需要加强国际合作，推动技术标准的统一和网络基础设施的互联互通。

数据要素跨境流动合作还面临着数据安全和网络攻击的风险。随着数据的跨境流动，数据在传输过程中可能遭受黑客攻击、数据篡改和网络诈骗等安全威胁。这些风险不仅损害了数据的完整性和可靠性，还可能导致严重的经济损失和社会问题。因此，加强数据安全保护和提升网络防御能力是实现数据要素安全跨境流动的关键。

三　具体做法

一是加快构建具有中国特色的数据跨境流动政策制度体系。统筹好国内数据治理与跨境数据流动、数据流动自由化与存储本地化、数据流动安全与发展之间的关系，在数据安全与流动技术上积极与国际接轨。2024 年 3 月，国家互联网信息办公室正式公布《促进和规范数据跨境流动规定》，这一文件进一步明确了数据出境安全评估、个人信息出境标准合同、个人信息保护认证等数据出境制度的实施和衔接，适当放宽数据跨境流动条件，适度收窄数据出境安全评估范围,在保障国家数据安全的前提下,便利数据跨境流动,降低企业合规成本,充分释放数据要素价值,扩大高水平对外开放,为数字经济高质量发展提供法律保障。

二是与同我国一样坚持"数据安全、自由流动"基础原则的国家尽快建立数字伙伴关系,积极开展双多边数据互通合作,共同开发数据要素资源。这一伙伴关系应涉及数据保护法规的协调、数据安全合作机制、数据基础设施的互联互通、数据技术的研发与共享以及共同培养数据人才。首先,加强数据保护法规的协调。我国应加强和其他国家在数据保护法规方面的交流与合作,逐步实现法规的相互认可和协调一致。通过建立数据保护的国际标准,确保数据在跨境流动中的安全性和合法性。其次,建立数据安全合作机制。为了应对数据安全挑战,各国应建立数据安全合作机制,共享安全威胁信息,共同研发数据保护技术,提高数据安全防护能力。再次,推动数据基础设施的互联互通。加强网络基础设施建设,提高数据传输速度和安全性,为数据要素的自由流动提供坚实的技术支撑。又次,促进数据技术的研发与共享。鼓励各国在数据采集、存储、处理和分析等技术领域进行研发,并在保护知识产权的前提下,通过技术交流、联合研发等方式,实现技术成果的共享。最后,共同培养数据人才。通过教育合作、人才交流等方式,共同培养具有国际视野的数据科学家、工程师和管理者,为数据要素资源的开发提供人才支持。

三是结合我国发展经验积极参与国际数据安全规则制定。目前,国际社会尚未就跨境数据流动的基础性规则达成共识,各国的立法模式和数据标准之间存在严重分歧。我国在数据安全方面已经形成了一系列行之有效的政策和措施,如《网络安全法》《数据安全法》《个人信息保护法》等。通过总结立法经验,能够形成可供国际社会参考的案例和模式。2020年9月,我国发起《全球数据安全倡议》,表达了对于数据安全与合作的基本主张。未来应以此倡议为基础,积极参与国际组织的数据流通议题讨论,呼吁国际社会加强数据互联互通,弥合数据流通分歧。此外,还应通过国际会议、论坛、研讨会等平台,积极宣传我国在数据安全方面的理念和实践,增强国际社会对我国数据安全政策的理解和认同。

第二节 数字技术创新合作

以互联网、大数据、人工智能、云计算等为代表的数字技术是数字经济的实现基础和动力来源。数字技术的迅速发展是数据要素得以充分使用的前提条件,数字技术与实体经济的深度融合为传统产业转型升级赋能。通过合作,不同国家和组织可以共享知识、资源和经验,加速新技术的研发和应用。这种合作能够促进创新思维的交流,激发新的创意和解决方案,从而解决复杂的全球性问题,如环境保护、资源管理、健康医疗等。此外,数字技术创新合作有助于打破地域限制,实现资源的优化配置,提高生产效率,降低成本。

伴随着各国数字经济迅速发展,数字保护主义和技术民族主义在一些主要发达国家出现抬头趋势。这些国家强行从战略、安全和国家间竞争的角度看待科技议题,过度保护本国科技市场、技术资源和比较优势,阻碍知识传播与创新合作,形成技术垄断与数字壁垒。数字技术创新合作能够加强国际的相互依赖和信任,构建更加紧密的经济和科技联系,为全球经济的可持续发展提供支持。

一 理论基础

(一)知识溢出与技术扩散

知识溢出效应是指技术知识和信息在经济主体间的非市场性传递,这种传递可以是非意图的,也可以是合作的结果。在数字技术领域,知识溢出效应尤为显著,因为数字技术具有高度的累积性和网络外部性。一个国家的技术创新可以迅速通过各种渠道，如学术出版物、国际会议、跨国公司的全球网络等，传播到其他国家，促进全球知识库的增长。因此，通过国际合作，可以加速知识溢出，使各国受益于最新的数字技术创新。

技术扩散是指技术从一个国家或地区传播到另一个国家或地区的过程。数字技术的快速扩散有助于缩小不同国家和地区之间的技术差距，有利于提高全球整体的竞争力。通过国际合作，可以促进技术标准和协议的统一，降低技术转移的成本和障碍，加速数字技术在全球范围内的应用和普及。这不仅有助于发展中国家和新兴经济体快速提升其数字技术水平，也有助于数字经济领先国家通过技术输出和合作，巩固其在全球数字经济中的领导地位。

(二) 开放创新与协同创新

开放创新强调企业或组织应该超越传统的组织边界，通过与外部的合作伙伴共享知识、技术和市场资源来推动技术创新。在数字技术领域，这种开放性尤为重要，因为技术的快速发展和复杂性要求企业不仅要依赖内部研发，还要积极吸收外部的创新资源。开放创新可以通过多种方式实现，包括与国际伙伴的联合研发、技术许可、国际战略联盟、参与国际标准制定等。通过这些方式，企业可以更快地获取前沿数字技术，加速产品开发周期，提高市场竞争力。

协同创新是指不同创新主体，如企业、研究机构、大学、政府等，在共同的目标和利益驱动下，通过协作和资源整合来实现创新目标的过程。在数字技术创新领域，协同创新尤为重要，因为数字技术的创新往往需要跨学科、跨行业的知识和技术整合。例如，开发一个智能交通系统可能需要交通工程、信息技术、数据分析等多个领域的专家共同协作。通过国际合作，各方可以共享各自的优势资源，形成互补，共同解决技术难题，推动数字技术的创新和应用。

数字技术创新国际合作有助于构建全球性的创新生态系统。在这个系统中，不同国家的企业、研究机构、高校和政府部门可以共享知识、资源和市场信息，形成协同创新的网络。这种网络不仅能够促进知识的创造和传播，还能够促进创新思维和方法的交流，激发新的创意和解决方案。国际合作可以为这个生态系统提供政策支持、资金投入和市场接入，从而推动数字技术的持续创新和进步。

（三）公共品与外部性

数字技术在很多方面具有公共品的特性，即它们可以被多人同时使用而不互相排斥，并且使用过程中边际成本极低。例如，开源软件、数据标准、网络安全协议等，都是可以被广泛共享的资源。多版本 ChatGPT 的免费使用也为生成式人工智能的广泛应用打上了免费标签。数字技术创新的国际合作可以促进这些公共品的创造、维护和普及，使得所有国家、企业和个人都能从中受益。通过共享这些公共品，可以减少重复投资，加速技术进步，提高全球生产效率。

数字技术创新往往伴随着正外部性的产生，这些正外部性可能表现为知识溢出、技术提升、生产率增加等。当一个国家在数字技术上取得创新时，其他国家可以通过学习和模仿，获得这些技术的知识和应用，从而实现自身技术水平的提高和经济增长。国际合作有助于这种正外部性的扩散，使得全球范围内的国家都能分享到技术创新的成果。

（四）国际竞争与合作的动态平衡

在全球化的经济体系中，国际竞争是推动各国不断创新和发展的重要动力。数字技术作为推动经济增长和产业升级的关键因素，已成为国家间竞争的核心焦点。各国通过不断推动数字技术创新，增强自身的国际竞争力，这不仅有助于提升国家的科技实力和经济地位，也有助于推动全球经济的发展。

与此同时，国际竞争并非孤立存在，它与国际合作是相辅相成的。在数字技术领域，没有任何一个国家能够独立于世界其他国家而存在，即使是美国这样的数字技术强国也需要其他国家的创新资源支持（如网络空间中的人工智能预训练语料），技术的全球性特征要求各国在竞争中寻求合作。通过国际合作，各国可以共享研发资源，降低研发成本，缩短研发周期，加速技术的创新和应用。此外，国际合作还有助于解决单一国家难以解决的技术难题，如跨国数据流动的监管、网络安全等。

国际竞争与合作之间需要维持一种动态平衡。一方面，适度的竞争可以激发创新活力，推动技术进步；另一方面，有效的合作可以促进资源共享，实现共赢发展。在数字技术创新领域，国际合作可以采取多种形式，如技术交流、联合研发、市场准入等，这些合作形式有助于平衡各国之间的竞争关系，促进全球数字经济的健康发展。

二 主要问题

（一）知识产权保护的不一致性

数字技术创新往往涉及大量的知识产权问题，包括专利权、著作权和商业秘密等。不同国家在知识产权保护的力度和执行上存在差异，这可能导致创新成果的保护和利用面临挑战。在一些国家，知识产权侵权行为可能得不到有效遏制，这会削弱企业进行国际合作的积极性，因为这些企业担心自己的创新成果无法得到充分保护。此外，知识产权的国际协调机制尚不完善，这给跨国界的技术转移和合作带来了不确定性。

（二）技术差异和数字鸿沟

尽管数字技术的发展为国际合作提供了新机遇，但它也可能导致或加剧了技术和数字鸿沟。发达国家和一些大型科技公司通常拥有先进的数字技术和强大的研发能力，而发展中国家和中小企业可能因技术落后、资金不足和人才短缺而难以参与到国际合作中。这种不平衡可能导致全球数字经济的不平等发展，使得一些国家在全球竞争中处于不利地位。此外，技术和数字鸿沟还可能导致全球范围内的发展不均衡，加剧社会经济的不平等。

（三）国际合作机制的缺乏和低效

尽管有许多国际组织和多边机构致力于推动数字技术的国际合作，但目前缺乏一个统一和高效的国际合作机制来协调各国在数字技术创新方面的努力。现有的合作机制可能因为成员国的利益冲突、决策过程的复杂性或者资源分配的不均等问题而效率不高，也缺少类似 WTO 作用的专门解决国际技术争端的技术合作组织。此外，国际合作项目可能因为缺乏长期的资金支持、明确的合作目标和有效的执行策略而难以取得实质性进展。

（四）安全和信任问题

在数字技术创新的国际合作中，安全和信任是关键因素。跨国界的数据流动和技术创新可能引发安全问题，如数据泄露、网络攻击和知识产权盗窃等。这些问题可能导致国家和企业对国际合作持谨慎态度，因为它们担心自己的安全和利益可能受到威胁。此外，缺乏信任可能会阻碍信息共享和技术交流，限制国际合作的深度和广度。各国在数据保护法规、网络安全标准和隐私政策上存在差异，也可能导致合作过程中出现法律和合规性问题。

三　具体做法

数字技术代表着数字经济时代的先进生产力，围绕数字技术展开的国际合作有利于数据要素的高效配置、各类市场主体的加速融合以及数字经济的协调发展。我国与其他国家的数字技术合作应以建设数字基础设施和搭建技术创新平台为主要抓手，同时也要积极参与国际技术标准制定工作。

（一）数字基础设施建设

数字基础设施是技术创新合作的基石。首先，需要投资建设高速、稳定、安全的互联网连接，确保不同国家和地区之间的数据传输无障碍。这包括铺设海底光缆、提升宽带网络覆盖率、发展 5G 及未来6G通信技术等。其次，应加强云基础设施建设，提供弹性、可扩展的云计算服务，为数据存储、处理和分析提供强大支持。此外，建立统一的数据交换平台，促进不同系统和平台之间的互联互通，降低技术合作的门槛。

近年来，我国与共建"一带一路"国家开展了跨境光缆等基础建设合作，保障网络基础设施互联互通，进而推动信息通信技术发展。中国企业参与了多个国家的光纤网络建设，提高了这些国家的互联网接入速度和覆盖范围。同时，中国还帮助一些国家建立了数据中心和云计算平台，为当地企业提供了强大的数据存储和计算能力。此外，中国还与共建国家共同开展了数字支付、电子商务、智慧城市等数字应用项目，推动了当地数字经济的发展。这些合作项目不仅提高了共建"一带一路"国家的数字基础设施水平，也为双方在数字经济领域的进一步合作奠定了坚实基础。我国还应积极参与搭建数字技术国际创新合作平台，强化资源优势互补，维护全球协同一致的创新体系，进而促进不同制度、不同民族和不同文化在网络空间的包容性发展。

（二）搭建技术创新平台

为了促进技术创新合作，需要建立有效的国际合作平台和机制。这包括成立国际技术创新联盟，促进不同国家和地区的技术交流与合作；设立跨国界的研究与开发中心，集中资源解决共同的技术挑战；以及建立国际技术转移和创新合作基金，支持合作项目和创新活动。此外，通过国际组织和多边机构，协调各国的政策和行动，形成协同效应，共同推动技术创新合作的发展。

人才是技术创新的核心。通过建立技术人才合作平台，加强数字技术的教育和培训，提升公众和专业人员的数字素养，是促进技术创新合作的重要途径。教育部门应更新课程内容，引入编程、数据分析、人工智能等数字技术相关课程，培养未来的技术人才。同时，企业和政府应提供在职培训和继续教育机会，帮助现有劳动力适应数字化转型的需求。国际合作方面，可以通过学术交流、联合研究项目、技术研讨会等方式，促进人才的国际流动和经验交流。

（三）参与国际技术标准制定

参与制定国际技术标准不仅是主权国家的责任所在，也是保障国际标准多样性和公平性的重要举措，在数字技术的国际标准制定上，我国政府、企业与研究机构应担当更加积极的角色。国际技术标准对于相关技术与行业的发展具有引领作用，主动参与数字技术标准的制定是我国持续增强数字经济全球市场竞争力的重要布局。

在国际标准的制定过程中，国内科技企业与研究机构应担当更加积极的角色。我国应鼓励本国企业和研究机构积极参与到国际标准化组织（如 ISO、IEC 等）的工作当中，通过这些平台贡献自己的专业知识和技术创新。参与国际标准的制定不仅能够帮助各国在国际舞台上发声，还能够确保在制定过程中考虑到各国的利益和需求，从而形成更加公平合理的国际技术标准。

由于不同国家和地区可能存在不同的技术标准，这给跨国界的技术合作和产品流通带来了障碍。因此，各国需要在政府层面上加强协调，推动标准的统一和互认。这可以通过建立多边合作机制，如国际技术标准协调委员会，来实现。同时，各国还应努力消除贸易壁垒，降低因标准不统一带来的交易成本。

为了促进国际技术标准的制定和推广，还可以考虑建立一个国际技术标准的信息共享平台。该平台可以提供最新的国际标准信息，包括标准草案、已发布标准、相关技术文件等，供各国的企业和研究机构参考和使用。这将有助于各国及时了解国际标准的最新动态，加快标准的采纳和实施。

第三节　数字产业发展合作

数字产业化与产业数字化是数字经济发展的两大核心业态，也是我国加强数字经济国际合作的重要内容。通过数字产业发展合作，各国企业可以更好地进入国际市场、拓展业务范围，同时，国际合作也有助于提升产品和服务的质量，通过数字经济发展满足全球消费者的需求。

一　理论基础

（一）全球化与国际分工

全球化作为当今世界经济的主要趋势，促进了资本、商品、劳动力以及信息的跨国界流动。数字产业作为信息时代的产物，其发展受益于全球化带来的开放市场和紧密的经济联系。全球化促使各国数字产业相互依存，形成了复杂的全球供应链和价值链。在这一背景下，国际合作成为必然选择，以确保技术、数据和创新的自由流动，推动全球数字经济的共同繁荣。

国际分工理论指出，各国根据自身的比较优势参与全球生产活动，能够提升全球生产效率和各国的经济福利。数字产业领域内的国际合作允许各国专注于其核心竞争力的环节，如软件开发、数据分析、云计算服务等，而将其他环节外包给具有相应优势的国家。这种基于比较优势的分工合作，不仅提高了生产效率，还加速了技术创新和应用的全球化进程。

通过国际合作，各国数字产业可以更好地融入全球市场，提升全球竞争力。合作可以帮助企业获取新的市场信息，理解不同市场的消费者需求，开发适应不同市场的产品和服务。同时，国际合作还有助于企业通过战略联盟、合资企业等形式，与国际伙伴共享资源、技术和市场，共同开发新的商业机会。

（二）网络效应与平台经济

在数字产业中，产品或服务的价值随着用户数量的增加而增加的网络效应尤为显著，例如社交媒体、在线市场和通信网络等。网络效应的存在意味着数字产业具有天然的规模扩张需求，因为更广泛的用户基础可以带来更丰富的数据、更强大的市场反馈和更高的创新动力。国际合作能够打破地理和市场的界限，帮助数字产品和服务迅速扩展到全球范围，从而实现网络效应的最大化。

平台经济是一种新型的商业模式，它通过构建一个多方参与的平台，促进不同用户之间的互动和交易。数字平台，如电子商务、共享经济和在线内容服务等，通常具有跨国界的运营特性。通过平台经济的国际合作，可以促进不同国家和地区的平台经济实体之间的互联互通，共享市场信息，整合资源，提供更加丰富和多样化的服务。此外，国际合作还有助于解决跨境运营中遇到的法律、监管和文化差异等问题，为平台经济的全球发展提供支持。

（三）制度理论与国际协调

根据制度经济学理论，制度环境对经济活动具有根本性的影响。数字产业的发展不仅需要技术进步，还需要相应的法律、规章和政策支持。国际合作可以促进各国在数字经济制度上的协调，共同制定有利于数字产业发展的国际规则和标准。这些规则和标准有助于降低跨国经营的不确定性，减少交易成本，提高市场效率，从而为数字产业的全球发展提供稳定的制度环境。

在国际协调发展的背景下，各国都在寻求经济增长的新动力，数字产业因其创新性和引领性成为关键领域。通过国际合作，各国可以共享数字产业发展的经验如平台经济、共享经济和智能经济领域的最新突破，协同解决发展中遇到的问题，如数字鸿沟、网络安全、数据治理等。此外，国际合作还有助于促进技术转移和知识共享，加强人才交流和研发合作，推动全球数字产业的整体进步和均衡发展。

二 典型案例

（一）全球电子商务平台的建立与发展

电子商务是数字产业化的典型代表。全球性的电子商务平台如

第八章 国际合作助力数字经济高质量发展

亚马逊、阿里巴巴和 eBay 等，通过其广泛的国际合作网络，连接了不同国家和地区的供应商、消费者和物流服务提供商。这些平台利用云计算、大数据分析等技术，为全球用户提供了无缝的购物体验，同时也推动了相关国家和地区的产业数字化转型。

亚马逊起初作为一家在线书店在美国成立，其后逐渐扩展到各类商品的在线零售，并最终发展成为全球最大的电子商务平台之一。亚马逊通过不断创新，推出了包括 Kindle 电子书阅读器、Prime 会员服务、云计算服务（AWS）等在内的多种服务和产品。亚马逊的全球扩张策略包括建立国际站点，如亚马逊欧洲、亚马逊日本、亚马逊澳大利亚等，以及通过收购当地电商企业加速市场渗透。此外，亚马逊还利用其强大的物流网络和数据分析能力，提供快速配送服务，并根据消费者行为优化库存管理。

阿里巴巴集团的业务起步于 B2B 在线市场，随后扩展到 B2C 和 C2C 市场，创建了天猫和淘宝等广受欢迎的电子商务平台。阿里巴巴的发展战略重点在于构建一个全面的数字生态系统，其中包括支付（支付宝）、云计算（阿里云）、物流（菜鸟网络）等多个环节。通过整合这些服务，阿里巴巴不仅为商家提供了一个销售渠道，还提供了一站式的商业解决方案，帮助商家实现数字化转型。阿里巴巴的国际扩张通过速卖通覆盖全球消费者，并在东南亚等地区通过投资当地电商平台进行市场拓展。

（二）跨国数字服务与合作项目

许多数字服务公司通过国际合作，提供跨国界的服务。这些服务不仅推动了数字产业化，也促进了其他产业的数字化转型。

微软作为全球知名的技术公司，其云计算平台 Azure 是跨国数字服务的一个典型案例。Azure 为全球客户提供了包括计算、存储、数据库和网络等在内的云服务，支持企业快速部署应用程序，实现数字化转型。微软通过与不同国家和地区的合作伙伴建立合作关系，确保其云服务符合当地法规，同时提供本地化支持。此外，微软还积极参与开源项目和国际技术标准的制定，推动全球技术生态系统的发展。

华为作为全球领先的信息与通信技术（ICT）解决方案提供商，积极与世界各地的电信运营商和政府合作，推动 5G 技术的研发、标准制定和网络部署。通过提供先进的 5G 设备、网络解决方案和技术支持，华为帮助多个国家加快了 5G 网络的建设和商用进程。例如，在欧洲、中东和亚洲的一些国家，华为与当地电信运营商合作，共同建设了高速、低延迟的 5G 网络，为当地居民和企业提供了更优质的移动通信服务。此外，华为还与合作伙伴在智慧城市、远程医疗、智能制造等领域开展合作，利用 5G 技术推动社会数字化转型。这些跨国合作项目不仅展示了华为在数字服务领域的技术实力和国际影响力，也体现了中国企业在全球数字经济中的积极参与和重要贡献。

（三）全球供应链的数字化转型

随着数字技术的发展，全球供应链也在经历数字化转型。许多跨国公司通过与技术供应商合作，采用区块链、物联网和人工智能等数字技术，提高供应链的透明度、效率和可持续性。

德国工业巨头西门子是工业 4.0 的积极推动者和实践者。西门子在德国阿姆贝格建立了一个数字化工厂，该工厂利用先进的信息技术，如物联网（IoT）、数据分析和机器学习，实现了生产过程的智能化和自动化。工厂中的机器设备通过传感器收集数据，并通过无线网络实时传输到中央控制系统。这些数据被用于优化生产流程，预测设备故障，减少停机时间。西门子的数字化工厂不仅提高了生产效率和产品质量，还缩短了产品上市时间，增强了企业的市场竞争力。

京东是中国领先的电子商务公司之一，以其强大的物流网络和供应链管理能力而闻名。京东通过其先进的供应链解决方案，不仅在中国市场实现了高效的商品流通，还积极拓展国际业务，推动全球供应链的数字化转型。在自营商品最小存货单位（SKU）超过

1000万的基础上，京东的库存周转天数降至 29 天的历史最优水平，保持全球领先，入选 2024 年 Gartner 全球供应链 25 强这一业界公认最权威、跨行业评价全球供应链能力的排行榜。此外，京东还通过其全球供应链平台，帮助国内外企业实现供应链的数字化管理，提供一站式的跨境物流服务，促进了国际贸易的便利化。通过这些举措，京东不仅加强了自身的国际竞争力，也为全球供应链的数字化转型贡献了中国智慧和中国方案。

（四）数字货币与支付系统的国际合作

数字货币和支付系统的创新也是数字产业化的一个重要方面。例如，一些国家的中央银行正在研究和试验央行数字货币（CBDC），以提高支付系统的效率和安全性。在跨境支付领域，金融科技公司等通过与各国银行和支付网络合作，提供快速、低成本的国际转账服务。

贝宝（PayPal）作为全球领先的在线支付系统之一，提供了广泛的跨境支付服务。贝宝允许个人和企业在不同国家和地区之间进行货币转账和在线交易，支持多种货币的即时兑换。通过与全球各地的金融机构和支付网络合作，贝宝极大地简化了跨境支付流程，降低了交易成本，加快了资金流转速度。贝宝的国际合作不仅限于支付服务，还包括与电子商务平台、金融机构和科技公司的合作，共同推动数字支付技术的发展和应用。

支付宝由蚂蚁集团运营，是中国最大的第三方支付平台之一，也是全球数字支付领域的领先者。支付宝通过与国际支付网络、银行和商家合作，推动了其在全球范围内的扩张。支付宝的用户可以在海外旅行时使用支付宝进行支付，同时，海外商家也能接受来自支付宝用户的支付。支付宝的国际合作还包括与当地支付服务提供商的合作，例如在东南亚市场与当地电子钱包服务（如泰国的 True Money，菲律宾的 GCash 和马来西亚的 Touch'n Go eWallet）合作，提供本地化的支付解决方案。

三 具体做法

在数字产业化方面，我国目前面临关键领域创新能力不足、产业链与供应链受制于人的现实困难；在产业数字化方面，面临大量工业企业技术能力有限、基础配套能力不足与研发人才资源匮乏等问题。更大规模、更深层次的产业发展合作是解决这些困难的有效手段。

（一）大力发展数字贸易

大力发展数字贸易，推进高水平对外开放。数字贸易是各国在数字产业发展上展开合作的重要抓手，也是实行高水平对外开放的内在要求。应加大服务业开放力度，探索放宽数字经济新业态准入。加快建设数字口岸、国际信息产业和数字贸易港，构建国际互联网数据专用通道、国际化数据信息专用通道和基于区块链等先进技术的应用支撑平台。大力发展跨境电商，扎实推进跨境电商综合试验区建设，积极鼓励各业务环节探索创新，培育壮大一批跨境电商龙头企业、海外仓领军企业和优秀产业园区，打造跨境电商产业链和生态圈。

数字贸易平台作为数字产业化的重要组成部分，为产品和服务的国际化提供了便捷的通道。通过建立和完善跨境电子商务平台，不仅可以帮助国内企业更容易地进入国际市场，还能吸引外国企业通过这些平台进入中国市场。例如，通过"一带一路"倡议，加强与共建国家的电子商务合作，可以促进数字服务和产品的双向流通。此外，政府可以通过签订电子商务协议、降低贸易壁垒、提供政策支持等措施，为数字贸易创造有利条件。

提升数字服务贸易的质量，是增强国际合作吸引力的重要手段。通过提供高质量的数字服务，如在线教育、远程医疗、云服务等，可以增强国际市场对我国数字产业的认可度。同时，注重品牌建设，打造具有国际影响力的数字服务品牌，可以提升我国数字产业的国际形象，吸引更多的国际合作伙伴。

（二）积极建设国际数字经济伙伴关系

构建国际数字经济伙伴关系的首要步骤是加强与各国在数字经济政策和战略方面的沟通与对接。通过高层对话、双边会议、多边论坛等机制，增进相互理解，寻求合作共识。例如，我国可以与"一带一路"共建国家加强数字丝绸之路建设，通过政策协调，共同规划数字基础设施、电子商务、数字支付等合作项目。此外，应积极参与国际组织如G20、APEC等的数字经济议题讨论，推动形成全球数字经济合作框架。

数字贸易是国际数字经济伙伴关系的重要组成部分。我国应在保证数字经济安全的前提下进一步开放数字市场，降低数字贸易壁垒，为国内外企业提供公平竞争的环境。通过签订自由贸易协定（FTA）和双边投资协定（BIT），与国际伙伴共同降低关税和非关税壁垒，促进数字产品和服务的自由流通。此外，加强电子商务合作，支持国内企业通过跨境电商平台拓展国际市场，同时吸引外资企业进入中国市场，实现数字产业发展的互利共赢。

第四节　数字经济治理合作

一　理论基础

（一）降低交易成本

数字经济的跨境特性使得国际合作在治理中显得尤为重要。根据交易成本理论，企业存在的原因之一是为了降低交易成本，在数字经济中，这些成本可能因缺乏国际协调而增加。不同国家的数据保护法规、隐私政策和网络安全标准可能导致跨国企业的合规成本大幅上升。通过国际合作，可以协调这些政策和标准，降低企业的合规负担，促进数字产品和服务的国际贸易。此外，国际合作还有助于建立跨国界的信任机制，减少信息不对称，降低消费者和企业的交易风险。

（二）治理结构优化

数字经济的治理结构相对复杂，涉及政府、私营部门、民间组织、国际组织、技术社群等多个利益相关方。有效的治理需要这些主体之间的协调合作，以确保治理决策的多元性、平衡性和公正性。国际合作为这些利益相关方提供了对话和协作的平台，使他们能够共同探讨和解决数字经济中的全球性问题，如数据隐私保护、网络安全、知识产权保护等。

通过数字经济治理合作，可以建立起更加包容性的治理机制，让各方的利益和诉求得到充分的表达和合理的平衡。国际合作能够促进不同国家和地区之间的对话与交流，实现多边利益的协调。这种合作模式允许各国参与到全球数字经济规则的制定中，共享知识和最佳实践，同时考虑到不同文化、经济发展水平和政策环境的差异。通过这种方式，可以制定出更加全面、公平的治理政策，避免单一国家或集团的利益主导，确保全球数字经济的健康发展和普惠性。

（三）可持续发展

可持续发展理论要求经济发展必须考虑到环境、社会和经济三个方面的长期影响。数字治理合作需要在推动数字经济发展的同时，确保环境保护和社会公正。数字经济的发展不能以牺牲环境为代价。国际合作可以促进绿色数字技术的研发和应用，推动数字经济的绿色转型。例如，通过国际研究项目，可以共同开发节能减排的数字技术，提高数字基础设施的能效。此外，国际合作还可以推动数字经济的社会责任实践，如促进数字普惠金融、支持小微企业发展、提高残疾人的数字接入等。通过国际合作，可以建立起全球性的数字经济社会责任标准，推动实现环境可持续和社会责任。

（四）包容性增长

包容性增长理论强调经济增长应使所有社会成员受益,数字治理应致力于缩小数字鸿沟、提升弱势群体的数字技能,确保他们能够参与并从数字经济中获益。包容性增长需要通过国际合作和多边机制,推动全球数字经济的健康发展。例如,中国积极参与世界贸易组织、二十国集团、亚太经合组织等机制合作,提出促进数字时代互联互通倡议、《全球数据安全倡议》等。

二 主要问题

（一）统一治理框架缺失

目前,全球范围内尚不具备统一规范的数字经济治理框架,各国在数字经济治理上缺少足够共识,相关规则孤立且零散,无法形成有效治理模式与完整治理体系。

不同国家和地区在数字经济的法律体系和监管政策上存在显著差异,这些差异可能导致全球市场的碎片化。例如,数据保护法规在欧盟、美国以及其他国家之间存在很大不同,这给跨境数据流动和数字服务提供带来了障碍。在支付系统、电子商务、消费者保护等领域,各国的监管要求也各不相同,增加了企业合规成本,限制了数字经济的全球一体化发展。缺乏统一的治理框架,使得企业难以制定统一的业务战略,也增加了消费者和用户的不确定性和困惑。

在没有统一治理框架的情况下,数字经济主体可能会寻求监管环境最为宽松的国家和地区进行业务布局,这种现象被称为监管套利。监管套利可能导致资本和业务流向那些监管不严格的地方,从而削弱了全球范围内对数字经济活动的监管效果。此外,缺乏统一的治理框架也可能导致不公平的市场竞争环境,大型数字平台企业可能利用监管差异来巩固其市场地位,抑制竞争和创新,损害消费者利益和公共福祉。

数字经济的快速发展需要一个稳定、可预测的治理环境来支持创新和投资。缺乏统一的治理框架可能导致治理环境的不确定性增加，影响企业和投资者的信心，从而阻碍数字经济的创新和发展。例如，如果企业不确定其创新产品或服务在不同国家的法律地位，可能会犹豫是否进行投资。此外，对于新兴的数字业务模式，如果缺乏清晰的国际治理指导，可能会抑制其发展，限制数字经济的潜力。

（二）现有治理体系落后

原有全球治理体系无法充分应对时代新挑战，数字经济领域的国际合作面临政治意识形态和文化安全等多方面的重大考验。

数字经济具有高度的创新性、开放性、互联性和动态性，而现有的治理体系多建立在传统经济模式之上，可能无法有效应对数字经济的快速发展和变化。例如，许多国家的版权法、隐私法和公司法等法律体系尚未完全适应数字化、网络化的特点，导致在处理数字内容创作、个人数据保护和数字企业监管等问题时显得滞后。此外，数字技术的迭代更新速度快，而法律的制定和修订往往需要较长时间，这种时间上的不匹配也加剧了治理体系的落后性。

数字经济的发展对就业、教育、社会公平等方面产生了深远影响，但现有治理体系在考虑这些社会影响方面做得不够。例如，自动化和智能化技术的发展可能导致某些职业的消失，而现有治理体系未能提供有效的解决方案来缓解这种结构性失业问题。此外，数字鸿沟问题也未能得到有效解决，弱势群体在数字经济中处于不利地位，现有治理体系未能为他们提供足够的支持和保护。

（三）发展中国家缺乏话语权

发展中国家通常拥有庞大的人口和市场潜力，是数字经济增长的重要动力。然而，由于缺乏话语权，发展中国家在制定全球数字经济治理规则时无法充分表达自己的发展需求和战略目标，这限制了其数字经济的发展潜力。发展中国家需要更多的国际支持和合作，以提升自身的数字经济基础设施、人才培养、技术创新和政策制定能力。只有当发展中国家在国际合作中拥有平等的话语权，才能确保其利益得到保障，数字经济的全球潜力得到充分挖掘。

在现有的国际治理体系中，规则和标准往往由发达国家制定，这些规则可能更符合发达国家的利益和需求，而忽视了发展中国家的特殊情况。发展中国家由于在技术、经济和政策制定能力上的相对弱势，很难在国际舞台上充分表达和推动自己的利益。这导致全球数字经济治理的规则可能不够全面，无法兼顾不同发展阶段国家的需求，特别是那些与发展中国家发展紧密相关的议题，如技术转让、技术普及、数字基础设施建设等。

绝大多数发展中国家由于资源有限，往往缺乏参与国际数字经济治理合作的能力和机会。在国际会议、论坛和谈判中，发展中国家的代表可能因资金、信息和专业能力的限制而无法充分参与。此外，国际合作项目和资金往往由发达国家主导，发展中国家在项目设计、资金分配和决策过程中的发言权和影响力较小。这种参与度不足限制了发展中国家在国际合作中的主动性和创造性，使得国际合作项目可能无法有效解决发展中国家面临的问题。

发展中国家的广泛参与对于确保全球数字经济治理的公平性和代表性至关重要。如果发展中国家缺乏话语权，那么国际治理体系可能无法全面反映全球多样性和不同文化、经济背景下的需求和观点。这不仅损害了全球治理的合法性和有效性，也可能导致全球数字经济的发展不均衡，加剧数字鸿沟。发展中国家的有效参与有助于丰富国际治理的内容，提高全球治理的适应性和包容性。

三 具体做法

习近平总书记强调，"全球数字经济是开放和紧密相连的整体，合作共赢是唯一正道，封闭排他、对立分裂只会走进死胡同"[①]。我国应积极开展双多边的数字治理合作，推动建立开放、公平、非歧视的数字营商环境，破解当前的全球数字治理赤字。

（一）积极参与国际组织数字经济议题的谈判

目前，包括联合国、世界银行、国际货币基金组织、世界贸易组织等在内的各大国际组织均在开展数字经济治理相关工作，以制定网络空间国际规则、提升全球治理能力、促进经济文化和社会的可持续发展、消除数字鸿沟和数字壁垒为主要目标。中国作为世界上重要的经济体之一，应积极参与国际组织议程设置，推动数字经济议题的讨论和谈判。通过参与国际组织活动，提出自己的立场和建议，将能对全球数字经济治理的发展方向产生影响。在这些平台上，中国应强调多边主义和共享发展的重要性，倡导建立开放、包容、平衡的数字经济治理体系。同时，中国也参与到国际标准的制定中，如在国际电信联盟（ITU）和国际标准化组织（ISO）等机构中，推动符合自身和广大发展中国家利益的技术和业务标准。

在国际组织数字经济议题的谈判中，中国应始终坚持维护国家利益和推动公平竞争。中国主张在尊重各国网络主权和数据安全的基础上，推动数字经济的国际规则制定，反对保护主义和不公平的市场行为。同时，中国也关注发展中国家的利益，呼吁国际社会采取措施，帮助发展中国家提升数字经济的发展能力，缩小数字鸿沟。

中国在国际组织数字经济议题的谈判中，注重与其他国家的政策对话和经验交流。通过这些对话和交流，中国旨在学习和借鉴其他国家在数字经济发展和管理方面的先进经验，同时分享自身在数字基础设施建设、电子商务、数字支付等方面的成功实践。此外，中国还积极参与国际研讨会、论坛和工作组，与各国代表就数字经

[①] 习近平：《团结合作抗疫　引领经济复苏》，《人民日报》2021年7月17日第2版。

济的发展趋势、政策挑战和合作机遇进行深入讨论，促进相互理解和信任。

（二）完善和维护区域性数字经济治理机制

中国可以通过加强与周边国家和地区的政策协调来推动区域性数字经济治理机制的完善。这包括积极参与区域性经济合作组织，如中国—东盟关系（10+1）、亚太经合组织（APEC）、上海合作组织（SCO）等，在这些平台上推动数字经济议题的讨论和合作。中国可以倡导建立区域性的数字经济论坛或工作组，促进成员国之间的信息交流、政策对话和技术合作。此外，中国可以与区域内国家共同制定区域性的数字经济发展战略，协调各方在数字基础设施建设、电子商务发展、网络安全保障等方面的政策和行动。

中国可以发挥自身在数字技术和产业方面的优势，推动区域性数字经济标准与规则的制定。这包括推动建立统一的数字产品标准、数据交换格式、网络安全协议等，以促进区域内的数字经济一体化发展。中国可以与区域内国家共同开展数字技术研究和应用示范项目，推动新技术、新业态、新模式的创新和应用。同时，中国还可以倡导建立区域性的数字经济监测和评估机制，定期发布区域数字经济发展报告，为政策制定和调整提供依据。

数字经济的安全与稳定对于区域性治理机制至关重要。中国可以与区域内国家共同建立网络安全合作机制，加强在网络安全威胁信息共享、技术交流、应急响应等方面的合作。中国可以倡导建立区域性的网络安全防护体系，提高区域内国家应对网络攻击和犯罪的能力。同时，中国还可以推动建立区域性的数据治理规则，保护个人隐私和企业数据安全，促进数据的合法有序流动。

（三）主动向世界提供数字治理公共产品

中国在数字治理方面有着丰富的实践和经验，可以向世界贡献中国智慧和中国方案。中国可以分享自己在数字政府建设、数字经济发展、数字社会治理等方面的经验，为其他国家提供借鉴和参考。

同时，中国还可以提出自己的数字治理理念和主张，如推动构建网络空间命运共同体，倡导数字包容性发展，促进数字公平正义等，为全球数字治理提供新的思路和方向。

中国在数字基础设施建设和数字技术应用方面具有丰富的经验，可以向世界提供经验支持。例如，中国可以通过"一带一路"等国际合作平台，帮助发展中国家建设高速互联网、数据中心、云计算平台等数字基础设施，缩小全球数字鸿沟。此外，中国还可以通过技术合作、知识共享、人才培训等方式，帮助其他国家提升数字技术的研发和应用能力。中国可以与国际伙伴共同开展数字技术研究，推动5G、人工智能、物联网、区块链等前沿技术的发展和应用。

中国可以通过加强国际交流与合作，包括举办国际数字经济论坛、展览、研讨会等活动，为全球数字经济参与者提供交流合作的平台。中国可以邀请国际组织、外国政府、企业、学术机构等参与这些活动，共同探讨数字经济的发展趋势、政策挑战、合作机遇等议题。

中国可以参与全球数字治理平台的建设与维护，为全球数字治理提供公共产品。例如，中国可以参与建立全球数字经济监测平台，收集和发布全球数字经济的发展数据，为政策制定和学术研究提供支持；中国还可以参与建立全球网络安全应急响应平台，与国际伙伴共同应对网络攻击、数据泄露等安全威胁；此外，中国可以参与建立全球数字治理政策对话平台，促进各国在数字治理措施上的沟通与协调。

面向未来，我国应加快构建数字合作新格局，推动数字经济不断迈向新台阶，让更多国家和人民搭乘信息时代的快车，共享数字技术发展成果。通过积极倡导"数字多边主义"，推动双多边数据跨境流动和数字合作协定谈判，参与制定数字技术和网络安全的国际标准，我国将不断提升全球数字规则框架的话语权和规则制定权，与各国合作伙伴共同推动形成一个繁荣发展的人类命运共同体。在开启人类数字文明新时代的征程中,中国应发挥更加重要的建设性作用,坚定践行"对话而不对抗、包容而不排他,努力扩大利益汇合点、画出最大同心圆"的全球治理观,激发数字经济合作的潜能和活力,造福全世界人民。

第九章　公共政策支撑数字经济高质量发展

众多现实证据表明，数字经济的迅速发展可能会带来社会分化和不平等问题，如数字鸿沟、就业极化和收入差距拉大。通过设计与实施适应数字经济发展需求的公共政策，能够通过必要的支持和引导，更好地保障社会公平，实现更具包容性的发展。在这一过程中，政府、企业、社会组织和公民个人等多方应共同努力和协作，一起构建一个健康、公平、可持续的数字经济环境，为数字经济高质量发展提供有力支撑。

第一节　公共政策如何应对技术革命冲击

在历次技术革命与其后续的经济转型发展阶段，公共政策均发挥了非常重要的调节作用。技术革命往往带来新的产业、商业模式和工作机会，同时也可能引起劳动力市场的变化、社会结构的调整以及环境问题等挑战。公共政策需要响应技术革命带来的变化，通过立法、规划、监管等手段来引导技术发展方向，确保技术进步能够在促进经济增长和社会福祉的同时，减少其可能产生的负面效应。

一　两次工业革命与公共政策

两次工业革命分别发生在 18 世纪末至 19 世纪初和 19 世纪末至 20 世纪初，这两次工业革命中出现的新兴技术极大地推动了生产力的发展和社会结构的变革。然而，这一系列技术进步和工业化进程也带来了一系列社会、经济和环境问题，凸显了公共政策的必要性。

第九章 公共政策支撑数字经济高质量发展

（一）第一次工业革命后的公共政策

第一次工业革命后，公共政策的重要性显著提升，原因在于这一时期社会经济结构发生了深刻变化。工业化进程带来了大规模的人口迁移、城市化发展以及新的生产方式和劳动关系，这些变化引发了诸多新的社会问题，如工人阶级的贫困、劳动条件恶劣、环境污染和公共卫生问题，等等。为应对这些挑战，英国等早期工业国家政府开始制定和实施公共政策，以规范工业生产、改善劳动条件、提供基础设施和社会服务，确保社会稳定和经济持续发展。公共政策的制定和执行成为平衡不同社会群体利益、促进社会公平正义、引导经济健康发展的关键手段。

第一，基础设施建设与改善。公共政策在第一次工业革命期间的一个关键作用是推动基础设施的建设与改善。例如，英国政府通过立法和资金支持，促进了运河和铁路的大规模建设，这些交通网络的完善极大地降低了运输成本，加速了原材料和成品的流通，为工业生产提供了便利。此外，公共政策还涉及城市规划和公共卫生设施的改进，以应对工业化带来的城市化问题，如改善供水系统、建立污水处理设施等。

第二，劳动法规与社会福利政策。随着工业化的深入，工人阶级的权益问题逐渐凸显。公共政策开始关注工人的工作条件和生活水平。例如，英国在19世纪中叶通过了一系列工厂法案，以限制童工的使用，规定工作时间，并改善工作条件。这些政策的实施提高了工人的生活质量，缓解了工业化进程中产生的社会矛盾。此外，公共政策还包括提供教育机会，通过普及基础教育，为工业化培养必要的劳动力。

第三，贸易政策与市场监管。第一次工业革命期间，公共政策在贸易政策和市场监管方面也发挥了重要作用。为了推动本国工业产品的出口和原材料的进口，英国等国家实行了自由贸易政策，取消了多项贸易壁垒,如废除《谷物法》(The Corn Laws)① 等。这些贸易政策的调整有助于英国等国家充分利用国际市场,加速工业化进程。同时,公共政策还涉及对市场的监管,如反垄断法规的制定,以维护公平竞争的市场环境。

第四,知识产权保护与创新激励。公共政策在第一次工业革命中还起到了保护知识产权和激励创新的作用。例如,英国在18世纪末建立了最早的现代专利制度,为发明家和创新者提供了法律保护,鼓励技术创新和知识分享。这种制度的建立有助于促进新技术的商业化,加速了工业化进程。

第五,环境保护与资源管理。随着工业化进程的加速,一些环境问题也开始出现(如著名的"伦敦雾"),前瞻性的环境保护和资源管理政策陆续出台。例如,英国在19世纪通过了一系列公共卫生法案,以应对工业化带来的环境污染问题,如限制工厂排放、改善城市卫生条件等。

综上所述,公共政策在第一次工业革命中发挥了非常重要的调节作用。这些政策的实施不仅促进了工业革命的深入发展,也为后来的工业化进程提供了宝贵的经验和教训。

(二)第二次工业革命后的公共政策

第二次工业革命,也被称为科技革命或工业革命2.0,大约发生在19世纪末至20世纪初,这一时期见证了电力、内燃机、化学处理、电话、电报和无线电等技术的飞速发展。这些技术进步极大地提高了生产效率,改变了生产和分配方式,同时也带来了新的社会经济挑战,公共政策在这一时期的变革中发挥了重要作用。

在第二次工业革命期间,公共政策在推动技术创新和工业化方

---

① 该法实施于1815—1846年,规定国产谷物平均价达到或超过某种限度时方可进口,通过施加进口关税借以"保护"英国农夫及地主免受来自生产成本较低廉的外国所进口的谷物的竞争。其目的是维护土地贵族的利益。

面起到了关键作用。例如，美国政府通过《谢尔曼反托拉斯法》（Sherman Antitrust Act）等反垄断立法，旨在打破垄断，促进市场竞争，鼓励创新。同时，政府通过增加对教育的投资，培养了大量工程师和科学家，为技术创新提供了人才支持。此外，政府还通过公共工程项目，如胡佛大坝的建设，展示了新技术的应用，并刺激了相关产业的发展。

随着工业化的深入，社会经济问题逐渐显现，如工人阶级的剥削、城市贫困和环境污染等。公共政策开始关注这些问题，并采取措施应对。例如，英国的《工厂法》（Factory Acts）和其他劳动立法限制了工作时间，提高了工作条件，提高了工人的生活质量。罗斯福总统的罗斯福"新政"（New Deal）是美国对大萧条的回应，通过一系列社会和经济改革措施，包括社会保障、最低工资和工作时间的规定，以及公共工程提供就业机会，缓解了经济危机的影响。

在第二次工业革命期间，工业经济的快速增长也伴随着市场的波动和不稳定。公共政策在维护经济稳定和市场秩序方面发挥了作用。例如，美国联邦储备系统（the Federal Reserve）的建立是为了监管银行体系，防止金融恐慌和危机。此外，政府通过财政和货币政策来调节经济，如通过公共支出和税收政策来控制经济过热或衰退。在国际贸易方面，许多国家采取了保护主义措施如提高关税和进口管制，以保护本国工业免受外国竞争的影响，尽管这种做法后来被认为是加剧了全球经济的不稳定。

二　信息技术革命与公共政策

20世纪40年代开始的信息技术革命，常被称作第三次科技革命，标志着人类社会正式进入信息时代。这一时期，计算机、互联网、移动通信等技术的飞速发展极大地改变了生产方式、商业模式和社会结构。信息技术革命凸显了公共政策的重要性，原因有以下五点。首先，技术进步带来了个人隐私和网络安全等新问题，需要政府通过立法来保护个人信息和国家安全；其次，知识沟及数字鸿沟的出现要求政府采取措施，通过教育和基础设施建设确保所有人都能享受到信息技术带来的便利；再次，信息技术对传统行业的冲击要求政府制定相应的产业升级和劳动力转型政策，以缓解结构性失业问题；又次，信息技术的全球化特性要求国际的协调与合作，公共政策在制定国际标准和规则中发挥着关键作用；最后，信息技术革命还引发了对知识产权保护、市场竞争秩序维护等方面问题的关注，需要政策干预来平衡创新激励与公共利益的关系。

公共政策在推动信息技术的发展和普及方面发挥了重要作用。例如，美国政府在冷战期间通过国防高级研究计划局（DARPA）资助了互联网的前身阿帕网（ARPANET）的研发，不仅推动了网络技术的发展，也为后来互联网的商业化和全球化奠定了基础。此外，许多发达国家通过提供税收优惠、研发补贴和公共投资等激励措施，鼓励企业和个人投资于信息技术的研发与应用。

信息技术的快速发展也带来了数据安全和隐私保护的问题。公共政策在这一领域的作用尤为突出。例如，20 世纪 80 年代美国通过了《电子通信隐私法》（ECPA），以保护电子通信的隐私。随着互联网和大数据的兴起，欧盟在 2018 年实施了以 1995 年制定的《计算机数据保护法》为基础的《通用数据保护条例》（GDPR），这是迄今为止最为全面和严格的数据保护法规，它要求企业在处理个人数据时必须遵守严格的规定，赋予了用户对自己数据的控制权，并规定了违规的严重处罚。

在信息技术革命发生后，公共政策在促进数字基础设施建设方面发挥了重要作用。例如，美国在 20 世纪 90 年代实施了国家信息基础设施（NII）计划，旨在建设一个先进的网络和通信系统，后来被称为"信息高速公路"。这一政策极大地促进了互联网的普及和应用，在世界各地掀起了信息高速公路建设的热潮，中国也在 20 世纪

90年代提出了类似的"三金工程"①建设计划。这些政策也推动了宽带网络、移动通信和无线互联网的发展，为数字经济的繁荣奠定了基础。

三 人工智能革命与公共政策

21世纪的人工智能技术革命正以前所未有的速度和规模重塑经济和社会结构，这一进程中公共政策的重要性被进一步凸显。首先，人工智能技术的快速发展带来了前所未有的数据隐私、算法透明度和伦理问题，这要求政府制定相应的法规来保护个人权利并确保技术的公平公正使用。其次，随着自动化和智能化水平的提高，劳动市场面临重大变革，公共政策需要为劳动力转型和再培训提供支持，帮助劳动者适应新兴行业的技能需求。再次，人工智能的广泛应用可能导致市场集中度提高，公共政策需要通过反垄断法规来维护市场竞争秩序，防止市场垄断。又次，人工智能技术在医疗、交通、教育等领域的应用需要政策引导和监管，以确保技术进步能够带来社会福祉并减少潜在风险。最后，人工智能技术的全球竞争和合作需要国际的协调，公共政策在制定国际标准和规则中发挥着关键作用，以促进全球治理和可持续发展。

目前全球仍处于本轮人工智能革命之中，一些主要经济体采用的公共政策机制已经起到了较为重要的调节作用。下面对这些公共政策进行介绍。

人工智能革命对劳动力市场产生了深远影响，许多传统职业面

---

① 1993年底，中国正式启动了国民经济信息化的起步工程——"三金工程"，即"金桥工程""金卡工程""金关工程"。"金桥工程"是建立国家共用经济信息网，具体目标是建立一个覆盖全国并与国务院各部委专用网连接的国家共用经济信息网。"金关工程"是对国家外贸企业的信息系统实联网，推广电子数据交换技术（EDI），实行无纸贸易的外贸信息管理工程。"金卡工程"则是以推广使用"信息卡"和"现金卡"为目标的货币电子化工程。

临自动化的威胁，同时新的职业机会也在出现。为了应对这一变化，公共政策需要在教育和技能培训方面发挥作用。例如，德国实施了"数字战略2025"，旨在通过教育改革和职业培训，提升劳动力的数字技能。美国则通过《劳动力创新和技术转移法案》等立法提供资金支持，帮助劳动力适应新兴技术的需求。这些政策机制有助于提升公众的人工智能素养，为未来的工作市场培养必要的技能。

政府在支持算法研发和技术创新方面扮演着关键角色。例如，韩国政府推出了"人工智能国家战略"，计划在人工智能研发上投入大量资金，并建立人工智能研究中心，以促进人工智能技术的发展和商业化。加拿大则通过"泛加拿大人工智能战略"投资于人工智能研究和人才培养，并与企业合作推动人工智能技术的创新应用。这些政策机制不仅促进了人工智能技术的进步，还帮助企业在全球市场中保持竞争力。

人工智能技术的全球性质要求跨国界的合作和协调。例如，经济合作与发展组织（OECD）的成员国共同制定了人工智能基本原则，强调了跨国际合作的重要性。这些原则包括尊重人权、确保算法透明度和公正性，以及促进国际的知识和技术交流。此外，国际标准化组织（ISO）也在制定人工智能相关的国际标准，以促进技术的互操作性和全球市场的整合。这些政策机制有助于形成全球统一的人工智能治理框架，推动这项技术的健康发展。

中国政府高度重视人工智能的发展，并逐步将其上升为国家战略。2017年，中国发布了《新一代人工智能发展规划》，明确了人工智能技术发展的总体目标、重点任务和保障措施。该规划提出了到2030年中国成为世界主要人工智能创新中心的宏伟目标，并强调了人工智能在经济、社会、国防等方面的广泛应用。在此基础上，中国还出台了一系列配套政策，如《促进大数据发展行动纲要》《"互联网+"人工智能三年行动实施方案》，等等，较为完善的人工智能政策体系正在逐步形成。

第九章　公共政策支撑数字经济高质量发展

第二节　数字鸿沟与数字不平等的表现和危害

数字鸿沟指的是不同群体在获取和使用数字技术方面的差距，这种差距可能导致信息获取、教育机会、就业机会和社会参与等方面的不平等。数字不平等则进一步扩展到数字技能、数字素养和数字服务的获取上，影响个体、社区和群体的社会经济地位。理论分析表明，公共政策在解决这些问题上能够发挥关键作用。

一　数字鸿沟

进入21世纪，数字鸿沟开始成为国际社会广泛关注的重要社会问题。数字鸿沟并不仅仅局限于数字技术使用上的差异，它还体现了国家间、地区间、产业间与阶层间的信息不平等，并且已经深入影响世界各国人民的经济、政治和社会生活中。本小节介绍数字鸿沟的表现形式和主要危害。

（一）数字鸿沟的表现形式

1. 南北差距

在国家与国家之间，数字鸿沟表现为由于信息化和数字化发展水平不同导致的不同国家对于信息通信技术、数字技术和人工智能等新技术的开发和应用程度上的差异。这一差异会拉大穷国与富国在劳动生产率上的差距，从而导致"南北差距"进一步拉大。

2024年4月，联合国科学和技术促进发展委员会第27届会议在瑞士日内瓦举行。与会联合国机构代表警告，随着前沿技术快速发展，数字鸿沟扩大的风险不容忽视。联合国贸易和发展会议秘书处秘书长蕾韦卡·格林斯潘在开幕会议上表示，"人工智能、绿色技术和物联网等前沿技术正在重新定义各行各业、劳动力市场以及生产力的本质，它们在带来益处的同时也构成挑战与风险，而其中最大的风险就是发展中国家的数十亿人随之落伍。还有许多人正处于数字鸿沟'错误的一边'——截至2023年，低收入国家中只有37%的人使用互联网，全球仍有26亿人无法使用互联网"。

2. 城乡差距

在一个国家内部，数字鸿沟主要表现为区域与区域之间，或是不同阶层、年龄和受教育水平的居民之间，在信息获取和处理能力方面的差异，其中一个重要表现是城乡数字鸿沟。根据国际电联发布的最新全球连通性数据，2023年，全世界81%的城市居民使用互联网，是农村地区互联网用户比例的1.6倍。即使对于数字经济发展较好的美国、欧洲和中国来说，城乡数字鸿沟依然显著存在。

根据美国联邦通信委员会2023年公布的调查数据，美国农村地区有约17%的居民、原住民部落地区有21%的居民无法接入网络。另据皮尤研究中心的调查结果，截至2021年，美国22.3%的农村地区仍缺乏宽带覆盖。为解决上述问题，美国政府颁布了650亿美元的拨款计划，用以弥补城乡数字鸿沟。然而，由于资金可持续性存疑、建设难度大、政治不确定性高等因素存在，美国实现"村网通"仍然是一条漫长的道路。

欧洲的互联网覆盖情况也不乐观，存在大量"数字盲区"。截至2022年底，欧洲的5G覆盖率仅为73%。与之相对，美国的5G覆盖率已达到96%，韩国达到95%，日本达到90%，中国达到86%。欧洲的5G网络大部分是通过动态频谱共享技术实现，与4G共享相同频谱，因此用户无法持续享受高质量的5G服务。事实上，拒绝在5G建设中使用华为等中国品牌产品客观上减缓了欧洲的5G建设速度。到2025年，预计欧洲仍然仅有35%的移动连接使用5G技术，低于北美和一些亚洲国家。

中国互联网络信息中心（CNNIC）发布的第53次《中国互联网络发展状况统计报告》显示，截至2023年12月，中国农村网民规模达3.26亿人，占网民整体的29.8%；城镇网民规模达7.66亿人，占网民整体的70.2%。中国城镇地区互联网普及率为83.3%，农村地区互联网普及率为66.5%。从地区来看，中国非网民仍以农村地区为主，农村地区非网民占比为51.8%。

3. 代际差距

在一个国家内部，数字鸿沟的另一个主要表现是代际数字鸿沟。根据国际电联发布的最新全球连通性数据，2023年，全球79%的15—24岁人群使用互联网，比其他人口多14个百分点。在老龄化与数字化相互"共振"的过程中，代际数字鸿沟正在进一步扩大。

根据美国联邦通信委员会公布的调查数据，2022年，美国国内电话或者移动电话的覆盖率达到99%以上，但是42%的65岁以上老年人仍然在使用非智能手机，还有27%的老人从来没有使用过高速互联网。究其原因，主要在于智能化设备和高速互联网的接入服务相对高昂。皮尤研究中心的调研显示，美国老年群体的收入与社会平均收入的差距在逐渐拉大。除了使用与否以及设备性能上的差距外，老年人依然对数字社会存在不适应。在美国，48%的受访者报告说在学习使用计算机时感到焦虑或压力，36%的参与者报告说缺乏自信，26%的人则诉说遇到问题时缺乏技术支持。

在代际数字鸿沟上，欧洲与中国的情况相较于美国并没有显著改善。欧盟2023年的数据显示，65—74岁的老年人中只有25%的人员具备基础的数字能力，有28%的人从未接触过互联网。

中国的代际数字鸿沟同样值得关注。第53次《中国互联网络发展状况统计报告》显示，从年龄来看，60岁及以上老年群体是中国非网民的主要群体，截至2023年12月，中国60岁及以上非网民群体占非网民总体的比例为39.8%。

（二）数字鸿沟的直接危害

1. 机会不平等

数字技术推动了数字经济的发展，为那些更容易接触到互联网、熟练使用数字技术的群体带来了更多机会，但是还有一部分相对弱势群体却很大程度上失去了这些机会。例如，在出行领域，相对于只通过路边招手接客的老司机，熟练应用各种打车软件的出租车司机能获得更多客源，同时也具有更大的选择权；在教育领域，更容易获得高水平在线教育的学生和年轻在职者，也更容易提升自己的工作能力，从而在就业市场上获得优势。

数字鸿沟同样也会进一步恶化地区和人群间的教育不平等现象。随着教育信息化发展加快，不同受教育程度的人，以及拥有不同教育基础设施水平的地区之间存在的数字鸿沟，会带来高等教育水平者和低等教育水平者之间的差距进一步扩大。两者在教育机会的获得、教育信息资源的掌握，以及教育信息素养的培养等方面，都会表现出明显的不平等。

2. 能力分化

因数字鸿沟而产生的网络接入水平上的差距和机会不均等，将导致不同区域与特点的群体在能力上的巨大差距。首先是数字技术的应用能力，或称数字素养。数字鸿沟使得那些缺乏数字技术能力的人群无法获得数字时代所带来的发展机遇，从而使得他们在经济、社会和文化方面的发展受到限制。数字应用上的能力差距将进一步影响其他方面的个人能力，包括学习能力、沟通能力与团队写作能力，以及最重要的——创造财富的能力。

此外，在治理层面，数字鸿沟的不断扩大会阻碍社会治理能力的提升。面对数字化带来的巨大变革，需要顺应数字时代的时与势，把握数字化赋能社会治理的实现模式，创新治理理念和方式，推动治理流程再造和模式优化，不断提升治理效能。数字治理是一个包容性很强的概念，涵盖了数字政府治理、数字经济治理、数字社会治理、数据治理等各个方面。区域间的数字鸿沟同样反映在政府治理能力的差距上，缺乏数字能力的各级政府和治理机构难以充分适应数字化变革，不利于经济社会的全方位发展。

3. 收入差距拉大

通过扩大机会不均等、造成能力分化，数字鸿沟显著降低了家庭的总收入，对家庭收入来源的各个维度均有负向影响。对于劳动收入，机会与能力上的差距使得陷入数字鸿沟的个人在劳动力市场缺乏竞争力；对于投资收入，数字鸿沟不仅明显抑制了家庭金融投资的欲望，也限制了家庭能够获取到的金融投资信息。值得注意的是，数字鸿沟对弱势群体的影响更大，比如低收入家庭、农村或者小城市的居民，尤其是这些地区的老年群体。由于对信息技术的使用能力不足，老年群体受到的数字鸿沟影响要远大于年轻人，数字鸿沟对其收入带来的负面作用也更为明显。这就意味着数字鸿沟将扩大收入分配中的"马太效应"，使原先就落后的地区和群体更加难以脱贫。

二 数字不平等

数字鸿沟是数字不平等的初级阶段，主要关注于技术获取方面的不平等。随着时间的推移，如果这种技术获取的不平等没有得到有效解决，它就可能演化成更深层次的数字不平等，个体、社区和群体之间的数字技能和素养的差异将不断拉大，从而导致更深层次的经济社会问题。

（一）数字不平等现象的三个维度

已有研究认为数字不平等可以被划分为三个维度：传统意义的数字鸿沟问题、由数字鸿沟引致的机会不平等和结果不平等（陈梦根和周元任，2022）。

1. 数字鸿沟

数字不平等的第一个维度是数字鸿沟。传统的数字鸿沟现象是造成数字不平等的直接原因，数字鸿沟本身也属于数字不平等的内涵之一。数字鸿沟是最为基础、最具体的数字不平等类型，也是导致经济、社会不平等的直接原因。

2. 机会不平等

机会不平等现象是数字不平等的重要类型之一，主要表现为：

处于信息"优势"的群体能够获得更多与数字技术相关的机会,进一步可分为使用机会的不平等和参与机会的不平等。使用机会的不平等主要表现为在数字经济时代,类似于数字媒体、数字交易等数字产品和服务不断增多,在数字鸿沟中处于"优势"的一方可能凭借对数字技能的掌握而更早、更好地享受数字产品和服务带来的红利,进而增加自身的效用。参与机会的不平等主要表现在居民层面的接入差距和技能差距,以及企业层面在数字化转型上的差距。

3. 结果不平等

结果不平等主要表现为数字技术给处于信息优势的群体带来红利,具体又分为经济结果和社会结果两方面的红利。

经济层面的红利来自多个方面。首先,数字经济对传统经济体系下建立的国际税收体制造成较大冲击,在国家之间造成税基侵蚀和利润转移。其次,数字技术具有显著的生产率效应,对于数字化水平较高的企业,其生产成本降低、生产效率提升、创新能力提高、对外贸易增加;对于数字化发展较慢的企业,其生产效率相对降低,在市场竞争中逐渐落后于数字化水平较高的企业。最后,在居民层面,数字技能掌握较好的群体可能通过参与ICT相关的就业、创业、投资等行为,或通过在线平台进行工作、学习,进而增加收入、提高消费。相对于信息"弱势"群体来说,"优势"群体通过数字技能增加收入和消费的过程同时也加剧了经济不平等的程度。

社会层面的红利与数字化治理高度相关。首先,对于数字化程度较高的政府部门,其可以通过政务线上化、电子化,使得政府办公更加公开、透明,便于公民进行监督,有助于提高政务效率。然而,数字经济发展较慢地区的政府部门则受到技术限制,无法快速实施电子政务模式。其次,数字技能较高的居民可以通过增加收入、提高消费、线上娱乐、网上服务等多种形式增加自身福利,提升主观幸福感。

第九章 公共政策支撑数字经济高质量发展

（二）数字不平等的成因

数字不平等形成的根源主要有四个方面，分别是物质资本的差异、人力资本的差异、社会资本的差异以及政府行为的差异。

1. 物质资本差异

物质资本的差异在宏观层面上表现为经济发展水平与信息基础设施建设水平的差异，在微观层面上表现为居民收入水平的差异。"经济鸿沟"是形成数字不平等的最主要因素，经济发展水平的差异导致了不同地区、不同群体间数字资源拥有程度和生活水平的差异，进而影响到数字技术接入和使用的机会，造成数字技术分布的不均衡现象。

值得关注的是，由于互联网接入和使用成本较小，随着ICT覆盖率和渗透率不断提高，其对收入较低的"弱势群体"的带动效应也在不断增强，基于物质资本差异导致的数字不平等程度在逐渐减弱。也有研究认为，方向不明确的物质资本投资不一定有利于消除数字不平等，还有可能造成投资浪费。此外，个人拥有的数字设备数量的增加也未必会降低数字不平等，对于互联网的使用目的发挥了十分重要的作用。

2. 人力资本差异

群体的受教育程度、年龄因素、性别因素等方面的人力资本差异是数字不平等的重要成因。首先，受教育程度差异是导致数字不平等的最显著因素，文化程度较高的地区相对来说更容易表现出较高的ICT渗透率。其次，通常情况下，老年人相对于年轻人更易处于数字鸿沟中的"劣势"地位，这种不同年龄段之间的数字不平等也被称为"灰色鸿沟"。最后，性别数字鸿沟可能使女性无法从技术革命中获得与男性同等的收益。针对不同群体的数字机会均等化是解决这些问题的重要举措。

3. 社会资本差异

社会资本分布的不均衡可能会对数字不平等的形成产生影响，

其中包括不同地区之间社会、文化的差异。社会资本是个人或组织获取和利用ICT的重要因素，其中的社会性因素主要来源于社会网络中的家庭、邻里、社区和其他组织或群体对数字生活的认知和态度等。对于欧盟成员国的数字鸿沟研究发现，社会文化等因素的差异是各个国家、地区之间存在较大差异的原因之一。

4. 政府行为差异

政府行为也是导致数字不平等现象的重要因素之一。不同的政策目标与推进方式会使居民使用互联网基础设施和服务的机会不均等。一般认为，人力资本、数字基础设施、监管基础设施等方面的公共投资能够有效缓解个人计算机、互联网接入和使用方面的差距。此外，国家层面与地区层面的政策协同性也是数字不平等能否得到有效缓解的关键。

三 以公共政策应对数字不平等

（一）缓解信息不对称和市场失灵

信息不对称问题在数字经济中尤为明显。在数字环境中，技术先进的群体能够更有效地获取和利用信息，而技术落后的群体则可能因为信息获取的困难而处于不利地位。市场失灵是指市场机制无法有效分配资源，导致资源配置的效率低下。在数字领域，市场失灵可能表现为数字技术的过度集中和数字服务的不普及。公共政策可以通过提供信息教育、增强透明度和公平竞争来减少信息不对称，通过补贴、税收优惠等手段来纠正市场失灵，促进数字化资源的公平分配。

欧盟的《通用数据保护条例》（GDPR）是一个通过公共政策缓解信息不对称和市场失灵的现实案例。GDPR规定了个人数据的收集、处理和存储的严格标准，要求企业在处理个人数据时必须获得用户的明确同意，并且用户有权访问、更正或删除自己的数据。这一政策通过增强用户对自己数据的控制权，减少了信息不对称，同时通过设定统一的数据保护标准，减少了市场失灵，因为所有企业都必须遵守相同的规则，从而创造了一个更加公平和透明的市场环境。

（二）提升人力资本和社会资本

数字不平等往往与人力资本的不平等紧密相关，因为数字技术的有效使用需要一定的知识和技能。社会资本理论关注个体或群体之间的社会网络和社会关系对经济行为的影响。数字不平等也与社会资本的分布有关，因为社会网络可以帮助个体获取数字资源和机会。公共政策可以通过提高教育供给来提升人力资本，通过建立社区网络、促进社会互动来增强社会资本，帮助更多数字弱势群体接入数字经济。

新加坡从 2015 年开始实施的"加快培训专才"（TechSkills Accelerator，简称 TeSA）计划是一项旨在提升数字经济中人力资本的公共政策。TeSA 计划的目的是通过提供培训和技能提升机会，帮助新加坡的劳动力适应数字经济的需求。该计划包括一系列课程和培训项目，涵盖数据分析、人工智能、网络安全等数字技术领域，旨在提高工人的数字技能和创新能力。此外，TeSA 还鼓励企业与教育机构合作，共同开发和提供培训课程，从而促进社会资本的积累。

（三）促进包容性增长与可持续发展

经济增长应该使所有社会成员受益，而不是仅惠及少数人。数字不平等的存在阻碍了包容性增长的实现，因为技术落后的群体无法充分享受数字经济带来的好处。可持续发展理论则关注长期的环境、社会和经济目标的平衡，数字不平等可能导致资源的不合理利用和环境的负面影响。公共政策能够通过促进技术创新的普及、提供普遍服务义务、保障数字权利等措施来推动包容性增长，通过促进绿色数字技术的发展、提高数字资源的循环利用率来实现可持续发展。

中国政府从 2022 年开始实施的"数字乡村"发展行动计划是一

项旨在缩小城乡数字鸿沟、推动农村地区经济和社会全面发展的公共政策。该计划通过加强农村地区的网络基础设施建设，提供互联网接入，以及推广数字技术在农业生产、农产品销售、乡村治理等领域的应用，帮助农村地区实现数字化转型。此外，"数字乡村"还包括培训农村人口使用数字技术，提高他们的数字素养，以及支持农村电子商务的发展，促进农产品的销售和农民的收入增加。通过这些措施，"数字乡村"不仅促进了农村地区的经济增长，还提高了农村居民的生活水平，实现了包容性增长。同时，通过推广智能农业和绿色生产方式，该战略也有助于实现可持续发展目标，促进了经济、社会和环境的协调发展。

第三节　数字经济高质量发展的公共政策设计

为了设计和实施能够缓解数字技术带来的各种冲击、推进数字经济高质量发展的公共政策，需要考虑数字技术对于生产过程与收入分配过程的多重影响。结合上文分析我们发现，应从以下四个方面建设公共政策体系：一是调整人工智能的技术偏向性；二是提升劳动力的人力资本与数字素养；三是通过反垄断手段优化初次分配结构；四是采取二次分配手段缩小收入差距。

一　调整技术方向："正确的"vs"错误的"的数字技术

以人工智能为代表的数字技术的发展路线，在经济学分析中一般理解为其技术偏向性，将决定此类技术最终会扩大还是缩小收入不平等。观察近期一系列数字技术的新突破（如生成式人工智能）可以发现，数字技术近期的变革倾向于往自动化方向发展，对于创造可以提高人类生产率与就业率的新路线的投入不足，相较于创造新就业更偏向于自动化。这一技术方向的可能后果是劳动需求停滞、劳动收入在国民收入中所占比重下降、不平等程度加剧以及随之而来的生产率增长持续放缓。伴随着数字化转型进程的进一步深化，人类可能会错失实现数字经济高质量发展的关键窗口期。

理论上看，"正确的"数字技术能够通过偏向性技术进步创造新的劳动密集型工作任务和就业机会，从而使劳动就业率与劳动收入份额维持在一个较高水平。那么，如何确定当前的数字技术方向是否正确，以及如果技术进步的方向发生错误、什么样的措施可以起到拨乱反正的效果？事实上，如果仅仅依靠市场的力量配置创新资源，想要让数字技术向正确的方向进步并非易事。对于多数企业来说，能够促进自动化的技术创新将有效降低企业的劳动力成本，这使得企业倾向将更多资源投入相对成本较低、同时生产效率更高的数字技术。这就要求政府采取能够改变这一研发与投资倾向的政策措施。

首先，通过在创新领域开展公私合作，能够对于技术进步的方向选择产生积极影响。根据 OECD 数据，2016 年，已经有超过 70%的 OECD 国家采用公私合作模式支持科技创新。这一合作模式不仅可以服务于国家创新技术计划，更能够利用其加速提升重点战略性技术领域的国际竞争力，促进新技术成果的转移。2015 年，美国发布新一版《美国创新战略》，提出通过创新领域的公私合作，可以解决阻碍创新的市场失灵问题及确保有利于研究和创新的框架条件，激发私营部门的创新动力。需要注意的一点是，调整技术偏向并非现有创新公私合作模式尝试解决的主要问题，能否实现这一政策目标仍需考察。

其次，通过减少对于资本与投资的隐性补贴（如针对劳动收入的个人所得税），能够减少企业用自动化技术替代劳动力的激励，引导企业的研发创新行为与其对于数字技术的使用。

最后，通过改变对于不同类型统计指标的关注度，在政策制定过程中强调经济发展的质量指标如反映收入差距的基尼系数、泰尔指数，适当减少对于总量指标如国内生产总值、能源消费量的重视程度，将能对于企业与地方政府的创新活动与技术应用产生影响，引导数字技术向"正确的"方向发展进步。

对于数字技术进步的最为乐观的愿景，是"技术奇点"（technological singularity）将在不久的未来到来。在理想情况下，到达技术发展的这一特定时间点之后，技术的增长将变得不可控制和不可逆转，新技术发展过程中会自然涌现出更新、更高效的技术，经济将能够实现永续增长，未来的经济将由人与机器之间的快速互动组成，技术进步方向将不再重要。然而，正如过去几十年来的全球经济数据所示，当前全球经济所面临的主要问题是数字技术的进步对于经济增长的贡献似乎并不显著的"现代生产率悖论"，从技术进步的现状和趋势来看技术奇点还远未将近，因此尝试调整数字技术的进步方向的公共政策具有切实的必要性。

二 教育供给：通过教育改革提升人力资本

除了改变数字技术进步偏向之外，公共政策也应尝试影响面临人工智能冲击的劳动力，尤其是劳动力具备的人力资本水平。劳动力与劳动力市场的持续变迁，被视为"教育与技术进步之间的一场赛跑"。技术进步会增加对技术劳动的相对需求，教育则会增加技术劳动的相对供给；当供给落后于需求时，表现为技术溢价的不平等会上升，反之会下降。人类社会的现代化程度越高，经济增长就越需要受过教育的劳动力。先进技术必须被发明创造出来，还必须有大量具备使用新技术能力的劳动力来将其投入生产活动，应用与维护这些技术产品。快速的技术进步是20世纪的重要特征。在这个世纪中，美国等主要经济体在技术快速进步的同时维持着较高的教育投资，促使民众能够在发明、创业以及运用先进技术生产商品和服务方面，占据最为有利的位置。在数字技术不断发展进步的当下，设计通过教育提高人力资本适应自动化冲击的公共政策就显得尤为重要。

为了适应新的技术进步，就必须提高劳动力与新技术及伴随新技术出现的新工作岗位的匹配程度。事实上，在第一次和第二次工业革命的过程中，各主要经济体的教育体系都发生了重大变革。在旧普鲁士、英国和美国，政府通过推广义务教育、设置符合技术发展要求的课程体系，以适应两次工业革命带来的技术变革，这一教育模式也在之后传播到全世界。作为一项新的通用目的技术，人工智能的出现使得已经延续数个世纪的"工厂式"教育方式不再适用，强调灌输知识的教育模式需要被转化为强调智能时代关键能力的新模式。为了能够在以数字技术为基础的新经济中获得一席之地，必须重点培养学生的分析与创造性思维、交流沟通与情感控制能力。在目前的教育体系中，对于这些能力的培养并未处于核心地位。此外，还需要重点培养的一项能力是判断能力，在数字时代表现为基于人工智能给出的预测进行决策的能力，以及指导智能算法进行最优化、以实现组织与社会发展的能力。

2022年3月，中央网信办等四部门印发的《2022年提升全民数字素养与技能工作要点》强调，要提升劳动者数字工作能力、提高数字创新创业创造能力、增强网络安全、数据安全防护意识和能力，以及提高全民网络文明素养，强化全民数字道德伦理规范等。由此可见，为了更好地适应未来社会，学习者除了要有基本的生存发展能力和社会担当之外，还要具备数字化思维能力、创新能力和伦理安全意识。

需要注意的一点是，以提升教育水平为核心的公共政策也可能带来未被充分考虑的后果。如果家庭接受教育的决策是内生的，教育资源的不平等将导致通过教育掌握新技术的中高收入群体在劳动力市场上更具优势，从而扩大了工资收入的不平等，且这一不平等会随着代际交叠不断扩大。由劳动税或机器人税支持的再分配政策在缓解此类不平等问题上效果甚微，"数字鸿沟"在教育层面可能会持续扩大。这就要求各国政府在设计与推行教育政策时充分考虑这些措施对于不同收入群体的异质性影响。

三 初次分配：数字平台反垄断

数字经济具有生产协作网络化、产品服务个性化、市场响应及时化等新特点，这些特点导致传统的工业集中化生产模式和垂直一体化的科层管理难以满足数字时代协同化生产、及时性匹配的市场要求。这一背景下，以人工智能等数字技术为支撑，扁平化、柔性化的业态组织——数字化平台已经成为数字时代驱动经济发展、重塑劳动力市场样态的主要组织模式。在数字技术的介入和支撑下，数字平台既是数字劳动参与者的依托，同时也重塑了数字劳动过程的组织形式。与传统工厂相比，数字平台得益于数字技术的加持，能够突破整合生产劳动的组织边界，更加便利地采用分包、转包和外包等方式，将生产和服务任务细化成劳动者可以独立完成的工作任务，由此形成了"平台+个人"的产业分工协作新架构。

在从传统劳动向数字劳动的转化过程中，劳动力看似获得了局部生产的控制权，可以自由选择工作时间和空间、工作方式和服务对象，但对于平台的依赖性却远高于传统雇佣模式。这主要是由于数字平台企业能够垄断数据这一数字经济的关键资源，通过将数据要素和智能算法与算力资源相结合，在市场竞争中占据优势地位，成为"超级明星公司"，获得更强的市场势力与更大的市场份额。这就使得这些数字平台在劳资谈判中占据优势地位，甚至可以将数字劳动者的部分管理权转移给第三方劳务公司，在分散劳动控制风险的同时也转移了劳动冲突焦点，导致劳动者利益受损。

除了对于劳动力市场的直接影响外，数字技术还能通过其他形式影响社会公平。例如，平台采用的智能算法可能通过大数据杀熟和算法合谋等形式在产品与服务市场进行多种价格歧视，侵害消费者权益。市场集中度越高，数字平台能够获得的数据量越大，价格歧视就越严重。从这个角度来说，反垄断措施不仅能发挥维护市场竞争秩序的作用，在化解人工智能等新技术对于社会公平的冲击上亦具备相当大的潜力。在设计数字经济反垄断政策的过程中，应充分考虑数字企业在人工智能、大数据等技术上的优势导致的市场集中度上升对于劳动收入份额与消费者福利的影响。

四 二次分配：税收与支出的调整

针对数字技术进步的二次分配措施中，对于税收的调整尤为重要。针对当前税收体系对劳动力征税却不对资本或者与劳动力存在直接替代的机器人征税的这一事实，一些学者与企业家提议应对企业开征机器人税或数字税，并将这些税收用于补偿那些因自动化失去工作的劳动力群体。

对于是否该征收机器人税或数字税，支持者与反对者都给出了十分明确的理由。在支持者看来，此类税收能够减少不同类型劳动力之间的收入差距，补贴受机器人冲击最大的劳动力群体，在不改变稳态增速的前提下提升稳态人均收入与社会福利。此外，机器人税还能减缓自动化的部署速度，为劳动力接受再教育、实现部门转移留出更多的适应时间，有效避免了社会动荡。

在反对者看来，机器人税和数字税有可能改变企业在人工智能等新技术上的投资行为，这将导致整体生产率下降，不利于企业数字化转型。还有一种观点是，机器人税是对企业创新活动的"惩罚"，将导致高科技企业改变其公司所在地以避税，对于一国的技术进步与数字经济发展产生负面影响。对于机器人税的估算显示，这一税种对于收入和增长的负面影响要高于劳动收入税。为了消除机器人税的负面影响，一些研究建议，应征收机器人税直至这一代的已经难以转向新类型职业的常规工人退休，并将机器人税补贴给这些失业者。

除了税收上的调整之外，二次分配的其他政策工具也应被用于化解数字技术带来的冲击。在教育和医疗服务的有效供给与公共支出上，如何实现不同收入群体之间的机会均等化，尤其是确保因人工智能和自动化失去工作、收入下降的社会群体的此类需求能够持续得到满足。具体来说，应尝试建立为更广泛群体服务的数字教育平台和在线医疗平台，通过数据分析优化教育与医疗资源，加强能够适应数字技术进步的师资培训与医疗培训，支持多样化的教育和医疗服务，等等。在养老服务和社会保障上，需要进一步适应数字经济时代的新特点，提高对于受人工智能冲击群体的服务和保障力度。在就业服务与收入保障上，也应考虑将相关政策向受到技术冲击的群体适当倾斜，在数字经济发展质量足够高之后考虑实施全民基本收入计划的可能性。

参考文献

安同良、魏婕、姜舸:《基于复杂网络的中国企业互联式创新》,《中国社会科学》2023年第10期。

[美]戴维·埃文斯、[美]理查德·施马兰:《连接：多边平台经济学》，张昕译，中信出版集团股份有限公司2018年版。

戴翔、杨双至:《数字赋能、数字投入来源与制造业绿色化转型》,《中国工业经济》2022年第9期。

包群、梁贺:《下放与改制：不同国企改革路径的绩效比较》,《世界经济》2022年第6期。

蔡跃洲、马文君:《数据要素对高质量发展影响与数据流动制约》,《数量经济技术经济研究》2021年第3期。

蔡跃洲、牛新星:《中国数字经济增加值规模测算及结构分析》,《中国社会科学》2021年第11期。

蔡跃洲、张钧南:《信息通信技术对中国经济增长的替代效应与渗透效应》,《经济研究》2015年第12期。

车万翔、郭江、崔一鸣:《自然语言处理：基于预训练模型的方法》，电子工业出版社2021年版。

陈剑、刘运辉:《数智化使能运营管理变革：从供应链到供应链生态系统》,《管理世界》2021年第11期。

陈梦根、周元任:《数字不平等研究新进展》,《经济学动态》2022年第4期。

陈普、万科:《中国分省资本存量算法的改进及R包应用》,《统计与决策》2021年第9期。

陈晓东、杨晓霞：《数字经济发展对产业结构升级的影响——基于灰关联熵与耗散结构理论的研究》，《改革》2021年第3期。

陈彦斌、林晨、陈小亮：《人工智能、老龄化与经济增长》，《经济研究》2019年第7期。

陈媛媛、张竞、周亚虹：《工业机器人与劳动力的空间配置》，《经济研究》2022年第1期。

丁秀好、武素明：《IT能力对开放式创新绩效的影响：知识整合能力的中介效应》，《管理评论》2020年第10期。

杜传忠、疏爽、李泽浩：《新质生产力促进经济高质量发展的机制分析与实现路径》，《经济纵横》2023年第12期。

杜传忠、李钰葳：《强化科技创新能力加快形成新质生产力的机理研究》，《湖南科技大学学报》（社会科学版）2024年第1期。

方福前、田鸽、张勋：《数字基础设施与代际收入向上流动性——基于"宽带中国"战略的准自然实验》，《经济研究》2023年第5期。

方明月、林佳妮、聂辉华：《数字化转型是否促进了企业内共同富裕？——来自中国A股上市公司的证据》，《数量经济技术经济研究》2022年第11期。

冯子洋、宋冬林、谢文帅：《数字经济助力实现"双碳"目标：基本途径，内在机理与行动策略》，《北京师范大学学报》（社会科学版）2023年第1期。

郭丰、杨上广、任毅：《数字经济，绿色技术创新与碳排放——来自中国城市层面的经验证据》，《陕西师范大学学报》（哲学社会科学版）2022年第3期。

郭凯明：《人工智能发展、产业结构转型升级与劳动收入份额变动》，《管理世界》2019年第7期。

郭文、秦建友、曹建海：《中国资本存量测算问题分析》，《上海经济研究》2018年第12期。

韩峰、谢锐：《生产性服务业集聚降低碳排放了吗？——对我国地级及以上城市面板数据的空间计量分析》，《数量经济技术经济研究》2017 年第 3 期。

何帆、刘红霞：《数字经济视角下实体企业数字化变革的业绩提升效应评估》，《改革》2019 年第 4 期。

何文举、张华峰、陈雄超等：《中国省域人口密度、产业集聚与碳排放的实证研究——基于集聚经济、拥挤效应及空间效应的视角》，《南开经济研究》2019 年第 2 期。

胡鞍钢：《中国实现 2030 年前碳达峰目标及主要途径》，《北京工业大学学报》（社会科学版）2021 年第 3 期。

胡蓓、朱朴义：《产业集群人才集聚拥挤研究》，《科技进步与对策》2013 年第 19 期。

胡汉辉、邢华：《企业重组发展的新趋势》，《经济导刊》2003 年第 2 期。

黄汉权：《推进产业新旧动能转换的成效、问题与对策》，《经济纵横》2018 年第 8 期。

黄逵友、李增福、潘南佩、倪江崴：《企业数字化转型与劳动收入份额》，《经济评论》2023 年第 2 期。

黄群慧、余泳泽、张松林：《互联网发展与制造业生产率提升：内在机制与中国经验》，《中国工业经济》2019 年第 8 期。

贾若祥、王继源、窦红涛：《以新质生产力推动区域高质量发展》，《改革》2024 年第 3 期。

江积海、李军：《联盟组合中开放式创新绩效"悖论"关系研究》，《科技进步与对策》2014 年第 18 期。

蒋晓丽、刘肇坤：《以数字技术促进生产力发展》，《人民论坛》2022 年第 16 期。

焦豪、马高雅、张文彬：《数字产业集群：源起、内涵特征与研究框架》，《产业经济评论》2024 年第 2 期。

金环、魏佳丽、于立宏：《网络基础设施建设能否助力企业转型升级——来自"宽带中国"战略的准自然实验》，《产业经济研究》2021年第6期。

金星晔、左从江、方明月、李涛、聂辉华：《企业数字化转型的测度难题：基于大语言模型的新方法与新发现》，《经济研究》2024年第3期。

荆文君、刘倩、孙宝文：《数字技术赋能经济高质量发展：一种改进的"技术—经济"分析范式》，《电子政务》2023年第10期。

[西]卡萝塔·佩蕾丝，田方萌等译：《技术革命与金融资本：泡沫与黄金时代的动力学》，中国人民大学出版社2007年版。

孔东民、徐茗丽、孔高文：《企业内部薪酬差距与创新》，《经济研究》2017年第10期。

黎文靖、郑曼妮：《实质性创新还是策略性创新？——宏观产业政策对微观企业创新的影响》，《经济研究》2016年第4期。

李海舰：《一部系统研究中国特色新型工业化的创新之作》，《经济与管理研究》2014年第8期。

李海舰、赵丽：《数据成为生产要素：特征、机制与价值形态演进》，《上海经济研究》2021年第8期。

李磊、刘常青、韩民春：《信息化建设能够提升企业创新能力吗？——来自"两化融合试验区"的证据》，《经济学（季刊）》2022年第3期。

李全升、苏秦：《市场导向、迭代式创新与新产品开发》，《管理学报》2019年第12期。

李树文、罗瑾琏、葛元骎：《大数据分析能力对产品突破性创新的影响》，《管理科学》2021年第2期。

李涛：《加快构建数据基础制度体系》，《人民日报》2023年2月2日第9版。

李涛、欧阳日辉：《数字经济的历史演进与发展趋势》，《光明日报》2023年2月22日第6版。

李涛、欧阳日辉:《数据是形成新质生产力的优质生产要素》,《光明日报》2024年4月23日第11版。

李涛、徐翔:《加强数字经济国际合作 推动全球数字治理变革》,《光明日报》2022年9月6日第11版。

李涛、徐翔:《抢抓人工智能发展重大机遇》,《经济日报》2024年3月20日第10版。

李万利、潘文东、袁凯彬:《企业数字化转型与中国实体经济发展》,《数量经济技术经济研究》2022年第9期。

李小明、董航航、汪婵:《数字经济、绿色创新意愿与绿色创新绩效——数据要素内生化的理论研究与经验证据》,《中南财经政法大学学报》2024年第1期。

李勇建、陈婷:《区块链赋能供应链:挑战,实施路径与展望》,《南开管理评论》2021年第5期。

李煜华、廖承军、向子威:《数字经济背景下制造业服务化转型组态路径研究》,《中国科技论坛》2022年第8期。

李治国、王杰:《数字经济发展、数据要素配置与制造业生产率提升》,《经济学家》2021年第10期。

廖康礼、张永杰:《固定资产折旧方法与企业所得税纳税筹划的探讨》,《商业会计》2011年第11期。

林心怡、吴东:《区块链技术与企业绩效:公司治理结构的调节作用》,《管理评论》2021年第11期。

刘飞:《数字化转型如何提升制造业生产率——基于数字化转型的三重影响机制》,《财经科学》2020年第10期。

刘飞、田高良:《信息技术是否替代了就业——基于中国上市公司的证据》,《财经科学》2019年第7期。

刘鹤:《必须实现高质量发展》,《人民日报》2021年11月24日第6版。

刘涛雄、戎珂、张亚迪：《数据资本估算及对中国经济增长的贡献——基于数据价值链的视角》，《中国社会科学》2023年第10期。

刘意、谢康、邓弘林：《数据驱动的产品研发转型：组织惯例适应性变革视角的案例研究》，《管理世界》2020年第3期。

刘英基、邹秉坤、韩元军等：《数字经济赋能文旅融合高质量发展——机理、渠道与经验证据》，《旅游学刊》2023年第5期。

刘征驰、周莎、李三希：《流量分发视阈下的社交媒体平台竞争——从"去中心化社交"到"中心化媒体"》，《中国工业经济》2022年第10期。

马潮江、单志广：《鼓励公平竞争健全完善数字经济治理体系》，《中国经贸导刊》2022年第3期。

马晓河：《中国经济迈上新的大台阶亟需加快推进城镇化》，《农业经济问题》2021年第9期。

［英］马歇尔：《经济学原理》，朱志泰译，商务印书馆2020年版。

梅宏：《贺〈大数据时代〉创刊》，《大数据时代》2019年第1期。

米加宁、李大宇、董昌其：《算力驱动的新质生产力：本质特征、基础逻辑与国家治理现代化》，《公共管理学报》2024年第2期。

祁怀锦、曹修琴、刘艳霞：《数字经济对公司治理的影响——基于信息不对称和管理者非理性行为视角》，《改革》2020年第4期。

戚聿东、肖旭：《数字经济时代的企业管理变革》，《管理世界》2020年第6期。

戚聿东、刘欢欢：《数字经济下数据的生产要素属性及其市场化配置机制研究》，《经济纵横》2020年第11期。

渠慎宁：《ICT与中国经济增长：资本深化、技术外溢及其贡献》，《财经问题研究》2017年第10期。

屈文洲、谢雅璐、叶玉妹：《信息不对称、融资约束与投资—现金流敏感性——基于市场微观结构理论的实证研究》，《经济研究》2011年第6期。

曲永义：《数字创新的组织基础与中国异质性》，《管理世界》2022年第10期。

权小锋、李闯：《智能制造与成本粘性——来自中国智能制造示范项目的准自然实验》，《经济研究》2022年第4期。

任保平、豆渊博：《数据、算力和算法结合反映新质生产力的数字化发展水准》，《浙江工商大学学报》2024年第3期。

任保平、李婧瑜：《数据成为新生产要素的政治经济学阐释》，《当代经济研究》2023年第11期。

任晓松、刘宇佳、赵国浩：《经济集聚对碳排放强度的影响及传导机制》，《中国人口·资源与环境》2020年第4期。

阮建青、石琦、张晓波：《产业集群动态演化规律与地方政府政策》，《管理世界》2014年第12期。

单豪杰：《中国资本存量K的再估算：1952~2006年》，《数量经济技术经济研究》2008年第10期。

邵彦敏、赵文瑄：《论数字资本主义下的数字劳动、数字资本及其劳资关系》，《经济纵横》2024年第3期。

石勇：《数字经济的发展与未来》，《中国科学院院刊》2022年第1期。

斯丽娟：《数字经济推动区域协调发展：理论逻辑与实践路径》，《理论与改革》2023年第2期。

宋弘、陆毅：《如何有效增加理工科领域人才供给？——来自拔尖学生培养计划的实证研究》，《经济研究》2020年第2期。

孙宝文、欧阳日辉、李涛：《把握数字经济的技术经济特征》，《光明日报》2021年12月14日第11版。

孙宝文、欧阳日辉：《让数字经济与高质量发展同频共振》，

《经济》2023 年第 4 期。

孙震、刘健平、刘涛雄：《跨平台竞争与平台市场分割——基于中国线上市场价格离散的证据》，《中国工业经济》2021 年第 6 期。

陶卓、黄卫东、闻超群：《数据要素市场化配置典型模式的经验启示与未来展望》，《经济体制改革》2021 年第 4 期。

王定祥、李雪萍、李伶俐：《打造有国际竞争力的数字产业集群》，《上海经济研究》2024 年第 3 期。

王芳、董战峰：《数字经济对我国碳排放的影响——基于省级面板数据的实证检验》，《改革》2023 年第 3 期。

王珏、祝继高：《劳动保护能促进企业高学历员工的创新吗？——基于 A 股上市公司的实证研究》，《管理世界》2018 年第 3 期。

王谦、付晓东：《数据要素赋能经济增长机制探究》，《上海经济研究》2021 年第 4 期。

王贤彬、杨超群：《节能目标政策与地区能源效率》，《数量经济技术经济研究》2024 年第 5 期。

汪旭晖、张其林：《平台型网络市场"平台—政府"双元管理范式研究——基于阿里巴巴集团的案例分析》，《中国工业经济》2015 年第 3 期。

吴非、胡慧芷、林慧妍等：《企业数字化转型与资本市场表现——来自股票流动性的经验证据》，《管理世界》2021 年第 7 期。

吴义爽、朱学才、袁海霞：《平台市场后发上位的"根据地"战略研究：抖音案例》，《中国工业经济》2022 年第 10 期。

肖静华、吴瑶、刘意、谢康：《消费者数据化参与的研发创新——企业与消费者协同演化视角的双案例研究》，《管理世界》2018 年第 8 期。

谢康、夏正豪、肖静华：《大数据成为现实生产要素的企业实现机制：产品创新视角》，《中国工业经济》2020 年第 5 期。

谢康、张祎、吴瑶：《数据要素如何产生即时价值：企业与用户互动视角》，《中国工业经济》2023年第11期。

熊巧琴、汤珂：《数据要素的界权、交易和定价研究进展》，《经济学动态》2021年第2期。

谢家智、刘思亚、李后建：《政治关联、融资约束与企业研发投入》，《财经研究》2014年第8期。

徐维祥、周建平、刘程军：《数字经济发展对城市碳排放影响的空间效应》，《地理研究》2022年第1期。

徐翔、厉克奥博、田晓轩：《数据生产要素研究进展》，《经济学动态》2021年第4期。

徐翔、孙宝文、李涛：《基于"技术—经济"分析框架的数字经济生产函数研究》，《经济社会体制比较》2022年第5期。

徐翔、赵墨非：《数据资本与经济增长路径》，《经济研究》2020年第10期。

徐翔、赵墨非、李涛、李帅臻：《数据要素与企业创新：基于研发竞争的视角》，《经济研究》2023年第2期。

徐晓萍、李弘基、戈盈凡：《金融科技应用能够促进银行信贷结构调整吗？——基于银行对外合作的准自然实验研究》，《财经研究》2021年第6期。

许宪春、张钟文、胡亚茹：《数据资产统计与核算问题研究》，《管理世界》2022年第2期。

杨德明、刘泳文：《"互联网+"为什么加出了业绩》，《中国工业经济》2018年第5期。

杨刚强、王海森、范恒山：《数字经济的碳减排效应：理论分析与经验证据》，《中国工业经济》2023年第5期。

杨俊、李小明、黄守军：《大数据、技术进步与经济增长——大数据作为生产要素的一个内生增长理论》，《经济研究》2022年第4期。

杨震宁、赵红：《中国企业的开放式创新：制度环境、"竞合"关系与创新绩效》，《管理世界》2020年第2期。

耀友福、周兰：《企业数字化影响关键审计事项决策吗？》，《审计研究》2023年第1期。

殷利梅、何丹丹、王梦梓、赵令锐：《打造具有竞争力的数字产业集群》，《宏观经济管理》2024年第2期。

俞钟祺、马秀兰：《随机过程理论及其应用》，天津科学技术出版社2000年版。

袁淳、肖土盛、耿春晓、盛誉：《数字化转型与企业分工：专业化还是纵向一体化》，《中国工业经济》2021年第9期。

占华、后梦婷、檀菲菲：《智能化发展对中国企业绿色创新的影响——基于新能源产业上市公司的证据》，《资源科学》2022年第5期。

赵宸宇：《数字化发展与服务化转型——来自制造业上市公司的经验证据》，《南开管理评论》2021年第2期。

赵涛、张智、梁上坤：《数字经济、创业活跃度与高质量发展——来自中国城市的经验证据》，《管理世界》2020年第10期。

张吉昌、龙静：《数字化转型、动态能力与企业创新绩效——来自高新技术上市企业的经验证据》，《经济与管理》2022年第3期。

张嘉伟、胡丹丹、周磊：《数字经济能否缓解管理层短视行为？——来自真实盈余管理的经验证据》，《经济管理》2022年第1期。

张军、吴桂英、张吉鹏：《中国省际物质资本存量估算：1952—2000》，《经济研究》2004年第10期。

张任之：《企业数字化转型能否提升智力资本价值创造效率？》，《财经问题研究》2023年第5期。

张叶青、陆瑶、李乐芸：《大数据应用对中国企业市场价值的影响——来自中国上市公司年报文本分析的证据》，《经济研究》

2021年第12期。

张永林：《互联网、信息元与屏幕化市场——现代网络经济理论模型和应用》，《经济研究》2016年第9期。

张夏恒、马妍：《因地制宜发展新质生产力的必要性、科学性及着力点》，《北京工业大学学报》（社会科学版）2024年第4期。

张兆利：《构建新型数字经济治理体系》，《人民论坛网评》2022年1月13日。

张振刚：《以数字技术创新推进创新体系变革》，《广州日报》2022年6月14日第12版。

郑江淮、陈喆、冉征：《创新集群的"中心—外围结构"：技术互补与经济增长收敛性研究》，《数量经济技术经济研究》2023年第1期。

郑世林、张美晨：《科技进步对中国经济增长的贡献率估计：1990—2017年》，《世界经济》2019年第10期。

郑世林、杨梦俊：《中国省际无形资本存量估算：2000—2016年》，《管理世界》2020年第9期。

周海川、刘帅、孟山月：《打造具有国际竞争力的数字产业集群》，《宏观经济管理》2023年第7期。

周文、许凌云：《论新质生产力：内涵特征与重要着力点》，《改革》2023年第10期。

周晓辉、刘莹莹、彭留英：《数字经济发展与绿色全要素生产率提高》，《上海经济研究》2021年第12期。

Simona Abis and Laura Veldkamp, "The Changing Economics of Knowledge Production" *The Review of Financial Studies*, Vol. 37, No. 1, 2024.

Thomas Abrell, Matti Pihlajamaa, et al., "The Role of Users and Customers in Digital Innovation: Insights from B2B Manufacturing Firms" *Information & Management*, Vol. 53, No. 3, 2016.

Daron Acemoglu, "Harms of AI" *National Bureau of Economic Research*, No. w29247, 2021.

Daron Acemoglu and David Autor, "Skills, Tasks and Technologies: Implications for Employment and Earnings" *Handbook of Labor Economics*, Vol. 4, 2011.

Daron Acemoglu and Pascual Restrepo, "The Race between Man and Machine: Implications of Technology for Growth, Factor Shares, and Employment" *American Economic Review*, Vol. 108, No. 6, 2018.

Daron Acemoglu and Pascual Restrepo, "Robots and Jobs: Evidence from US Labor Markets" *Journal of Political Economy*, Vol. 128, No. 6, 2020.

Philippe Aghion, Benjamin F. Jones and Charles I. Jones, "Artificial Intelligence and Economic Growth" *National Bureau of Economic Research*, No. w23928, 2017.

Philippe Aghion, Céline Antonin and Simon Bunel, "Artificial Intelligence, Growth and Employment: The Role of Policy" *Economics and Statistics*, No. 510-511-512, 2019.

Ajay Agrawal, Christian Catalini, et al., "Slack Time and Innovation" *Organization Science*, Vol. 29, No. 6, 2018.

Fatima A. Alali and Chia-Lun Yeh, "Cloud Computing: Overview and Risk Analysis" *Journal of Information Systems*, Vol. 26, No. 2, 2012.

Ufuk Akcigit and Qingmin Liu, "The Role of Information in Innovation and Competition" *Journal of the European Economic Association*, Vol. 14, No. 4, 2016.

Tania Babina, "Destructive Creation at Work: How Financial Distress Spurs Entrepreneurship" *The Review of Financial Studies*, Vol. 33, No. 9, 2020.

William J. Baumol, "Macroeconomics of Unbalanced Growth: The

Anatomy of Urban Crisis" *The American Economic Review*, Vol. 57, No. 3, 1967.

Juliane Begenau, Maryam Farboodi, et al., "Big Data in Finance and the Growth of Large Firms" *Journal of Monetary Economics*, Vol. 97, 2018.

Clifford Bekar, Kenneth Carlaw, et al., "General Purpose Technologies in Theory, Application and Controversy: A Review" *Journal of Evolutionary Economics*, Vol. 28, 2018.

Jan Bena and Kai Li, "Corporate Innovations and Mergers and Acquisitions" *The Journal of Finance*, Vol. 69, No. 5, 2014.

Erik Brynjolfsson and Kristina McElheran, "The Rapid Adoption of Data-driven Decision-making" *American Economic Review*, Vol. 106, No. 5, 2016.

Erik Brynjolfsson and Avinash Collis, "How Should We Measure the Digital Economy" *Harvard Business Review*, Vol. 97, No. 6, 2019.

Erik Brynjolfsson and Lorin M. Hitt, "Computing Productivity: Firm-level Evidence" *Review of Economics and Statistics*, Vol. 85, No. 4, 2003.

Erik Brynjolfsson, Wang Jin and Kristina McElheran, "The Power of Prediction: Predictive Analytics, Workplace Complements, and Business Performance" *Business Economics*, Vol. 56, 2021.

Timothy F. Bresnahan and Manuel Trajtenberg, "General Purpose Technologies 'Engines of Growth'?" *Journal of Econometrics*, Vol. 65, No. 1, 1995.

David M. Byrne and Carol A. Corrado, "The Increasing Deflationary Influence of Consumer Digital Access Services" *Economics Letters*, Vol. 196, 2020.

Andrew J. Cassey and Ben O. Smith, "Simulating Confidence for the

Ellison – Glaeser Index" *Journal of Urban Economics*, Vol. 81, 2014.

Henry W. Chesbrough, *Open Innovation: the New Imperative for Creating and Profiting from Technology*, Massachusetts: Harvard Business School Press, 2003.

Henry W. Chesbrough and Marcel Bogers, "Explicating Open Innovation: Clarifying an Emerging Paradigm for Understanding Innovation", in Henry W. Chesbrough, Wim Vanhaverbeke and Joel West, eds. *New Frontiers in Open Innovation*, Oxford: Oxford University Press, 2014.

Hyunbae Chun, Jung-Wook Kim, et al., "Creative Destruction and Firm-Specific Performance Heterogeneity" *Journal of Financial Economics*, Vol. 89, No. 1, 2008.

Simon Commander, Rupert Harrison, et al., "ICT and Productivity in Developing Countries: New Firm-level Evidence from Brazil and India" *Review of Economics and Statistics*, Vol. 93, No. 2, 2011.

Lin W. Cong, Wenshi Wei, et al., "Endogenous Growth under Multiple Uses of Data" *Journal of Economic Dynamics and Control*, Vol. 141, 2022.

Timothy DeStefano, Richard Kneller, et al., "Broadband Infrastructure, ICT Use and Firm Performance: Evidence for UK Firms" *Journal of Economic Behavior & Organization*, Vol. 155, 2018.

Jan Eeckhout and Laura Veldkamp, "Data and Market Power" *CFER Discussion Papers*, No. 17272, 2022.

Glenn Ellison and Edward L. Glaeser, "Geographic Concentration in US Manufacturing Industries: A Dartboard Approach" *Journal of Political Economy*, Vol. 105, No. 5, 1997.

Glenn Ellison, Edward L. Glaeser, et al., "What Causes Industry Agglomeration? Evidence from Coagglomeration Patterns" *American Economic Review*, Vol. 100, No. 3, 2010.

参考文献

Maryam Farboodi and Laura Veldkamp, "A Model of the Data Economy" *National Bureau of Economic Research*, No. w28427, 2021.

John Fernald, "A Quarterly, Utilization-adjusted Series on Total Factor Productivity" *Federal Reserve Bank of San Francisco Working Paper Series*, 2014.

Rudy Fernandez-Escobedo and Héctor Cuevas-Vargas, "The Digital Industrial Cluster (DIC) in a Post-pandemic Era: Exploring its Theoretical Deployment and Potential Benefits" *Procedia Computer Science*, Vol. 221, 2023.

Carlos Flavián C, Raquel Gurrea, et al., "Choice Confidence in the Webrooming Purchase Process: The Impact of Online Positive Reviews and the Motivation to Touch" *Journal of Consumer Behaviour*, Vol. 15, No. 5, 2016.

Avi Goldfarb and Catherine Tucker, "Digital Economics" *Journal of Economic Literature*, Vol. 57, No. 1, 2019.

Robert J. Gordon R, "Is US Economic Growth Over? Faltering Innovation Confronts the Six Headwinds" *National Bureau of Economic Research*, No. w18315, 2012.

Georg Graetz and Guy Michaels, "Robots at Work" *Review of Economics and Statistics*, Vol. 100, No. 5, 2018.

Robert E. Hall and Charles I. Jones, "Why Do Some Countries Produce So Much More Output per Worker than Others?" *The Quarterly Journal of Economics*, Vol. 114, No. 1, 1999.

Mikko H? nninen, Anssi Smedlund, et al., "Digitalization in Retailing: Multi-sided Platforms as Drivers of Industry Transformation" *Baltic Journal of Management*, Vol. 13, No. 2, 2018.

Joachim Henkel, "Selective Revealing in Open Innovation Processes: The Case of Embedded Linux" *Research Policy*, Vol. 35, No. 7, 2006.

Cheng-Kui Huang, Tawei Wang, et al. ,"Initial Evidence on the Impact of Big Data Implementation on Firm Performance" *Information Systems Frontiers*, Vol. 22, No. 2, 2020.

Charles Hulten and Leonard Nakamura, "Accounting for Growth in the Age of the Internet: The Importance of Output-Saving Technical Change" *National Bureau of Economic Research*, No. w23315, 2017.

Charles I. Jones and Christopher Tonetti, "Nonrivalry and the Economics of Data" *American Economic Review*, Vol. 110, No. 9, 2020.

Dale W. Jorgenson, "Information Technology and the US Economy" *American Economic Review*, Vol. 91, No. 1, 2001.

Dale W. Jorgenson and Khuong Vu, "Information Technology and the World Economy" *The Scandinavian Journal of Economics*, Vol. 107, No. 4, 2005.

Dale W. Jorgenson and Khuong Vu, "The ICT Revolution, World Economic Growth, and Policy Issues" *Telecommunications Policy*, Vol. 40, No. 5, 2016.

Orcun Kaya, Jan Schildbach, et al. , "Artificial Intelligence in Banking: A Level for Profitability with Limited Implementation to Date" *Deutsche Bank Company Research*, 2019.

Landon Kleis, Ronald Ramirez, et al. , "Information Technology and Intangible Output: The Impact of IT Investment on Innovation Productivity" *Information Systems Research*, Vol. 23, No. 1, 2012.

Tobias Kretschmer, "Information and Communication Technologies and Productivity Growth: A Survey of the Literature" *OECD Digital Economy Papers*, No. 195, 2012.

Jan De Loecker and Frederic Warzynski, "Markups and Firm-Level Export Status" *American Economic Review*, Vol. 102, No. 6, 2012.

Oliver Müller, Maria Fay, et al. , "The Effect of Big Data and Analytics on Firm Performance: An Econometric Analysis Considering Industry Characteristics" *Journal of Management Information Systems*, Vol. 35, No. 2, 2018.

Frank Nagle, "Open Source Software and Firm Productivity" *Management Science*, Vol. 65, No. 3, 2019.

Scott A. Neslin, Kenshuk Jerath, et al., "The Interrelationships between Brand and Channel Choice" *Marketing Letters*, Vol. 25, 2014.

David Nguyen and Marta Paczos, "Measuring the Economic Value of Data and Cross-border Data Flows: A Business Perspective" *OECD Digital Economy Papers*, No. 297, 2020.

Thomas Niebel, "ICT and Economic Growth – Comparing Developing, Emerging and Developed Countries" *World Development*, Vol. 104, 2018.

Stephen D. Oliner, Daniel E. Sichel, et al., "Explaining a Productive Decade" *Journal of Policy Modeling*, Vol. 30, No. 4, 2008.

Geoffrey G. Parker and Marshall W. Van Alstyne, "Two-Sided Network Effects: A Theory of Information Product Design" *Management Science*, Vol. 51, No. 10, 2005.

Paul A. Pavlou and Omar A. El Sawy, "The 'Third Hand': IT-Enabled Competitive Advantage in Turbulence through Improvisational Capabilities" *Information Systems Research*, Vol. 21, No. 3, 2010.

Jean-Charles Rochet and Jean Tirole, "Platform Competition in Two-Sided Markets" *Journal of the European Economic Association*, Vol. 1, No. 4, 2003.

Chia-Pe Tang, Tony Cheng-Kui Huang, et al., "The Impact of Internet of Things Implementation on Firm Performance" *Telematics and Informatics*, Vol. 35, No. 7, 2018.

Paul M. Romer, "Increasing Returns and Long-Run Growth" *Journal of Political Economy, Vol. 94, No. 5, 1986.

Paul M. Romer, "Endogenous Technological Change" Journal of Political Economy, Vol. 98, No. 5, 1990.

Nathan Rosenberg, "Technological Change in the Machine Tool Industry, 1840—1910" The Journal of Economic History, Vol. 23, No. 4, 1963.

Kandarp Singh and Rituparna Basu, "Online Consumer Shopping Behaviour: A Review and Research Agenda" International Journal of Consumer Studies, Vol. 47, No. 3, 2023.

Veer Shivajee, Rajesh Kr Singh, et al., "Manufacturing Conversion Cost Reduction Using Quality Control Tools and Digitization of Real-time Data" Journal of Cleaner Production, Vol. 237, 2019, 117678.

Robert M. Solow, "Technical Change and the Aggregate Production Function" The Review of Economics and Statistics, Vol. 39, No. 3, 1957.

Kevin J. Stiroh, "Computers, Productivity, and Input Substitution" Economic Inquiry, Vol. 36, No. 2, 1998.

Chad Syverson, "Challenges to Mismeasurement Explanations for the US Productivity Slowdown" Journal of Economic Perspectives, Vol. 31, No. 2, 2017.

Prasanna Tambe, Lorin Hitt, et al., "Digital Capital and Superstar Firms" National Bureau of Economic Research, No. w28285, 2020.

Laura Veldkamp and Cindy Chung, "Data and the Aggregate Economy" Journal of Economic Literature, Vol. 62, No. 2, 2024.

Peter C. Verhoef, Scott Neslin, et al., "Multichannel Customer Management: Understanding the Research-Shopper Phenomenon" International Journal of Research in Marketing, Vol. 24, No. 2, 2007.

Xavier Vives, "Digital Disruption in Banking" Annual Review of Financial Economics, Vol. 11, No. 1, 2019.

Khuong M. Vu, "Information and Communication Technology (ICT) and Singapore's Economic Growth" *Information Economics and Policy*, Vol. 25, No. 4, 2013.

Catherine L. Wang and Pervaiz K. Ahmed, "Dynamic Capabilities: A Review and Research Agenda" *International Journal of Management Reviews*, Vol. 9, No. 1, 2007.

Niru Yadav, "The Role of Internet Use on International Trade: Evidence from Asian and Sub-Saharan African Enterprises" *Global Economy Journal*, Vol. 14, No. 2, 2014.

Shaohua Yang, Zeyun Li, et al., "Does Electronic Banking Really Improve Bank Performance? Evidence in China" *International Journal of Economics and Finance*, Vol. 10, No. 2, 2018.

Ziqi Yu, Longqian Chen, et al., "Spatial Correlations of Land-Use Carbon Emissions in the Yangtze River Delta Region: A Perspective from Social Network Analysis" *Ecological Indicators*, Vol. 142, 2022, 109147.

Joseph Zeira, "Workers, Machines, and Economic Growth" *The Quarterly Journal of Economics*, Vol. 113, No. 4, 1998.

Wei Zhang, Xuemeng Liu, et al. "Digital Economy and Carbon Emission Performance: Evidence at China's City Level" *Energy Policy*, Vol. 165, 2022, 112927.